여러분의 합격을 응원하는
해커스공무원의 특별 혜택

FREE 공무원 국어 특강

해커스공무원(gosi.Hackers.com) 접속 후 로그인 ▶ 상단의 [무료강좌] 클릭하여 이용

JN380809

해커스 매일국어 어플 이용권

TGBDARDSOF568616

구글 플레이스토어/애플 앱스토어에서 [해커스 매일국어] 검색 ▶
어플 다운로드 ▶ 어플 이용 시 노출되는 쿠폰 입력란 클릭 ▶
쿠폰번호 입력 후 이용

▲ 어플 다운로드

* 등록 후 30일간 사용 가능(ID당 1회에 한해 등록 가능)
* 해당 자료는 [해커스공무원 국어 기본서] 교재 내용으로 제공되는 자료로, 공무원 시험 대비에 도움이 되는 유용한 자료입니다.

해커스공무원 온라인 단과강의 **20% 할인쿠폰**

7E226C9BAC7EC862

해커스공무원(gosi.Hackers.com) 접속 후 로그인 ▶ 상단의 [나의 강의실] 클릭 ▶
좌측의 [쿠폰등록] 클릭 ▶ 위 쿠폰번호 입력 후 이용

* 등록 후 7일간 사용 가능(ID당 1회에 한해 등록 가능)

합격예측 온라인 모의고사 응시권 + 해설강의 수강권

4C46B24479547B3K

해커스공무원(gosi.Hackers.com) 접속 후 로그인 ▶ 상단의 [나의 강의실] 클릭 ▶
좌측의 [쿠폰등록] 클릭 ▶ 위 쿠폰번호 입력 후 이용

* ID당 1회에 한해 등록 가능

쿠폰 이용 관련 문의 **1588-4055**

단기 합격을 위한 해커스공무원 커리큘럼

입문
탄탄한 기본기와 핵심 개념 완성!
누구나 이해하기 쉬운 개념 설명과 풍부한 예시로 부담없이 쌩기초 다지기
TIP 베이스가 있다면 **기본 단계**부터!

기본+심화
필수 개념 학습으로 이론 완성!
반드시 알아야 할 기본 개념과 문제풀이 전략을 학습하고
심화 개념 학습으로 고득점을 위한 응용력 다지기

기출+예상 문제풀이
문제풀이로 집중 학습하고 실력 업그레이드!
기출문제의 유형과 출제 의도를 이해하고 최신 출제 경향을 반영한
예상문제를 풀어보며 본인의 취약영역을 파악 및 보완하기

동형모의고사
동형모의고사로 실전력 강화!
실제 시험과 같은 형태의 실전모의고사를 풀어보며 실전감각 극대화

마무리
시험 직전 실전 시뮬레이션!
각 과목별 시험에 출제되는 내용들을 최종 점검하며 실전 완성

PASS

* 커리큘럼 및 세부 일정은 상이할 수 있으며, 자세한 사항은 해커스공무원 사이트에서 확인하세요.

단계별 교재 확인 및 수강신청은 여기서!
gosi.Hackers.com

해커스공무원
신민숙
쉬운국어
논리 강화 200제

공무원 시험 전문 해커스공무원
gosi.Hackers.com

목차

해커스공무원 신민숙 쉬운국어 **논리 강화 200제**

책의 특징과 구성 4

PART 0 기호화 훈련하기

기호화 훈련하기 8

PART 1 명제 추론

Chapter 01 조건 명제 22

Chapter 02 연언 명제 34

Chapter 03 선언 명제 48

Chapter 04 드모르간의 법칙 68

실전 학습 문제 78

PART 2 결론과 전제 추론

Chapter 01 결론 추론 90
 - 전제의 앞을 동일하게 만들 경우

Chapter 02 전제 추론 ① 106
 - 결론의 앞을 동일하게 만들 경우

Chapter 03 전제 추론 ② 116
 - 결론의 뒤를 동일하게 만들 경우

실전 학습 문제 130

PART 3 복합 명제를 활용한 추론

Chapter 01 참 명제 추론 142

Chapter 02 결론 추론 158

Chapter 03 전제 추론 178

실전 학습 문제 204

PART 4 논증

Chapter 01 논증의 강화와 약화 216

실전 학습 문제 226

책의 특징과 구성

01 '기호화 훈련하기'로 신유형 논리 완벽 대비!

개편된 시험 경향에 맞춰 낯선 신유형 논리 문제를 효율적으로 학습할 수 있도록 논리 핵심 이론을 수록하였습니다. 이를 주관식 문제에 적용해보면서 개념을 익히고 기호화하는 방법을 체화할 수 있습니다.

필수 개념 학습
반드시 알아야 하는 필수 논리 개념을 정리하여 핵심 내용만 효율적으로 학습할 수 있습니다. 낯설고 생소한 논리 개념을 쉽게 학습하며 논리 실력의 기초를 탄탄하게 다질 수 있습니다.

기호화 연습하기
주관식 문제를 풀어보며 명제를 기호화하는 방법을 효과적으로 학습할 수 있습니다. 앞서 배운 논리 개념을 실제로 적용해 보며 문제를 반복해서 풀다보면 기호화가 저절로 체화될 수 있습니다.

해커스공무원 신민숙 쉬운국어 논리 강화 200제

02 '신유형 논리 문제'로 문제 풀이 실력 완성!

개편된 공무원 9급 시험의 최신 출제기조에 따라 필수적으로 학습해야 하는 신유형 논리 문제를 풀어보면서 출제 가능성이 높은 유형의 문제 풀이 방법을 훈련하여 실전에 완벽하게 대비할 수 있습니다.

대표 문제

결론을 이끌어내기 위한 추가 전제 찾기

01 다음 대화의 빈칸에 들어갈 말로 가장 적절한 것은? 2025년 국가직 9급

갑: 설명회는 다음 달 셋째 주 목요일이나 넷째 주 목요일에 개최해야 합니다.
을: 설명회를 _____
병: 설명회를 다음 달 셋째 주 목요일에 개최하면 홍보 포스터 제작을 이번 주 안에 완료해야 합니다.
정: 여러분의 의견대로 하자면, 반드시 이번 주 안에 홍보 포스터 제작을 완료해야 하겠군요.

① 다음 달 넷째 주 목요일에 개최해야 합니다.
② 다음 달 셋째 주 목요일에 개최할 수 없습니다.
③ 다음 달 넷째 주 목요일에 개최할 수 없습니다.
④ 다음 달 넷째 주 목요일에 개최하면, 이번 주 안에 홍보 포스터 제작을 완료하지 않아도 됩니다.

• 대표 문제
출제 가능성이 높은 유형을 대표 문제로 수록하여 논리 영역에서 출제되는 문제 유형을 쉽게 파악할 수 있고 문제 풀이 방법을 체계적으로 학습할 수 있습니다.

연습 문제

01 다음 글의 밑줄 친 결론을 이끌어내기 위해 추가해야 할 것은?

• 만약 교통 체증이 심각하다면, A국은 도로 건설비를 늘릴 것이다.
• 그런데 A국이 할 수 있는 선택은 도로 건설비를 늘리지 않거나 대중교통 확충 정책을 시행하는 것이다.
• 그러나 A국이 대중교통 확충 정책을 시행한다면, A국의 재정은 악화될 것이다.
그러므로 A국의 재정은 결국 악화될 것이다.

① 교통 체증이 심각하다.
② A국이 대중교통 확충 정책을 시행하지 않는다.
③ A국이 대중교통 확충 정책을 시행한다면, A국은 도로 건설비를 늘릴 것이다.
④ A국이 도로 건설비를 늘린다면, 교통 체증이 심각하지 않을 것이다.

• 연습 문제
각 유형별 논리 문제를 반복적으로 풀어 봄으로써 논리 문제의 출제 패턴을 익히고 문제 풀이 시간을 단축할 수 있습니다.

실전 학습 문제

01 다음 글의 빈칸에 들어갈 말로 가장 적절한 것은?

A, B, C, D, E 다섯 사람의 학교 행사 참석 계획과 관련하여 아래와 같은 사실들이 알려졌다.
• A는 과학 행사에 참석하지 않는다.
• B가 체육 행사에 참석하면 A나 C는 과학 행사에 참석한다.
• C가 과학 행사에 참석을 하면 A도 과학 행사에 참석한다.
• D가 음악 행사에 참석을 하면 B와 E는 체육 행사에 참석을 한다.
이를 통해 _____ 는 것을 알 수 있게 되었다.

① D는 음악 행사에 참석을 하고, E는 체육 행사에 참석을 한다
② B는 체육 행사에 참석을 하지 않고, E는 체육 행사에 참석을 한다
③ B는 체육 행사에 참석을 하고, C는 과학 행사에 참석을 하지 않는다
④ C는 과학 행사에 참석을 하지 않고, D는 음악 행사에 참석을 하지 않는다

• 실전 학습 문제
앞서 학습한 각 파트의 논리 유형을 한데 모아 실전 학습 문제로 수록했습니다. 여러 유형이 혼합된 형태로 문제를 풀어 봄으로써 실전 감각을 극대화할 수 있습니다.

공무원 시험 전문 해커스공무원

gosi.Hackers.com

해커스공무원 신민숙 쉬운국어 **논리 강화 200제**

PART 0 기호화 훈련하기

기호화 훈련하기

명제 파악하기

1. 명제
참이나 거짓을 가리기 위해 어떤 논리적 판단의 내용을 언어, 기호, 식 등으로 나타낸 것을 말한다.

1) 명제 논리(命題論理, propositional logic)
명제 혹은 문장들 간의 논리적 관계를 다루는 것을 말한다. 즉 예를 들어 '소크라테스는 사람이다.'라는 명제를 기호화한다면, '소크라테스가 사람'이라는 하나의 정보만이 있을 뿐 더 이상 의미가 나눠지지 않는다. 이런 명제들은 알파벳 대문자(A, B, P, Q 등)로 기호화하게 되는데 이를 명제 논리라고 한다.

2) 명제의 유형

단순 명제	연결사 없이 독립적으로 존재하는 명제 예 갑은 선생님이다. = 갑 선생님
복합 명제	연결사를 통해 두 개 이상의 명제가 결합된 명제 예 갑은 선생님이고, 을은 선생님이 아니다. = 갑 ∧ ~을

술어 논리	• 표현의 기초단위가 명제를 구성하고 있는 부분들
	• <u>모든(전칭)/어떤(특칭)</u> + 주어 + 술어 + <u>이다(긍정)/아니다(부정)</u>
	   명제의 양(quantity) 명제의 질(quality)
	• 양화사
	
	보편 양화사
	• ∀(x)=모든 x에 대해서
	• ∀(x)P(x) = 모든 x에 대해서 x는 P이다.
	  예 ∀(x)(과학자x → 철학자x) = 모든 x에 대해서, x가 과학자이면 x는 철학자이다.
	  = 모든 과학자는 철학자이다. = 과학자는 모두 철학자이다. = 과학자 → 철학자
	
	존재 양화사
	• ∃(x): 어떤 x에 대해서
	• ∃(x)P(x) = 어떤(적어도 하나의) x가 있는데 x는 P이다.
	  예 ∃(x)(과학자x ∧ 철학자x) = 어떤(적어도 하나의) x가 있는데, x는 과학자이고 x는 철학자이다. = 어떤(적어도 하나의) x가 있는데, x는 과학자이면서 철학자이다. = 과학자이면서 철학자인 사람이 있다. = 어떤 과학자는 철학자이다. = 과학자e ∧ 철학자e

3) 복합 명제의 종류

① 부정 표현
'~가 아니다.', '~가 거짓이다.'의 경우를 말한다.

② 조건 명제
'A → B'라고 하면 특정 조건이 성립할 때만 '참'이 되는 명제를 말한다. '만약 A이면 B이다.'와 같이 A라는 특정 조건이 성립할 때, B가 참이 되는 표현을 기호화한 것이다. 예를 들어, '만약 비가 오면 우산을 쓸 것이다.'의 명제는 비가 온다는 조건하에 우산을 쓴다는 것이 참이 되는 경우로 '비 → 우산'으로 기호화할 수 있다.

- 조건 명제의 역/이/대우

A → B	역	B → A
	이	~A → ~B
	대우	~B → ~A

③ 연언 명제
'A ∧ B'라고 하면 둘 모두가 성립해야 한다는 것을 뜻한다. 'A와/과 B', 'A 그리고 B', 'A 그러나 B' 등의 표현을 기호화한 것이다. 이때 A와 B를 "연언지(conjunct)"라고 부른다. 예를 들어 '가위와 지우개를 샀다.'라고 했을 때, 가위와 지우개 모두 사야 '참'이 되며, 이를 기호화하면 '가위 ∧ 지우개'가 된다.

④ 선언 명제(배타적 선언 명제)
'A ∨ B'라고 하면 둘 중 적어도 하나는 성립한다는 것을 뜻한다. 둘 중 하나만 성립하는 것이 아니며, A와 B 둘 모두 성립해도 된다. 이때 A와 B를 "선언지(disjunct)"라고 부른다. 예를 들어 '가위 또는 지우개를 가져온다.'라고 했을 때, 가위를 가져와도 참이고, 지우개를 가져와도 참이며, 가위와 지우개를 모두 들고 와도 참이다. 이를 기호화하면 '가위 ∨ 지우개'가 된다. 그러나 이때, 확정 명제가 제시되는 경우 즉, '가위는 가져오지 않는다.'라는 확정 명제가 제시된 경우에는 '둘 다'의 경우는 성립하지 않는다. 다시 말해서 하나가 결정된 상태에서는 다른 하나도 결정되는 '배타적 선언 명제'가 된다.

기호화 훈련하기

2. 명제의 기호화

구분	종류	표현	기호화
조건 명제	If p then q	• A이면 B이다. • A일 때, B이다. • A는 모두 B이다. • A인 경우(한) B이다. • A인 전제하에 B이다. • A 하기 위해서 B 해야 한다. • A는 B의 충분조건이다. • B는 A의 필요조건이다.	A → B 조건절　결과절
연언 명제	p and/but q	• A 와/과 B이다. • A 이지만 B이다. • A 그리고 B이다. • A 그러나(하지만) B이다. • A이면서 B이다. • A 일부(어떤) B이다. • A 중에(중에서) B가 있다. • A 가운데 B가 있다.	A ∧ B
선언 명제	p or q	• A 또는 B이다. • A 혹은 B이다. • A이거나 B이다. • A, B 둘 중 하나이다. • A, B 적어도 하나이다. • A, B 최소한 하나 • A, B 중에서 오직 하나만	A ∨ B

3. 부정 표현

구분	표현	기호화
단순 부정	• A가 아니다(없다). • A를 싫어한다. • A가 탈퇴한다. • A가 거짓이다.	~A

이중 부정		• A가 아닌 것은 아니다. • A가 아닌 경우는 없다. • A가 싫어하는 사람은 없다. • A가 탈퇴하지 않는다. • A가 거짓인 것은 아니다.	$\sim(\sim A) \equiv A$
각각을 부정할 때 (괄호 ×)	연언 명제 부정	• A와 B는 거짓이다. • A와 B 둘 다 거짓이다.	$\sim A \wedge \sim B$
	선언 명제 부정	• A 혹은 B 둘 중 하나는 거짓이다. • A 혹은 B 적어도 하나는 거짓이다.	$\sim A \vee \sim B$
문장 전체를 부정할 때 (괄호 ○)		• A와 B가 모두 좋은 것은 아니다. • A와 B가 동시에 좋을 수 없다.	$\sim(A \wedge B)$
		A나 B가 적절한 것은 아니다.	$\sim(A \vee B)$
		• A와 B 모두 좋아하지 않는 것은 아니다. • A와 B 동시에 좋아하지 않는 것은 아니다. • A와 B 둘 다 좋아하지 않는 것은 아니다.	$\sim(\sim A \wedge \sim B)$ $\equiv A \vee B$
복합 명제의 대우		C가 좋아하면 A와 B도 좋아한다.	$C \rightarrow A \wedge B$ $\equiv \sim(A \wedge B) \rightarrow \sim C$
		C가 좋아하지 않으면 A와 B는 좋아한다.	$\sim C \rightarrow A \wedge B$ $\equiv \sim(A \wedge B) \rightarrow C$

1) 부정문의 예시

예	기호화
A와 B를 심지 않는다.	$\sim A \wedge \sim B$
A와 B 둘 다 심지 않는다.	$\sim A \wedge \sim B$
A와 B 둘 다 심지 않는 것은 아니다.	$\sim(\sim A \wedge \sim B)$
A 혹은 B 둘 중 하나를 심지 않는다.	$\sim A \vee \sim B$
A 혹은 B 둘 중 하나를 심지 않는 것은 아니다.	$\sim(\sim A \vee \sim B)$
포르투갈과 핀란드를 가지 않는다.	$\sim$포르투갈 $\wedge$ 핀란드
포르투갈과 핀란드를 가지 않는 것은 아니다.	$\sim(\sim$포르투갈 $\wedge \sim$핀란드$)$
포르투갈과 핀란드를 동시에 갈 수 없다.	$\sim($포르투갈 $\wedge$ 핀란드$)$

기호화 훈련하기

4. 논리 규칙

교환 규칙	• A ∧ B ≡ B ∧ A • A ∨ B ≡ B ∨ A
결합 규칙	• [A ∧ (B ∧ C)] ≡ [(A ∧ B) ∧ C] • [A ∨ (B ∨ C)] ≡ [(A ∨ B) ∨ C]
분배 법칙	• P ∧ (Q ∨ R) ≡ (P ∧ Q) ∨ (P ∧ R) • P ∨ (Q ∧ R) ≡ (P ∨ Q) ∧ (P ∨ R)
연쇄 논법	$A \to B$ $B \to C$ ∴ $A \to C$
대우	A → B ≡ ~B → ~A
드모르간의 법칙	• ~(A ∧ B) ≡ ~A ∨ ~B • ~(A ∨ B) ≡ ~A ∧ ~B
조건 명제와 선언 명제 동치	• A → B = ~A ∨ B • A ∨ B = ~A → B
연언지 단순화	A ∧ B ≡ A & B ∴ A, B
선언지 제거	A ∨ B ~A ∴ B
선언지 단순화	A ∨ B ≡ ~A → B
전건 분리 법칙	(A ∧ B) → C ≡ (A → C) ∨ (B → C) (A ∨ B) → C ≡ (A → C) ∧ (B → C)
후건 분리 법칙	A → (B ∧ C) ≡ (A → B) ∧ (A → C) A → (B ∨ C) ≡ (A → B) ∨ (A → C)

5. 주의해야 할 기호화

① '~만이', '~에만' 이 나오면 서로 자리를 바꿔준다.
　　예 A만이 B이다. ≡ B → A

② '어떤 것도 ~ 아니다(않다)'가 나오면 '모든'으로 바꿔 준다.
　　예 세척을 한 어떤 것도 사람을 병들게 하지 않는다. = 세척을 한 모든 것은 사람을 병들게 하지 않는다. = 세척 → ~병

③ '모두 ~ 인 것은 아니다'가 나오면 '일부'로 바꿔 준다.
　　예 A가 모두 B인 것은 아니다. = A 중에 일부는 B가 아니다. = A ∧ ~B

④ '중에(중에서, 가운데)' 표현에 주의한다.

조건 명제	• A 중에(서) 적어도 B 하지 않는 사람은 없다.: A → B 　예 학교를 다니는 사람 중에 적어도 직장에 다니지 않는 사람은 없다.: 학교 → 직장인 • A 중에(서) B하지 않는 사람은 없다.: A → B 　예 학교를 다니는 사람 중에 직장에 다니지 않은 사람은 없다.: 학교 → 직장인 • A 중에(서) B인 것이 없다(아니다). = A는 모두 B가 아니다. : A → ~B
연언 명제	• A 중에(서) B인 것이 적어도 하나는 있다.: A ∧ B 　예 학교를 다니는 사람 중에 직장에 다니는 사람이 적어도 한 명은 있다.: 학교 ∧ 직장인 • A 중에(서) 적어도 하나는 B 하다.: A ∧ B 　예 학교를 다니는 사람 중에서 적어도 한 명은 직장에 다닌다.: 학교 ∧ 직장인 • A 중에(서) B인 것이 있다.: A ∧ B 　예 학교를 다니는 사람 중에서 직장에 다니는 사람이 있다.: 학교 ∧ 직장인
선언 명제	• A, B 중에(서) 적어도 하나는 학생이다.: A ∨ B 　예 영희와 철수 중에 적어도 하나는 학생이다.: 영희 ∨ 철수 • A, B 중에(서) 둘 중 하나는 학생이다.: A ∨ B 　예 영희, 철수 중에 둘 중 하나는 학생이다.: 영희 ∨ 철수

기호화 훈련하기

기호화 연습하기

Q1 조건 명제를 기호화해 봅시다.

> **예시**
> 오 팀장이 참석하면 최 과장도 참석한다.
> = 오 팀장 → 최 과장

01 단 음식을 좋아하면 치과에 자주 간다.

01 단 음식 → 치과

Q2 부정 표현을 기호화해 봅시다.

> **예시**
> 자전거 타기를 좋아하면 달리기를 좋아하지 않는다.
> 자전거 → ~달리기

02 여행을 좋아하면 독서를 좋아하지 않는다.

02 여행 → ~독서

Q3 연언 명제를 기호화해 봅시다.

> **예시**
> • 등산을 좋아하는 사람들 중 일부는 산책도 좋아한다.
>   = 등산 ∧ 산책
> • 가영이는 수학과 국어를 모두 좋아한다.
>   = 수학 ∧ 국어

03 치안이 좋은 나라 중 어떤 나라는 인심이 좋지 않다.

03 치안 ∧ ~인심

04 영지가 투표대상자라면 영희와 미영이도 투표 대상자이다.

04 영지 → 영희 ∧ 미영

05 영화와 드라마를 좋아하는 사람은 모두 집에 있는 것을 좋아한다.

05 영화 ∧ 드라마 → 집

Q4 선언 명제를 기호화해 봅시다.

예시

- 선우와 명선 적어도 한 명은 합격이다.
  = 선우 ∨ 명선

- 선우는 미국인이나 프랑스인 둘 중 하나이다.
  = 미국인 ∨ 프랑스인

- 러시아가 우라늄을 생산한다면 석유나 구리도 생산할 것이다.
  = 우라늄 → 석유 ∨ 구리

06 창헌이와 이헌이 둘 중 적어도 한 명이 이번 시험 만점자이다.

06 창헌 ∨ 이헌

07 햄버거를 좋아하는 학생은 모두 파스타나 피자 둘 중 하나를 좋아한다.

07 햄버거 → 파스타 ∨ 피자

08 파란색이나 연두색 둘 중 하나를 좋아하는 학생은 모두 노란색을 좋아한다.

08 파란색 ∨ 연두색 → 노란색

기호화 훈련하기

[01~30] 다음 명제를 올바르게 기호화해 봅시다.

01 매운 음식을 좋아하거나 달달한 음식을 좋아하는 사람은 모두 탄산음료를 즐겨 마신다.

01 매운 음식 ∨ 달달한 음식 → 탄산음료

02 월드컵을 개최했던 나라는 브라질이나 독일이다.

02 브라질 ∨ 독일

03 전기가 필요하지 않은 경우, 반드시 테스트 작업이 필요하다.

03 ~전기 → 테스트 작업

04 미영이가 A팀에 포함되면 상철이와 준수는 포함되지 않는다.

04 미영 → ~상철 ∧ ~준수

05 연예인 혹은 유튜버들은 모두 외모에 관심이 많다.

05 연예인 ∨ 유튜버 → 외모

06 뉴스를 좋아하는 사람은 모두 드라마를 좋아하거나 다큐멘터리를 좋아하지 않는다.

06 뉴스 → 드라마 ∨ ~다큐멘터리

07 모임에 자주 나가는 사람은 모두 술을 좋아하고 게임을 좋아하지 않는다.

07 모임 → 술 ∧ ~게임

08 비가 오는 날에만 가게 문을 연다.

08 가게 문을 엶 → 비가 옴

09 거래되는 작품만이 예술적 가치가 있는 작품이다.

09 예술적 가치 → 거래되는 작품

10 김 팀장은 부서 회의가 있는 날에만 출근한다.

10 김 팀장 출근 → 부서 회의

11 독서를 좋아하는 그 어떤 사람도 소음을 좋아하지 않는다.

11 독서 → ~소음

12 사업가 가운데는 어떤 사람도 정직하지 않다.

12 사업가 → ~정직

13 C 사무관과 D 사무관은 모두 부임식에 참석하지 않는다.

13 ~C ∧ ~D

14 운동복을 산 모든 학생은 게임기 혹은 공책을 사지 않았다.

14 운동복 → ~게임기 ∨ ~공책

15 A 자격증을 딴 사람은 모두 B 혹은 C 자격증을 따지 않았다.

15 A 자격증 → ~B 자격증 ∨ ~C 자격증

16 병수와 철희가 모두 시험에 떨어지는 것은 아니다.

16 ~(~병수 ∧ ~철희) = 병수 ∨ 철희

기호화 훈련하기

17 필기시험을 통과하지 못했다면, 장내 주행 시험과 도로 주행 시험을 볼 수 없다.

17 ~필기 → ~장내 주행 ∧ ~도로 주행

18 갑이 뇌물을 받을 때 병과 을도 모두 뇌물을 받지 않은 것은 아니다.

18 갑 → ~(~병 ∧ ~을) = 갑 → 병 ∨ 을

19 다희와 영철이 모두 휴직계를 낸 것은 아니다.

19 ~(다희 휴직계 ∧ 영철 휴직계)
 = ~다희 휴직계 ∨ ~영철 휴직계

20 사진 작업이 가능한 모든 프로그램이 모두 A회사에서 출시된 것은 아니다.

20 사진 작업 프로그램 ∧ ~A회사 출시

21 뉴스 채널을 좋아하는 사람은 모두 시사 잡지나 뉴스 유료 채널 둘 중 하나를 구독한다.

21 뉴스채널 → 시사잡지 ∨ 뉴스유료채널

22 경찰관 중 어떤 사람도 봉사 정신과 도덕성이 결여된 사람은 없다.

22 경찰관 → ~(~봉사 정신 ∧ ~도덕성)
 = 경찰관 → 봉사 정신 ∨ 도덕성

23 친절한 행위가 모두 선한 행위는 아니다.

23 ~(친절한 행위 → 선한 행위)
 = 친절한 행위 ∧ ~선한 행위

24 떡을 받은 하객 중에 쿠키를 받은 하객이 있다.

24 떡 ∧ 쿠키

25 떡을 받은 하객 중에 비누를 받지 않은 하객은 없다.

25 ~(떡 ∧ ~비누)
　= 떡 → 비누

26 선풍기를 받은 하객 중 문화상품권을 받지 않은 하객은 없다.

26 ~(선풍기 ∧ ~문화상품권)
　= 선풍기 → 문화상품권

27 선풍기를 받은 하객 중 수건 세트를 받은 하객이 있다.

27 선풍기 ∧ 수건 세트

28 재활치료를 받는 환자 중에 디스크인 환자는 없다.

28 ~(재활치료 ∧ 디스크)
　= 재활치료 → ~디스크

29 재생 에너지 정책을 선호하는 사람 중에 산업 정책 혹은 통상 정책을 선호하는 사람은 없다.

29 재생 에너지 → ~(산업 ∨ 통상)
　= 재생 에너지 → ~산업 ∧ ~통상

30 로펌 합격자 가운데 법무법인 경력이 없거나 변호사가 아닌 지원자는 없다.

30 로펌 합격자 → ~(~경력 ∨ ~변호사)
　= 로펌 합격자 → 경력 ∧ 변호사

공무원 시험 전문 해커스공무원

gosi.Hackers.com

해커스공무원 신민숙 쉬운국어 **논리 강화 200제**

PART 1 명제 추론

Chapter 01　조건 명제

Chapter 02　연언 명제

Chapter 03　선언 명제

Chapter 04　드모르간의 법칙

실전학습문제

Chapter 01 조건 명제

대표 문제

다음 진술이 모두 참일 때 반드시 참인 것은?

- 신 인턴이 회의에 참석하면, 배 인턴도 참석한다.
- 배 인턴이 회의에 참석하면, 홍 인턴도 참석한다.
- 홍 인턴이 회의에 참석하지 않으면, 공 인턴도 참석하지 않는다.

① 공 인턴이 회의에 참석하면, 배 인턴도 참석한다.
② 신 인턴이 회의에 참석하면, 홍 인턴은 참석하지 않는다.
③ 배 인턴이 회의에 참석하지 않으면, 공 인턴은 참석한다.
④ 홍 인턴이 회의에 참석하지 않으면, 신 인턴도 참석하지 않는다.

정답 설명 ④ 제시된 명제를 기호화하면 다음과 같다.

구분	명제	대우
전제 1	신 → 배	~배 → ~신
전제 2	배 → 홍	~홍 → ~배
전제 3	~홍 → ~공	공 → 홍

'전제 2'의 대우와 '전제 1'의 대우를 연쇄 논법에 따라 삭제하면 '~홍 → ~신'이 되므로 반드시 참인 것은 ④이다.

오답 분석 ① ③ 공 인턴과 배 인턴의 관계성은 확인할 수 없다. 참고로, 전제 2의 역(홍 → 배)이 참인 경우, 전제 3의 대우에 따라 '공 → 홍 → 배'가 참이 되어 공 인턴과 배 인턴의 관계성을 알 수 있지만 전제 2의 역이 참인지는 알 수 없으므로 적절하지 않다.
② 전제 1과 2에 따라, 신 인턴이 회의에 참석할 경우 배 인턴과 홍 인턴도 참석함(신 → 배 → 홍)을 알 수 있다.

연습 문제

01 다음 명제가 참이라고 할 때 반드시 참인 것은?

> • 갑이 행정사 시험에 응시하면, 을도 행정사 시험에 응시한다.
> • 병이 행정사 시험에 응시하면, 갑도 행정사 시험에 응시한다.

① 갑이 행정사 시험에 응시한다.
② 을이 행정사 시험에 응시한다.
③ 갑이 행정사 시험에 응시하면, 병도 행정사 시험에 응시한다.
④ 병이 행정사 시험에 응시하면, 을도 행정사 시험에 응시한다.

정답 설명 ④ 제시된 명제를 기호화하면 다음과 같다.

구분	명제	대우
전제 1	갑 → 을	~을 → ~갑
전제 2	병 → 갑	~갑 → ~병

전제 2와 전제 1을 합치면 '병 → 갑 → 을'이 되므로 반드시 참인 것은 ④이다.

오답 분석 ① ② 전제 1은 갑이 행정사 시험에 응시하면, 을도 행정사 시험에 응시한다는 것이지 반드시 갑이나 을이 행정사 시험에 응시한다는 것이 아니다.
③ 전제 1에 따라 '갑'이 행정사 시험에 응시하면 '을'이 행정사 시험에 응시하는 것은 알 수 있지만, '병'이 행정사 시험에 응시하는지는 알 수 없다.

Chapter 01 조건 명제

02 다음 진술이 모두 참일 때 반드시 참인 것은?

- 모차르트를 좋아하면, 바흐도 좋아한다.
- 슈베르트를 좋아하지 않으면, 베토벤도 좋아하지 않는다.
- 바흐를 좋아하면, 슈베르트도 좋아한다.

① 바흐를 좋아하지 않으면, 베토벤을 좋아한다.
② 슈베르트를 좋아하지 않으면, 모차르트를 좋아하지 않는다.
③ 모차르트를 좋아하면, 슈베르트는 좋아하지 않는다.
④ 베토벤을 좋아하면, 바흐를 좋아한다.

정답 설명 ② 제시된 명제를 기호화하면 다음과 같다.

구분	명제	대우
전제 1	모차르트 → 바흐	~바흐 → ~모차르트
전제 2	~슈베르트 → ~베토벤	베토벤 → 슈베르트
전제 3	바흐 → 슈베르트	~슈베르트 → ~바흐

'전제 3'의 대우와 '전제 1'의 대우를 연결하면 '~슈베르트 → ~바흐 → ~모차르트'가 되므로 반드시 참인 것은 ②이다.

오답 분석 ① 전제 1의 대우를 통해 '~바흐'와 '~모차르트'의 관계는 알 수 있으나, 이후 베토벤의 관계성까지는 확인할 수 없다.
③ 전제 1과 3에 따라, 모차르트를 좋아하는 경우 슈베르트를 좋아함(모차르트 → 바흐 → 슈베르트)을 알 수 있으므로 적절하지 않다.
④ 베토벤과 바흐의 관계성은 확인할 수 없다. 참고로, 전제 3의 역(슈베르트 → 바흐)이 참인 경우, 전제 2의 대우에 따라 '베토벤 → 슈베르트 → 바흐'가 참이 되어 베토벤과 바흐의 관계성을 알 수 있지만 전제 3의 역이 참인지는 알 수 없으므로 적절하지 않다.

03 다음 진술이 모두 참일 때 반드시 참인 것은?

> • A팀이 출전하면 B팀도 출전한다.
> • C팀이 출전하면 B팀도 출전한다.
> • A팀이 출전하지 않으면 D팀도 출전하지 않는다.

① A팀이 출전하면 C팀도 출전한다.
② A팀이 출전하면 D팀도 출전한다.
③ B팀이 출전하면 C팀도 출전한다.
④ D팀이 출전하면 B팀도 출전한다.

정답 설명 ④ 제시된 명제를 기호화하면 다음과 같다.

구분	명제	대우
전제 1	A팀 → B팀	~B팀 → ~A팀
전제 2	C팀 → B팀	~B팀 → ~C팀
전제 3	~A팀 → ~D팀	D팀 → A팀

전제 3의 대우와 전제 1을 결합하면 'D팀 → A팀 → B팀'이므로 'D팀 → B팀'을 알 수 있다. 따라서 제시된 진술이 모두 참일 때 반드시 참인 것은 'D팀이 출전하면 B팀도 출전한다(D팀 → B팀).'이다.

오답 분석 ① 제시된 진술을 통해 A팀이 출전할 때, C팀의 출전 여부는 알 수 없다.
② 전제 3의 대우를 통해 D팀이 출전하면 A팀도 출전함을 알 수 있지만 그 역이 참인지는 알 수 없다.
③ 전제 2를 통해 C팀이 출전하면 B팀도 출전함을 알 수 있지만 그 역이 참인지는 알 수 없다.

Chapter 01 조건 명제

04 다음 명제가 모두 참이라고 할 때 반드시 참인 것은?

> • 벤츠가 자동차를 출시하면 페라리도 자동차를 출시한다.
> • 재규어가 자동차를 출시하면 벤츠도 자동차를 출시한다.

① 벤츠가 자동차를 출시한다.
② 페라리가 자동차를 출시하면 벤츠도 자동차를 출시한다.
③ 벤츠가 자동차를 출시하면 재규어도 자동차를 출시한다.
④ 재규어가 자동차를 출시하면 페라리도 자동차를 출시한다.

정답 설명 ④ 제시된 명제를 기호화하면 다음과 같다.

구분	명제	대우
전제 1	벤츠 → 페라리	~페라리 → ~벤츠
전제 2	재규어 → 벤츠	~벤츠 → ~재규어

전제 1과 전제 2를 통합하면 '재규어 → 벤츠 → 페라리'가 성립된다. 이를 연쇄 논법에 따라 삭제하면 '재규어 → 페라리'가 성립되므로 답은 ④이다.

오답 분석 ① 전제 1은 벤츠가 자동차를 출시하면 페라리도 자동차를 출시한다는 의미이지, 벤츠가 반드시 자동차를 출시한다는 의미가 아니다.
② 전제 1에 의해 벤츠가 자동차를 출시하면 페라리도 자동차를 출시함을 알 수 있지만 그 역이 참인지는 알 수 없다.
③ 전제 2에 의해 재규어가 자동차를 출시하면 벤츠도 자동차를 출시함을 알 수 있지만 그 역이 참인지는 알 수 없다.

05 다음 명제가 모두 참일 때, 항상 옳은 것은?

> • 강남에 가는 모든 사람은 직장인이다.
> • 서울을 방문한 모든 사람은 강남에 간다.
> • 캐리어를 소지하지 않은 모든 사람은 직장인이 아니다.

① 모든 직장인은 강남을 간다.
② 강남을 가는 모든 사람은 캐리어를 소지하지 않는다.
③ 서울을 방문한 모든 사람은 캐리어를 소지한다.
④ 캐리어를 소지하지 않은 모든 사람은 강남을 간다.

정답 설명 ③ 제시된 명제를 기호화하면 다음과 같다.

구분	명제	대우
전제 1	강남 → 직장인	~직장인 → ~강남
전제 2	서울 → 강남	~강남 → ~서울
전제 3	~캐리어 → ~직장인	직장인 → 캐리어

전제 2와 전제 1을 연결하면 '서울 → 강남 → 직장인'이 된다. 따라서 '서울 → 직장인'이 되고 이를 전제 3의 대우인 '직장인 → 캐리어'와 결합하면 '서울 → 캐리어'가 되므로 반드시 참인 것은 ③이다.

오답 분석 ① 전제 3의 대우를 통해 '직장인 → 캐리어'는 알 수 있으나, '캐리어와 강남'의 관계는 알 수 없으므로 적절하지 않다.
② 전제 1과 전제 3의 대우를 통해 '강남 → 캐리어'가 참임을 알 수 있기 때문에 적절하지 않다.
④ 전제 3과 전제 1의 대우를 연결하면 '~캐리어 → ~강남'이 되므로 적절하지 않다.

Chapter 01 조건 명제

06 다음 진술이 모두 참일 때 반드시 참인 것은?

> - 페인트를 구매하면 롤러도 구매한다.
> - 장판을 구매하면 롤러도 구매한다.
> - 페인트를 구매하지 않으면 벽지도 구매하지 않는다.

① 페인트를 구매하면 장판도 구매한다.
② 페인트를 구매하면 벽지도 구매한다.
③ 롤러를 구매하면 장판도 구매한다.
④ 벽지를 구매하면 롤러도 구매한다.

정답 설명 ④ 제시된 명제를 기호화하면 다음과 같다.

구분	명제	대우
전제 1	페인트 → 롤러	~롤러 → ~페인트
전제 2	장판 → 롤러	~롤러 → ~장판
전제 3	~페인트 → ~벽지	벽지 → 페인트

전제 3의 대우와 전제 1을 결합하면 '벽지 → 페인트 → 롤러'이므로 '벽지 → 롤러'를 알 수 있다. 따라서 제시된 진술이 모두 참일 때 반드시 참인 것은 '벽지를 구매하면 롤러도 구매한다(벽지 → 롤러).'이다.

오답 분석 ① 제시된 진술을 통해 페인트를 구매할 때, 장판의 구매 여부는 알 수 없다.
② 전제 3의 대우를 통해 벽지를 구매하면 페인트도 구매함을 알 수 있지만 그 역이 참인지는 알 수 없다.
③ 전제 2를 통해 장판을 구매하면 롤러도 구매함을 알 수 있지만 그 역이 참인지는 알 수 없다.

07 다음 명제가 모두 참이라고 할 때 반드시 참인 것은?

> - 항해사를 하는 어떤 사람도 바다를 무서워하지 않는다.
> - 멀미를 하지 않는 모든 사람은 항해사를 할 수 있다.
> - 멀미를 하지 않는 사람은 모두 건강하지 않다.

① 건강한 사람은 모두 항해사를 하지 못한다.
② 바다를 무서워하는 사람은 모두 항해사를 할 수 있다.
③ 항해사를 하는 사람은 모두 멀미를 하지 않는다.
④ 멀미를 하지 않는 사람들은 모두 바다를 무서워하지 않는다.

정답 설명 ④ 제시된 명제를 기호화하면 다음과 같다.

구분	명제	대우
전제 1	항해사 → ~바다 무서움	바다 무서움 → ~항해사
전제 2	~멀미 → 항해사	~항해사 → 멀미
전제 3	~멀미 → ~건강	건강 → 멀미

전제 1의 '어떤 A도 ~'의 경우 '모든 A는 ~'이 되기 때문에, '항해사를 하는 모든 사람은 바다를 무서워하지 않는다.'가 된다. 그러므로 전제 1을 기호화하면 '항해사 → ~바다 무서움'이 된다. 전제 2를 통해 멀미를 하지 않는 모든 사람은 항해사를 할 수 있음을 알 수 있고, 이를 전제 1에 대입하면 '멀미를 하지 않는 사람은 모두 바다를 무서워하지 않음'을 도출할 수 있기 때문에 ④는 참이다.

오답 분석 ① 전제 3의 대우를 통해 '건강하면 멀미를 함'을 알 수 있으나, 멀미를 하는 사람이 모두 항해사를 하지 못하는지는 알 수 없으므로 적절하지 않다.
② 전제 1의 대우를 통해 '바다를 무서워하는 사람은 모두 항해사를 할 수 없다.'는 것을 알 수 있으므로 적절하지 않다.
③ 전제 1을 통해 '항해사를 하는 사람은 모두 바다를 무서워하지 않음'을 알 수 있으나, 멀미를 하지 않는지까지는 도출할 수 없으므로 적절하지 않다.

Chapter 01 조건 명제

08 다음 명제가 모두 참일 때, 항상 옳은 것은?

> - 오직 소설가만이 진정한 예술가이다.
> - 시인들은 모두 자연에 관심이 많다.
> - 자연에 관심이 많은 사람은 모두 철학가가 아니다.
> - 시인들은 모두 진정한 예술가가 아닌 것은 아니다.

① 예술가는 모두 자연에 관심이 있다.
② 철학가가 아닌 사람은 모두 자연에 관심이 없다.
③ 소설가가 아닌 사람들은 모두 시인이 아니다.
④ 시인은 모두 예술가가 아니다.

정답 설명 ③ 제시된 명제를 기호화하면 다음과 같다.

구분	명제	대우
전제 1	예술가 → 소설가	~소설가 → ~예술가
전제 2	시인 → 자연 관심	~자연 관심 → ~시인
전제 3	자연 관심 → ~철학가	철학가 → ~자연 관심
전제 4	시인 → 예술가	~예술가 → ~시인

'오직 A만이 B이다.'의 경우 '모든 B는 A이다.' 혹은 'B는 모두 A이다.'가 된다. 따라서 전제 1을 기호화하면 '예술가 → 소설가' 이다. 전제 1의 대우에서 '소설가가 아닌 사람들은 모두 예술가가 아님'을 확인할 수 있다. 이를 전제 4의 대우와 연결하면 '소설가가 아닌 사람들은 모두 시인이 아님'을 확인할 수 있다.

오답 분석 ① 전제 1을 통해 '예술가는 모두 소설가'임을 알 수 있으나 자연에 관심이 있는지까지는 알 수 없다.
② 철학가가 아닌 사람으로 시작하는 명제가 없으므로 참인지 알 수 없다.
④ 전제 4에서 '예술가가 아닌 것은 아니다'와 같은 이중부정은 긍정으로 표현한다. 그러므로 전제 4는 '시인들은 모두 진정한 예술가이다.'의 명제가 되므로 적절하지 않다.

09 다음 글의 내용이 참일 때, 반드시 참인 것은?

- 벌레를 두려워하는 사람은 모두 아마존을 갈 수 없다.
- 곤충학자는 모두 벌레를 두려워하지 않는다.
- 벌레를 두려워하는 사람은 모두 도전적이지 않다.
- 곤충학자만이 아마존을 갈 수 있다.

① 곤충학자는 모두 도전적이다.
② 곤충학자가 아닌 사람은 모두 아마존을 갈 수 없다.
③ 도전적이지 않은 사람은 모두 벌레를 두려워한다.
④ 곤충학자는 모두 아마존을 가본 적 있다.

정답 설명 ② 제시된 명제를 기호화하면 다음과 같다.

구분	명제	대우
전제 1	벌레 두려움 → ~아마존	아마존 → ~벌레 두려움
전제 2	곤충학자 → ~벌레 두려움	벌레 두려움 → ~곤충학자
전제 3	벌레 두려움 → ~도전적	도전적 → ~벌레 두려움
전제 4	아마존 → 곤충학자	~곤충학자 → ~아마존

'만이'의 경우 앞뒤의 순서를 바꿀 수 있으므로 '곤충학자만이 아마존을 갈 수 있다'는 '아마존 → 곤충학자'로 기호화할 수 있다. 전제 4의 대우를 통해 '곤충학자가 아닌 사람은 모두 아마존을 갈 수 없다.'가 참임을 알 수 있으므로 반드시 참인 것은 ②이다.

오답 분석 ① 전제 2에 따라 '곤충학자는 모두 벌레를 두려워하지 않음'을 알 수 있으나, 도전적인지는 알 수 없다.
③ 전제 3에 의해 벌레를 두려워하는 사람은 모두 도전적이지 않음을 알 수 있지만 그 역이 참인지는 알 수 없다.
④ 전제 4에 따라 아마존을 가는 사람은 모두 곤충학자임을 알 수 있으나 그 역이 참인지는 알 수 없으며, 가본 적이 있는지는 제시된 전제를 통해 도출할 수 없다.

Chapter 01 조건 명제

10 다음 글의 내용이 참일 때, 반드시 참인 것은?

- 배려심이 많은 사람은 모두 남을 무시하지 않는다.
- 남을 무시하는 사람은 모두 벌을 받을 것이다.
- 남을 무시하는 사람은 모두 자신감이 없다.
- 배려심이 많은 사람만이 벌을 받지 않을 것이다.

① 배려심이 많은 사람은 모두 자신감이 있다.
② 배려심이 많지 않은 사람은 모두 벌을 받는다.
③ 배려심이 많지 않은 사람은 모두 남을 무시한다.
④ 배려심이 많은 사람은 모두 벌을 받지 않는다.

정답 설명 ② 제시된 명제를 기호화하면 다음과 같다.

구분	명제	대우
전제 1	배려심 → ~남 무시	남 무시 → ~배려심
전제 2	남 무시 → 벌	~벌 → ~남 무시
전제 3	남 무시 → ~자신감	자신감 → ~남 무시
전제 4	~벌 → 배려심	~배려심 → 벌

'만이'의 경우 앞뒤의 순서를 바꿀 수 있으므로 '배려심이 많은 사람만이 벌을 받지 않을 것이다.'는 '~벌 → 배려심'로 기호화할 수 있다. 전제 4의 대우는 '배려심이 많지 않은 사람은 모두 벌을 받는다.'가 되기 때문에 반드시 참인 것은 ②이다.

오답 분석 ① 전제 1에 따라 배려심이 많으면 남을 무시하지 않은 것은 알 수 있으나 자신감이 있는지는 알 수 없다.
③ 전제 1에 따라 배려심이 많으면 남을 무시하지 않은 것은 알 수 있으나 그 이가 참인지는 알 수 없다.
④ 전제 4에 따라 벌을 받지 않으면 배려심이 많은 사람임을 알 수 있으나 그 역이 참인지는 알 수 없다.

공무원 시험 전문 해커스공무원
gosi.Hackers.com

Chapter 02 연언 명제

대표 문제

01 다음의 세 명제가 모두 참일 경우, 반드시 참인 것은?

> • 생선을 먹는 어떤 사람은 해산물을 먹는다.
> • 소고기를 먹지 않는 사람은 모두 생선을 먹지 않는다.
> • 생선을 먹는 사람은 모두 닭고기를 먹지 않는다.

① 해산물을 먹지 않는 사람 중 일부는 소고기를 먹는다.
② 닭고기를 먹지 않는 사람 중 일부는 해산물을 먹는 사람이다.
③ 해산물을 먹는 사람은 모두 소고기를 먹는다.
④ 생선을 먹는 사람은 모두 소고기를 먹지 않는다.

정답 설명 ② 제시된 명제를 기호화하면 다음과 같다.

구분	명제	대우
전제 1	생선 ∧ 해산물	-
전제 2	~소고기 → ~생선	생선 → 소고기
전제 3	생선 → ~닭고기	닭고기 → ~생선

전제 3 '생선을 먹는 사람은 모두 닭고기를 먹지 않는다.' 즉, '생선 → ~닭고기'가 되기 때문에 전제 1의 '생선'을 '~닭고기'로 대체할 수 있다. 다시 말해 전제 1은 '~닭고기 ∧ 해산물'이 되기 때문에 ②는 참이다.

오답 분석 ① 해산물을 먹지 않는 사람(~해산물)을 통해 알 수 있는 내용은 없다.
③ 전제 2의 대우와 전제 1을 통해 '소고기 ∧ 해산물'을 도출할 수 있으나, 해산물을 먹는 사람이 모두 소고기를 먹는지는 파악할 수 없다.
④ 전제 2의 대우를 통해 볼 때, 생선을 먹는 사람은 모두 소고기를 먹기 때문에 잘못된 설명이다.

02 A선수는 축구팀 중, 어디로 이적을 할지 후보지 <조건>을 정했다고 하자. 이를 따를 때 반드시 참이라고 할 수 있는 것은?

조건
- 첼시를 간다면, 마드리드를 가지 않는다.
- 파리를 간다면, 바르셀로나를 가지 않는다.
- 첼시와 파리를 간다.

① 첼시, 마드리드, 파리, 바르셀로나 모두 간다.
② 마드리드만 가지 않는다.
③ 바르셀로나만 가지 않는다.
④ 마드리드와 바르셀로나 모두 가지 않는다.

정답 설명 ④ 제시된 명제를 기호화하면 다음과 같다.

구분	명제	대우
조건 1	첼시 → ~마드리드	마드리드 → ~첼시
조건 2	파리 → ~바르셀로나	바르셀로나 → ~파리
조건 3	첼시 ∧ 파리	-

조건 3에 따라 첼시와 파리를 가는 것은 확정임을 알 수 있다. 첼시를 감이 확정되었으므로 조건 1에 따라 마드리드는 가지 않음을 알 수 있다. 또 파리를 감이 확정되었으므로 조건 2에 따라 바르셀로나는 가지 않음을 알 수 있다. 따라서 '첼시, ~마드리드, 파리, ~바르셀로나'이므로 반드시 참인 것은 ④이다.

오답 분석 ① ② ③ 조건 3에 따라 첼시와 파리는 가지만, 조건 1, 2에 따라 마드리드와 바르셀로나는 모두 가지 않음을 알 수 있다.

Chapter 02 연언 명제

03 다음의 세 명제가 모두 참일 경우, 반드시 참인 것은?

> - A가 수학경시대회에 나가면 영어경시대회에도 나간다.
> - A가 과학경시대회에 나가지 않으면 국어경시대회에 나간다.
> - A는 수학경시대회에는 나가지만 과학경시대회에는 나가지 않는다.

① A는 영어경시대회에 나가고 국어경시대회에도 나간다.
② A는 과학경시대회에 나가고 국어경시대회에도 나간다.
③ A는 수학경시대회에 나가고 국어경시대회에는 나가지 않는다.
④ A는 국어경시대회에 나가지 않고 과학경시대회에도 나가지 않는다.

정답 설명 ① 제시된 명제를 기호화하면 다음과 같다.

구분	명제	대우
전제 1	수학 → 영어	~영어 → ~수학
전제 2	~과학 → 국어	~국어 → 과학
전제 3	수학 ∧ ~과학	-

전제 3을 통해 '수학'과 '~과학'이 확정된다. 확정된 '수학'과 전제 1을 통해 '영어'도 확정됨을 알 수 있고, '~과학'과 전제 2를 통해 '국어'도 확정됨을 알 수 있다. 그러므로 '수학, ~과학, 영어, 국어'임을 알 수 있다.

연습 문제

01 다음의 세 명제가 모두 참일 경우, 반드시 참인 것은?

- 햄을 넣는 어떤 김밥은 시금치를 넣는다.
- 참치를 넣지 않는 김밥은 모두 햄을 넣지 않는다.
- 햄을 넣는 김밥은 모두 미나리를 넣지 않는다.

① 시금치를 넣지 않는 김밥은 모두 참치를 넣는다.
② 미나리를 넣지 않는 김밥 중 일부는 시금치를 넣는다.
③ 시금치를 넣는 김밥은 모두 참치를 넣는다.
④ 햄을 넣는 김밥은 모두 참치를 넣지 않는다.

정답 설명 ② 제시된 명제를 기호화하면 다음과 같다.

구분	명제	대우
전제 1	햄 ∧ 시금치	-
전제 2	~참치 → ~햄	햄 → 참치
전제 3	햄 → ~미나리	미나리 → ~햄

전제 3 '햄을 넣는 김밥은 모두 미나리를 넣지 않는다.' 즉, '햄 → ~미나리'가 되기 때문에 전제 1의 '햄'을 '~미나리'로 대체할 수 있다. 다시 말해 전제 1은 '~미나리 ∧ 시금치'가 되기 때문에 ②는 참이다.

오답 분석 ① 시금치를 넣지 않는 김밥(~시금치)을 통해 알 수 있는 내용은 없다.
③ 전제 2의 대우와 전제 1을 통해 '참치 ∧ 시금치'를 도출할 수 있으나, 시금치를 넣는 김밥이 모두 참치를 넣는지는 파악할 수 없다.
④ 전제 2의 대우를 통해 볼 때, 햄을 넣는 김밥은 모두 참치를 넣기 때문에 잘못된 설명이다.

Chapter 02 연언 명제

02 다음의 세 명제가 모두 참일 경우, 반드시 참인 것은?

- 백성을 좋아하는 어떤 왕은 과학을 좋아한다.
- 간언을 좋아하지 않는 왕은 모두 백성을 좋아하지 않는다.
- 백성을 좋아하는 왕은 모두 아첨을 좋아하지 않는다.

① 과학을 좋아하지 않는 왕은 모두 간언을 좋아한다.
② 과학을 좋아하는 왕은 모두 간언을 좋아한다.
③ 아첨을 좋아하지 않는 왕 중 과학을 좋아하는 왕이 있다.
④ 백성을 좋아하는 왕은 모두 간언을 좋아하지 않는다.

정답 설명 ③ 제시된 명제를 기호화하면 다음과 같다.

구분	명제	대우
전제 1	백성 ∧ 과학	-
전제 2	~간언 → ~백성	백성 → 간언
전제 3	백성 → ~아첨	아첨 → ~백성

전제 3 '백성을 좋아하는 왕은 모두 아첨을 좋아하지 않는다.' 즉, '백성 → ~아첨'이 되기 때문에 전제 1의 '백성'을 '~아첨'으로 대체할 수 있다. 다시 말해 전제 1은 '~아첨 ∧ 과학'이 되기 때문에 ③은 참이다.

오답 분석 ① 과학을 좋아하지 않는 왕(~과학)을 통해 알 수 있는 내용은 없다.
② 전제 2의 대우와 전제 1을 통해 '간언 ∧ 과학'을 도출할 수 있으나, 과학을 좋아하는 왕이 모두 간언을 좋아하는지는 파악할 수 없다.
④ 전제 2의 대우를 통해 볼 때, 백성을 좋아하는 왕은 모두 간언을 좋아하기 때문에 잘못된 설명이다.

03 다음 중 무엇을 볼지 <조건>을 정했다고 하자. 이를 따를 때 반드시 참이라고 할 수 있는 것은?

> 조건
> - 스포츠신문을 본다면, 연예기사를 보지 않는다.
> - 스포츠신문과 경제신문을 본다.
> - 경제신문을 본다면, 칼럼을 보지 않는다.

① 연예기사와 칼럼을 보지 않는다.
② 연예기사와 경제신문을 보지 않는다.
③ 칼럼만 보지 않는다.
④ 스포츠신문, 연예기사, 경제신문, 칼럼 모두 본다.

정답 설명 ① 제시된 명제를 기호화하면 다음과 같다.

구분	명제	대우
조건 1	스포츠신문 → ~연예기사	연예기사 → ~스포츠신문
조건 2	스포츠신문 ∧ 경제신문	-
조건 3	경제신문 → ~칼럼	칼럼 → ~경제신문

조건 2에 따라 스포츠신문과 경제신문을 보는 것은 확정임을 알 수 있다. 스포츠신문을 보는 것이 확정되었으므로 조건 1에 따라 연예기사를 보지 않음을 알 수 있다. 또 경제신문을 보는 것이 확정되었으므로 조건 3에 따라 칼럼은 보지 않음을 알 수 있다. 따라서 '스포츠신문, ~연예기사, 경제신문, ~칼럼'이므로 반드시 참인 것은 ①이다.

오답 분석 ② ③ ④ 조건 2에 따라 스포츠신문과 경제신문을 보지만, 조건 1, 3에 따라 연예기사와 칼럼은 보지 않음을 알 수 있다.

Chapter 02 연언 명제

04 다음 명제들이 모두 참일 때 반드시 참이라고 할 수 있는 것은?

> • 감자전을 부치지 않는다면, 김치전을 부치지 않는다.
> • 빈대떡을 부친다면, 호박전을 부친다.
> • 빈대떡을 부치지만 감자전은 부치지 않는다.

① 감자전, 김치전, 빈대떡, 호박전 모두 부친다.
② 감자전, 김치전을 부치지 않는다.
③ 빈대떡, 김치전을 부친다.
④ 김치전과 호박전을 부치지 않는다.

정답 설명 ② 제시된 명제를 기호화하면 다음과 같다.

구분	명제	대우
전제 1	~감자전 → ~김치전	김치전 → 감자전
전제 2	빈대떡 → 호박전	~호박전 → ~빈대떡
전제 3	빈대떡 ∧ ~감자전	-

전제 3에 따라 빈대떡은 부치고, 감자전은 부치지 않는 것이 확정임을 알 수 있다. 감자전을 부치지 않는 것이 확정되었으므로 전제 1에 따라 김치전을 부치지 않음을 알 수 있다. 또 빈대떡을 부치는 것이 확정되었으므로 전제 2에 따라 호박전도 부침을 알 수 있다. 따라서 '~감자전, ~김치전, 빈대떡, 호박전'이므로 반드시 참인 것은 ②이다.

오답 분석 ① ③ ④ 전제 3에 따라 빈대떡은 부치고 감자전은 부치지 않으며 전제 1, 2에 따라 호박전은 부치고 김치전은 부치지 않음을 알 수 있다.

05 다음 명제들이 모두 참일 때 반드시 참이라고 할 수 있는 것은?

- A를 만나면, B를 만나지 않는다.
- C는 만나지 않고 A는 만난다.
- D를 만나지 않으면 C는 만난다.

① A, B, C를 만난다.
② B만 만나지 않는다.
③ B와 C는 만나지 않는다.
④ A, B, C, D를 모두 만나지 않는다.

정답 설명 ③ 제시된 명제를 기호화하면 다음과 같다.

구분	명제	대우
전제 1	A → ~B	B → ~A
전제 2	~C ∧ A	-
전제 3	~D → C	~C → D

전제 2에 따라 'A'와 '~C'는 확정임을 알 수 있고, A를 만나는 것이 확정되었으므로 전제 1에 따라 B를 만나지 않음을 알 수 있다. 또 C를 만나지 않는 것이 확정되었기 때문에 전제 3의 대우에 따라 D를 만나는 것이 확정됨을 알 수 있다. 따라서 'A, ~B, ~C, D'이므로 반드시 참인 것은 ③이다.

오답 분석 ① ② ④ 전제 2에 따라 A는 만나고 C는 만나지 않으며, 전제 1과 3에 따라 B는 만나지 않고 D는 만남을 알 수 있다.

Chapter 02 연언 명제

06 다음 명제들이 모두 참일 때 반드시 참이라고 할 수 있는 것은?

- A서류에 서명하면 B서류에 서명하지 않는다.
- C서류에 서명한 사람 중에 D서류에 서명하지 않은 사람은 없다.
- C서류와 A서류에 서명한다.

① A서류, B서류, C서류, D서류 모두 서명한다.
② A서류 그리고 C서류에만 서명한다.
③ 단 하나의 서류에만 서명하지 않는다.
④ B서류에 서명하지 않는 것은 아니다.

정답 설명 ③ 제시된 명제를 기호화하면 다음과 같다.

구분	명제	대우
전제 1	A서류 → ~B서류	B서류 → ~A서류
전제 2	C서류 → D서류	~D서류 → ~C서류
전제 3	C서류 ∧ A서류	-

'A 중에(중에서) B하지 않은 ~은/는 없다.'의 경우 'A는 모두 B하다.'의 의미가 되기 때문에 'A → B'로 기호화한다. 따라서 전제 2는 'C서류 → D서류'가 된다. 전제 3에 따라 A서류와 C서류에 서명하는 것은 확정임을 알 수 있다. 확정된 'A서류'를 전제 1과 연결하면 '~B서류'가 된다. 또한 확정된 'C서류'를 전제 2와 연결하면 'D서류'가 되기 때문에 A서류, ~B서류, C서류, D서류이므로 정답은 ③이다.

오답 분석 ① ② 전제 2와 3에 따라 A서류, C서류, D서류에는 서명하지만 전제 1에 따라 B서류에는 서명하지 않음을 알 수 있다.
④ 'B서류에 서명하지 않는 것은 아니다.'는 '~(~B서류) = B서류'에 따라 'B서류에 서명한다.'가 된다. 그러나 전제 1과 3에 따라 '~B서류'가 확정되므로 적절하지 않다.

07 다음 명제들이 모두 참일 때 반드시 참이라고 할 수 있는 것은?

- 댄스 동아리에 가입하면 노래 동아리에는 가입하지 않는다.
- 여행 동아리에 가입한 사람 중에서 연극 동아리에 가입하지 않은 사람은 없다.
- 연극 동아리에 가입하지 않고 댄스 동아리에 가입한다.

① 댄스 동아리, 노래 동아리, 여행 동아리, 연극 동아리에 모두 가입한다.
② 댄스 동아리 그리고 여행 동아리에 가입한다.
③ 단 하나의 동아리에만 가입한다.
④ 노래 동아리, 연극 동아리, 여행 동아리에 가입한다.

정답 설명 ③ 제시된 명제를 기호화하면 다음과 같다.

구분	명제	대우
전제 1	댄스 동아리 → ~노래 동아리	노래 동아리 → ~댄스 동아리
전제 2	여행 동아리 → 연극 동아리	~연극 동아리 → ~여행 동아리
전제 3	~연극 동아리 ∧ 댄스 동아리	-

'A 중에(중에서) B하지 않은 ~은/는 없다.'의 경우 'A는 모두 B하다.'의 의미가 되기 때문에 'A → B'로 기호화한다. 따라서 전제 2는 '여행 동아리 → 연극 동아리'가 된다. 전제 3에 따라 '~연극 동아리'와 '댄스 동아리'가 확정임을 알 수 있다. 확정된 '댄스 동아리'를 전제 1과 연결하면 '~노래 동아리'가 된다. 그리고 확정된 '~연극 동아리'를 전제 2의 대우와 연결하면 '~여행 동아리'가 되기 때문에 '댄스 동아리, ~노래 동아리, ~연극 동아리, ~여행 동아리'이므로 단 하나의 동아리에만 가입한다는 명제는 반드시 참인 명제이다.

오답 분석 ① ② ④ 댄스 동아리는 가입하지만, 노래 동아리와 연극 동아리, 여행 동아리는 가입하지 않음을 알 수 있다.

Chapter 02 연언 명제

08 다음의 세 명제가 모두 참일 경우, 반드시 참인 것은?

> - 강아지가 산에 가면 공원에 간다.
> - 강아지가 바다에 가지 않으면 모두 강가에 간다.
> - 강아지는 산에는 가지만 바다는 가지 않는다.

① 강아지는 공원에 가고 강가에는 가지 않는다.
② 강아지는 바다에 가고 강가에도 간다.
③ 강아지는 산에 가고 강가에도 간다.
④ 강아지는 강가에 가지 않고 바다에도 가지 않는다.

정답 설명 ③ 제시된 명제를 기호화하면 다음과 같다.

구분	명제	대우
전제 1	산 → 공원	~공원 → ~산
전제 2	~바다 → 강가	~강가 → 바다
전제 3	산 ∧ ~바다	-

전제 3을 통해 '산'과 '~바다'가 확정된다. 확정된 '산'과 전제 1을 통해 '공원'도 확정됨을 알 수 있고, '~바다'와 전제 2를 통해 '강가'도 확정됨을 알 수 있다. 그러므로 '산, ~바다, 공원, 강가'임을 알 수 있다.

09 다음의 세 명제가 모두 참일 경우, 반드시 참인 것은?

> • A가 전자회사에 지원하면 마케팅회사에도 지원한다.
> • A가 교육회사에 지원하지 않으면 건설회사에 지원한다.
> • A는 전자회사에는 지원하지만 교육회사에는 지원하지 않는다.

① A는 마케팅회사에 지원하고 건설회사에도 지원한다.
② A는 교육회사에 지원하고 건설회사에도 지원한다.
③ A는 전자회사에 지원하고 건설회사에는 지원하지 않는다.
④ A는 건설회사에 지원하지 않고 교육회사에도 지원하지 않는다.

정답 설명 ① 제시된 명제를 기호화하면 다음과 같다.

구분	명제	대우
전제 1	전자회사 → 마케팅회사	~마케팅회사 → ~전자회사
전제 2	~교육회사 → 건설회사	~건설회사 → 교육회사
전제 3	전자회사 ∧ ~교육회사	-

전제 3을 통해 '전자회사'와 '~교육회사'가 확정된다. 확정된 '전자회사'와 전제 1을 통해 '마케팅회사'도 확정됨을 알 수 있고, '~교육회사'와 전제 2를 통해 '건설회사'도 확정됨을 알 수 있다. 그러므로 '전자회사, ~교육회사, 마케팅회사, 건설회사'임을 알 수 있다.

Chapter 02 연언 명제

10 다음 글의 내용이 참일 때, 반드시 참인 것은?

- 3D 모델링이 가능한 프로그램은 모두 i7 장비를 필요로 한다.
- 3D 모델링이 가능한 프로그램은 모두 코딩 작업이 가능하다.
- 코딩 작업이 가능한 프로그램이 모두 i7 장비가 필요한 것은 아니다.
- 보고서 작성이 필요한 경우에만 3D 모델링이 가능하지 않다.

① i7 장비가 필요하지 않은 경우, 반드시 보고서 작성은 필요하다.
② 코딩 작업이 가능한 프로그램은 모두 3D 모델링이 불가능하다.
③ i7 장비를 필요로 하는 프로그램은 모두 3D 모델링이 가능하다.
④ 보고서 작성이 필요하지 않은 경우, 3D 모델링은 가능하지 않다.

정답 설명 ① 제시된 명제를 기호화하면 다음과 같다.

구분	명제	대우
전제 1	3D 모델링 → i7 장비	~i7 장비 → ~3D 모델링
전제 2	3D 모델링 → 코딩	~코딩 → ~3D 모델링
전제 3	코딩 ∧ ~i7 장비	-
전제 4	~3D 모델링 → 보고서	~보고서 → 3D 모델링

'A가 모두 B인 것은 아니다.'의 경우 'A의 일부는 B가 아니다.'의 의미를 지니고 있기 때문에 'A ∧ ~B'로 기호화해야 한다. 그러므로 전제 3은 '코딩 ∧ ~i7 장비'가 된다. 또한 조건절에 '~만이, ~에만'이 있는 경우 조건절과 결과절의 명제를 바꿔서 표현해야 하기 때문에 전제 4는 '~3D 모델링 → 보고서'가 된다. '~i7 장비'일 경우 전제 1의 대우를 통해 '~3D 모델링'이 되고, 이를 전제 4와 연결하면 '보고서'가 되기 때문에 적절한 설명이다.

오답 분석 ② 전제 3을 통해 코딩 작업이 가능한 프로그램 중 i7 장비가 필요하지 않은 프로그램이 있음을 알 수 있고, 전제 1의 대우를 통해 i7 장비가 필요하지 않은 프로그램은 모두 3D 모델링이 불가능함을 알 수 있다. 따라서 코딩 작업이 가능한 프로그램 중 3D 모델링이 불가능한 프로그램이 있음은 알 수 있으나, 모두 불가능한지는 알 수 없으므로 적절하지 않다.
③ 전제 1을 통해 '3D 모델링 → i7 장비'는 알 수 있으나 그 역인 'i7 장비 → 3D 모델링'이 참인지는 알 수 없다.
④ 전제 4를 통해 볼 때, '~3D 모델링 → 보고서'가 되기 때문에 그의 대우인 '~보고서 → 3D 모델링'을 알 수 있으므로 적절하지 않다.

11 다음 글의 내용이 참일 때, 반드시 참인 것은?

> - 응급 구조 훈련을 수료한 지원자는 모두 체력 검정을 통과해야 한다.
> - 응급 구조 훈련을 수료한 지원자는 모두 심폐소생술 자격도 갖춘다.
> - 심폐소생술 자격을 갖춘 지원자가 모두 체력 검정을 통과한 것은 아니다.
> - 의료 윤리 교육을 통과한 경우에만 응급 구조 훈련을 받지 않는다.

① 체력 검정을 통과한 지원자는 모두 응급 구조 훈련을 받는다.
② 심폐소생술 자격을 갖춘 지원자는 모두 응급 구조 훈련을 받지 않았다.
③ 체력 검정을 통과하지 않은 경우, 반드시 의료 윤리 교육을 통과해야 한다.
④ 의료 윤리 교육을 통과하지 않는 경우, 응급 구조 훈련을 받지 않는다.

정답 설명 ③ 제시된 명제를 기호화하면 다음과 같다.

구분	명제	대우
전제 1	응급 구조 훈련 → 체력 검정	~체력 검정 → ~응급 구조 훈련
전제 2	응급 구조 훈련 → 심폐소생술 자격	~심폐소생술 자격 → ~응급 구조 훈련
전제 3	심폐소생술 자격 ∧ ~체력 검정	-
전제 4	~응급 구조 훈련 → 의료 윤리 교육	~의료 윤리 교육 → 응급 구조 훈련

'A가 모두 B인 것은 아니다.'의 경우 'A의 일부는 B가 아니다'의 의미를 지니고 있기 때문에 'A ∧ ~B'로 기호화해야 한다. 그러므로 전제 3은 '심폐소생술 자격 ∧ ~체력 검정'이 된다. '~체력 검정'일 경우 전제 1의 대우를 통해 '~응급 구조 훈련'이 되고, 이를 전제 4와 연결하면 '의료 윤리 교육'이 되기 때문에 적절한 설명이다.

오답 분석 ① 전제 1을 통해 '응급 구조 훈련 → 체력 검정'은 알 수 있으나 그 역인 '체력 검정 → 응급 구조 훈련'이 참인지는 알 수 없다.
② 전제 3을 통해 심폐소생술 자격을 갖춘 지원자 중 체력 검정을 통과하지 않은 지원자가 있음을 알 수 있고, 전제 1의 대우를 통해 체력 검정을 통과하지 않은 지원자는 모두 응급 구조 훈련을 받지 않았음을 알 수 있다. 따라서 심폐소생술 자격을 갖춘 지원자 중 응급 구조 훈련을 받지 않은 지원자가 있음은 알 수 있으나, 모두 받지 않았는지는 알 수 없으므로 적절하지 않다.
④ 전제 4를 통해 볼 때, '~응급 구조 훈련 → 의료 윤리 교육'이 되기 때문에 대우인 '~의료 윤리 교육 → 응급 구조 훈련'이 참이므로 적절하지 않다.

Chapter 03 선언 명제

대표 문제

01 연아, 연경, 장훈, 호동 네 사람이 다음 내용에 따라 골프장에 가기로 했다. 이를 따를 때 반드시 참이라고 할 수 있는 것은?

> - 연아가 골프장에 간다면, 연경도 골프장에 간다.
> - 장훈이 골프장에 간다면, 호동도 골프장에 간다.
> - 연아가 골프장에 가거나, 장훈이가 골프장에 간다.

① 연아가 골프장에 간다.
② 연아와 연경 모두 골프장에 간다.
③ 호동이 골프장에 간다.
④ 적어도 두 사람은 골프장에 간다.

정답 설명 ④ 제시된 명제를 기호화하면 다음과 같다.

구분	명제	대우
전제 1	연아 → 연경	~연경 → ~연아
전제 2	장훈 → 호동	~호동 → ~장훈
전제 3	연아 ∨ 장훈	-

전제 3에 따라 '연아' 또는 '장훈'이 확정되므로 경우를 나눈다. 먼저 '연아'가 확정된다면 전제 1에 따라 '연경'이 확정된다. 반대로 '장훈'이 확정된다면 전제 2에 따라 '호동'이 확정된다. '연아'인 경우에는 '연아, 연경'이 확정이고 '장훈'인 경우에는 '장훈, 호동'이 확정이므로 적어도 두 사람은 골프장에 감을 알 수 있다. 따라서 답은 ④이다.

오답 분석
① '연아'가 골프장에 간다고 확정할 수 없다.
② '연아'가 골프장에 가는 것이 확정되면 '연경'도 골프장에 가지만, '연아'가 골프장에 간다고 확정할 수 없다.
③ '장훈'이 골프장에 가는 것이 확정되면 '호동'도 골프장에 가지만, '장훈'이 골프장에 간다고 확정할 수 없다.

02 다음 글의 내용이 참일 때 반드시 참이라고 할 수 있는 것은?

> 가동, 나동, 다동, 라동은 아파트 재건축을 준비 중이다. 이 중에서 적어도 한 동은 재건축이 되는데, 재건축의 조건은 다음과 같다.
> - 가동이 재건축이 되면, 나동도 재건축이 된다.
> - 나동이 재건축이 되면, 다동은 재건축이 되지 않는다.
> - 가동과 라동 모두 재건축이 되지 않는 것은 아니다.
> - 라동은 재건축이 되지 않는다.

① 가동만 재건축이 된다.
② 라동만 재건축이 된다.
③ 가동과 나동이 재건축이 된다.
④ 다동과 라동이 재건축이 된다.

정답 설명 ③ 제시된 명제를 기호화하면 다음과 같다.

구분	명제	대우
전제 1	가동 → 나동	~나동 → ~가동
전제 2	나동 → ~다동	다동 → ~나동
전제 3	~(~가동 ∧ ~라동) = 가동 ∨ 라동	-
전제 4	~라동	-

전제 4에 따라 '~라동'이 확정이므로 전제 3에 따라 '가동'이 확정이다. '가동'이 확정이므로 전제 1에 따라 '나동'이 확정이다. '나동'이 확정이므로 전제 2에 따라 '~다동'이 확정이다. 따라서 이를 정리하면 '가동, 나동, ~다동, ~라동'이므로 반드시 참인 것은 ③이다.

오답 분석 ① 가동과 나동이 재건축이 된다.
② 라동은 재건축이 되지 않는다.
④ 다동과 라동은 재건축이 되지 않는다.

Chapter 03 선언 명제

03 다음 전제들이 참이라고 할 때 반드시 참인 것은?

> • A가 우편을 발송하면 B도 우편을 발송한다.
> • A가 우편을 발송하면 C와 D는 우편을 발송하지 않는다.
> • D가 우편을 발송하지 않으면 E는 우편을 발송한다.
> • A는 우편을 발송한다.

① B와 C는 우편을 발송한다.
② B와 E는 우편을 발송한다.
③ C와 D는 우편을 발송한다.
④ D와 E는 우편을 발송하지 않는다.

정답 설명 ② 제시된 명제를 기호화하면 다음과 같다.

구분	명제	대우
전제 1	A → B	~B → ~A
전제 2	A → ~C ∧ ~D	C ∨ D → ~A
전제 3	~D → E	~E → D
전제 4	A	-

전제 4에 따라 'A'는 확정이므로 전제 1에 따라 'B'도 확정이고, 전제 2에 따라 '~C, ~D'도 확정이다. '~D'가 확정이므로 전제 3에 따라 'E'도 확정이다. 결과를 정리하면 'A, B, ~C, ~D, E'이므로 답은 ②이다.

오답 분석 ① B가 우편을 발송하는 것은 맞지만 C는 우편을 발송하지 않는다.
③ C와 D는 우편을 발송하지 않는다.
④ D가 우편을 발송하지 않는 것은 맞지만 E는 우편을 발송한다.

04 다음 글의 내용이 참일 때, 반드시 참이라고 할 수 있는 것은?

- 진혁, 우현, 현호 중 적어도 한 명은 희준을 좋아한다.
- 진혁, 우현, 현호는 반드시 한 사람만 좋아한다.
- 진혁과 우현은 민아를 좋아한다.

① 진혁과 현호가 희준을 좋아한다.
② 우현과 현호가 희준을 좋아한다.
③ 진혁만 희준을 좋아한다.
④ 현호만 희준을 좋아한다.

정답 설명 ④ 제시된 명제를 기호화하면 다음과 같다.

구분	명제
전제 1	진혁 희준 ∨ 우현 희준 ∨ 현호 희준
전제 2	한 명만 좋아함
전제 3	진혁 민아 ∧ 우현 민아 = ~진혁 희준 ∧ ~우현 희준

전제 2에 따라 '진혁, 우현, 현호'는 한 사람만 좋아할 수 있는데, 전제 3에서 '진혁, 우현'은 이미 '민아'라는 한 사람을 좋아하므로 '희준'을 좋아할 수 없다. 따라서 전제 2와 전제 3을 합치면 전제 3을 '~진혁 희준 ∧ ~우현 희준'으로 변환할 수 있다. 전제 1의 '진혁, 우현, 현호 중에서 최소한 1명은 희준을 좋아함'을 만족해야 한다. 그런데 '진혁과 우현은 희준을 좋아하지 않는다.'가 확정되었으므로 '현호만 희준을 좋아한다.'가 성립된다.

오답 분석 ① 전제 2에 따라 진혁, 우현, 현호는 반드시 한 사람만 좋아한다. 전제 3에 따라 현호는 희준을 좋아하지만 진혁은 민아를 좋아함을 알 수 있다.
② 전제 2에 따라 진혁, 우현, 현호는 반드시 한 사람만 좋아한다. 전제 3에 따라 현호는 희준을 좋아하지만, 우현은 민아를 좋아함을 알 수 있다.
③ 전제 2에 따라 진혁, 우현, 현호는 반드시 한 사람만 좋아한다. 전제 3에 따라 진혁은 민아를 좋아함을 알 수 있다.

Chapter 03 선언 명제

05 다음 명제가 모두 참이라고 할 때 반드시 참인 것은?

> - 동율이가 연필을 받거나 유진이가 연필을 받는다.
> - 동율이가 연필을 받거나 예지가 연필을 받는다.
> - 진영이가 연필을 받으면 예지도 연필을 받는다.

① 동율이가 연필을 받으면, 적어도 두 명이 연필을 받는다.
② 동율이가 연필을 받지 않으면, 유진이와 예지가 연필을 받는다.
③ 진영이가 연필을 받으면, 유진이는 연필을 받지 않는다.
④ 진영이가 연필을 받지 않으면, 예지도 연필을 받지 않는다.

정답 설명 ② 제시된 명제를 기호화하면 다음과 같다.

구분	명제	대우
전제1	동율 ∨ 유진	-
전제2	동율 ∨ 예지	-
전제3	진영 → 예지	~예지 → ~진영

'~동율'을 가정하면 전제 1에 따라 '유진'이 확정되고 전제 2에 따라 '예지'가 확정되므로 반드시 참인 명제이다.

오답 분석 ① '동율'을 가정하고 추가로 확정할 수 있는 전제가 없다.
③ '진영'을 가정하면 전제 3에 따라 '예지'가 확정되지만 '유진'에 대해서는 알 수 없다.
④ '~진영'을 가정하고 추가로 확정할 수 있는 전제가 없다.

연습 문제

01 갑, 을, 병, 정 네 사람이 다음 내용에 따라 시산제에 참석하기로 했다. 이를 따를 때 반드시 참이라고 할 수 있는 것은?

> • 갑이 시산제에 참석한다면, 을도 시산제에 참석한다.
> • 병이 시산제에 참석한다면, 정도 시산제에 참석한다.
> • 갑이나 병 가운데 오직 한 사람만 시산제에 참석한다.

① 갑이 시산제에 참석한다.
② 갑과 을 모두 시산제에 참석한다.
③ 정이 시산제에 참석한다.
④ 적어도 두 사람은 시산제에 참석한다.

정답 설명 ④ 제시된 명제를 기호화하면 다음과 같다.

구분	명제	대우
전제 1	갑 → 을	~을 → ~갑
전제 2	병 → 정	~정 → ~병
전제 3	갑 ∨ 병	-

전제 3에 따라 '갑' 또는 '병'이 확정되므로 경우를 나눈다. 먼저 '갑'이 확정된다면 전제 1에 따라 '을'이 확정된다. 반대로 '병'이 확정된다면 전제 2에 따라 '정'이 확정된다. 전제 3에서 갑과 병 중 오직 한 사람만 참석한다고 하였으므로 '갑, 을' 혹은 '병, 정'이 확정된다. 따라서 적어도 두 사람은 시산제에 감을 알 수 있다. 따라서 답은 ④이다.

오답 분석 ① '갑'이 시산제에 참석한다고 확정할 수 없다.
② '갑'이 시산제에 가는 것이 확정되면 '을'도 시산제에 가지만, '갑'이 시산제에 참석한다고 확정할 수 없다.
③ '병'이 시산제에 가는 것이 확정되면 '정'도 시산제에 가지만, '병'이 시산제에 참석한다고 확정할 수 없다.

Chapter 03 선언 명제

02 민법, 행정법, 민소법, 형법 네 개의 과목 수강 여부를 두고, 다음과 같은 <조건>을 정했다고 하자. 이를 따를 때 반드시 참이라고 할 수 있는 것은?

> 조건
> - 행정법을 수강할 때만, 민법도 수강한다.
> - 민법이나 민소법 가운데 최소한 한 과목은 수강한다.
> - 민소법을 수강한다면, 형법도 수강한다.

① 적어도 두 과목은 수강한다.
② 민법을 수강한다.
③ 행정법을 수강한다.
④ 민소법을 수강한다.

정답 설명 ① 제시된 명제를 기호화하면 다음과 같다.

구분	명제	대우
조건 1	민법 → 행정법	~행정법 → ~민법
조건 2	민법 ∨ 민소법	-
조건 3	민소법 → 형법	~형법 → ~민소법

'만'이 나올 때에는 자리를 바꿔서 기호화하므로 조건 1을 기호화하면 '민법 → 행정법'이 된다. 조건 1에 따라 민법을 수강하면 행정법을 수강한다. 그러나 민법을 수강하는지는 확정되지 않았다. 또 조건 3에 따라 민소법을 수강하면 형법을 수강한다. 그러나 민소법을 수강하는지는 확정되지 않았다. 조건 2에 따라 민법이나 민소법을 수강해야 하는데 이 말은 다음의 세 가지 경우로 해석될 수 있다.

ⅰ) 민법만 수강한다.(민법을 수강하면 민소법을 수강하지 않는다.)
ⅱ) 민소법만 수강한다.(민소법을 수강하면 민법을 수강하지 않는다.)
ⅲ) 민법과 민소법 모두 수강한다.

먼저 첫 번째 경우에는 '민법, ~민소법'이 확정되었으므로 조건 1에 따라 '행정법'이 확정된다. 그러나 형법을 수강하는지는 알 수 없다. 두 번째 경우에는 '민소법, ~민법'이 확정되었으므로 조건 3에 따라 '형법'이 확정된다. 그러나 행정법을 수강하는지는 알 수 없다. 세 번째 경우에는 '민법, 민소법'이 확정되었으므로 조건 1에 따라 행정법이 확정되고, 조건 3에 따라 형법이 확정된다. 따라서 첫 번째 경우에는 적어도 '민법, 행정법'은 수강하고, 두 번째 경우에는 적어도 '민소법, 형법'은 수강하며, 세 번째 경우에는 '민법, 행정법, 민소법, 형법' 모두 수강하므로 적어도 두 과목은 수강한다고 볼 수 있다.

오답 분석 ② ④ 민법과 민소법 중 무엇을 수강하는지 확정할 수 없다.
③ 조건 1에 따라 민법을 수강하면 행정법을 수강하지만 민법을 수강하는지 확정할 수 없다.

03 다음 글의 내용이 참일 때, 반드시 참이라고 할 수 있는 것은?

> • 동우, 상호, 서현 중 적어도 한 명은 몽쉘을 좋아한다.
> • 동우, 상호, 서현이는 반드시 하나의 간식만 좋아한다.
> • 동우와 상호는 초코파이를 좋아한다.

① 동우와 서현이가 몽쉘을 좋아한다.
② 상호와 서현이가 몽쉘을 좋아한다.
③ 동우만 몽쉘을 좋아한다.
④ 서현이만 몽쉘을 좋아한다.

정답 설명 ④ 제시된 명제를 기호화하면 다음과 같다.

구분	명제
전제 1	동우 몽쉘 ∨ 상호 몽쉘 ∨ 서현 몽쉘
전제 2	하나의 간식만 좋아함
전제 3	동우 초코파이 ∧ 상호 초코파이 = ~동우 몽쉘 ∧ ~상호 몽쉘

전제 2에 따라 '동우, 상호, 서현'은 한 간식만 좋아할 수 있는데, 전제 3에서 '동우, 상호'는 이미 '초코파이'라는 한 간식을 좋아하므로 '몽쉘'을 좋아할 수는 없다. 따라서 '서현이만 몽쉘을 좋아한다.'가 성립하는 것을 추론할 수 있다.

오답 분석 ① 전제 2에 따라 동우, 상호, 서현이는 반드시 한 간식만 좋아한다. 전제 1과 3에 따라 서현이는 몽쉘을 좋아하지만 동우는 초코파이를 좋아함을 알 수 있다.
② 전제 2에 따라 동우, 상호, 서현이는 반드시 한 간식만 좋아한다. 전제 1과 3에 따라 서현이는 몽쉘을 좋아하지만, 상호는 초코파이를 좋아함을 알 수 있다.
③ 전제 2에 따라 동우, 상호, 서현이는 반드시 한 간식만 좋아한다. 전제 3에 따라 동우는 초코파이를 좋아함을 알 수 있다.

Chapter 03 선언 명제

04 다음 진술이 모두 참일 때 반드시 참이라고 할 수 <u>없는</u> 것은?

- 환전을 할 때에만, 명동을 간다.
- 대전에 가면, 식사를 하지 않는다.
- 명동이나 대전 둘 중 적어도 한 지역은 간다.

① 식사를 하면, 환전을 한다.
② 대전에 가지 않으면, 명동에 간다.
③ 환전을 하지 않으면, 대전에 간다.
④ 명동에 가지 않으면, 환전을 하지 않는다.

정답 설명 ④ 제시된 명제를 기호화하면 다음과 같다.

구분	명제	대우
전제 1	명동 → 환전	~환전 → ~명동
전제 2	대전 → ~식사	식사 → ~대전
전제 3	명동 ∨ 대전	-

'만'이 나올 때에는 서로 자리를 바꿔서 기호화하므로 전제 1을 기호화하면 '명동 → 환전'이 된다. ④를 기호화하면 (~명동 → ~환전)인데, 이는 전제 1의 '이'이므로, '이'가 참인지는 확정할 수 없다.

오답 분석 ① '식사'이면 전제 2의 대우에 의해 '식사 → ~대전'이므로 '~대전'이 확정이다. 전제 3에 의해 '~대전'이면 '명동'이 확정이다. 전제 1에 의해 '명동 → 환전'이므로 '환전'이 확정이다. 따라서 반드시 참인 명제이다.
② '~대전'이면 전제 3에 의해 '명동'이 확정이므로 반드시 참인 명제이다.
③ '~환전'이면 전제 1의 대우에 의해 '~환전 → ~명동'이므로 '~명동'이 확정이다. 전제 3에 의해 '~명동'이면 '대전'이 확정이다. 따라서 반드시 참인 명제이다.

05 다음 글의 내용이 참일 때 반드시 참이라고 할 수 있는 것은?

> 서울, 부산, 창원, 대전 중에서 적어도 한 곳은 민생지원금을 받는다. 민생지원금을 받는 조건은 다음과 같다.
> - 서울 지역이 민생지원금을 받으면, 부산 지역도 민생지원금을 받는다.
> - 부산 지역이 민생지원금을 받으면, 창원 지역은 민생지원금을 받지 않는다.
> - 서울 지역과 대전 지역이 모두 민생지원금을 받지 않게 되는 것은 아니다.
> - 대전 지역은 민생지원금을 받지 않는다.

① 서울 지역만 민생지원금을 받는다.
② 대전 지역만 민생지원금을 받는다.
③ 서울 지역과 부산 지역이 민생지원금을 받는다.
④ 대전 지역과 창원 지역이 민생지원금을 받는다.

정답 설명 ③ 제시된 명제를 기호화하면 다음과 같다.

구분	명제	대우
전제 1	서울 → 부산	~부산 → ~서울
전제 2	부산 → ~창원	창원 → ~부산
전제 3	~(~서울 ∧ ~대전) = 서울 ∨ 대전	-
전제 4	~대전	-

전제 4에 따라 '~대전'이 확정이므로 전제 3에 따라 '서울'이 확정이다. '서울'이 확정이므로 전제 1에 따라 '부산'이 확정이다. '부산'이 확정이므로 전제 2에 따라 '~창원'이 확정이다. 따라서 이를 정리하면 '서울, 부산, ~대전, ~창원'이므로 반드시 참인 것은 ③이다.

오답 분석 ① 서울 지역과 부산 지역이 민생지원금을 받는다.
② 대전 지역은 민생지원금을 받지 않는다.
④ 대전 지역과 창원 지역은 민생지원금을 받지 않는다.

Chapter 03 선언 명제

06 다음 글의 내용이 모두 참일 때 반드시 참인 것은?

- 오뎅, 호두과자, 붕어빵, 계란빵 중에서 적어도 하나는 판다.
- 붕어빵을 팔지 않는다.
- 계란빵을 팔면, 붕어빵을 팔지 않는 것은 아니다.
- 계란빵을 팔지 않으면, 오뎅을 팔지 않거나 호두과자를 팔지 않는다.

① 오뎅을 판다.
② 계란빵을 판다.
③ 오뎅을 팔지 않으면, 호두과자를 판다.
④ 붕어빵과 호두과자 어느 것도 팔지 않는다.

정답 설명 ③ 제시된 명제를 기호화하면 다음과 같다.

구분	명제	대우
전제 1	오뎅 ∨ 호두과자 ∨ 붕어빵 ∨ 계란빵	-
전제 2	~붕어빵	-
전제 3	계란빵 → 붕어빵	~붕어빵 → ~계란빵
전제 4	~계란빵 → ~오뎅 ∨ ~호두과자	오뎅 ∧ 호두과자 → 계란빵

이중부정은 긍정으로 기호화하므로 전제 3은 '계란빵을 팔면, 붕어빵을 판다.'가 되며 이를 기호화하면 '계란빵 → 붕어빵'이 된다. 전제 2에 의해 '~붕어빵'이 확정이므로 전제 3의 대우에 의해 '~계란빵'이 확정이다. '~계란빵'이 확정이므로 전제 4에 의해 '~오뎅 ∨ ~호두과자'가 확정이다. 전제 1에서 '오뎅, 호두과자, 계란빵, 붕어빵' 중 적어도 한 가지는 판다고 하였으므로 '오뎅, 호두과자' 중 하나를 판다. 즉, '오뎅 ∨ 호두과자'이다. 따라서 '오뎅을 팔지 않으면, 호두과자를 판다.' 또는 '호두과자를 팔지 않으면, 오뎅을 판다.'가 참이므로 답은 ③이다.

오답 분석 ① 오뎅 또는 호두과자를 팔지만 오뎅을 파는 것을 확정할 수 없다.
② 계란빵은 팔지 않는다.
④ 붕어빵은 팔지 않지만, 호두과자를 파는지는 확정할 수 없다.

07 다음 전제들이 참이라고 할 때 반드시 참인 것은?

- A가 공부를 하면 B도 공부를 한다.
- A가 공부를 하면 C와 D는 공부를 하지 않는다.
- A는 공부를 한다.
- D가 공부를 하지 않으면 E는 공부를 한다.

① B와 C는 공부를 한다.
② C와 D는 공부를 한다.
③ B와 E는 공부를 한다.
④ D와 E는 공부를 하지 않는다.

정답 설명 ③ 제시된 명제를 기호화하면 다음과 같다.

구분	명제	대우
전제 1	A → B	~B → ~A
전제 2	A → ~C ∧ ~D	C ∨ D → ~A
전제 3	A	-
전제 4	~D → E	~E → D

전제 3에 따라 'A'는 확정이므로 전제 1에 따라 'B'도 확정이고, 전제 2에 따라 '~C, ~D'도 확정이다. '~D'가 확정이므로 전제 4에 따라 'E'도 확정이다. 결과를 정리하면 'A, B, ~C, ~D, E'이므로 답은 ③이다.

오답 분석 ① B가 공부를 하는 것은 맞지만 C는 공부를 하지 않는다.
② C와 D는 공부를 하지 않는다.
④ D가 공부를 하지 않는 것은 맞지만 E는 공부를 한다.

Chapter 03 선언 명제

08 다음 전제들이 참이라고 할 때 반드시 참인 것은?

> - 엄마가 계란을 요리하면 아빠도 계란을 요리한다.
> - 엄마가 계란을 요리하면 이모와 누나는 계란을 요리하지 않는다.
> - 누나가 계란을 요리하지 않으면 삼촌은 계란을 요리한다.
> - 엄마는 계란을 요리한다.

① 아빠와 이모는 계란을 요리한다.
② 이모와 누나는 계란을 요리한다.
③ 아빠와 삼촌은 계란을 요리한다.
④ 누나와 삼촌은 계란을 요리하지 않는다.

정답 설명 ③ 제시된 명제를 기호화하면 다음과 같다.

구분	명제	대우
전제 1	엄마 → 아빠	~아빠 → ~엄마
전제 2	엄마 → ~이모 ∧ ~누나	이모 ∨ 누나 → ~엄마
전제 3	~누나 → 삼촌	~삼촌 → 누나
전제 4	엄마	-

전제 4에 따라 '엄마'는 확정이므로 전제 1에 따라 '아빠'도 확정이고, 전제 2에 따라 '~이모, ~누나'도 확정이다. '~누나'가 확정이므로 전제 3에 따라 '삼촌'도 확정이다. 결과를 정리하면 '엄마, 아빠, ~이모, ~누나, 삼촌'이므로 답은 ③이다.

오답 분석 ① 아빠가 계란을 요리하는 것은 맞지만 이모는 계란을 요리하지 않는다.
② 이모와 누나는 계란을 요리하지 않는다.
④ 누나가 계란을 요리하지 않는 것은 맞지만 삼촌은 계란을 요리한다.

09 다음 중 <조건>에 알맞은 가장 적절한 선택은?

조건
- 노트북을 수리하면 라디오를 수리한다.
- 오븐을 수리하면 라디오를 수리하지 않는다.
- 노트북, 냉장고 중 최소한 한 가지를 수리한다.
- 오븐을 수리한다.

① 노트북과 냉장고를 수리한다.
② 노트북을 수리한다.
③ 냉장고를 수리한다.
④ 냉장고와 라디오를 수리한다.

정답 설명 ③ 제시된 명제를 기호화하면 다음과 같다.

구분	명제	대우
조건 1	노트북 → 라디오	~라디오 → ~노트북
조건 2	오븐 → ~라디오	라디오 → ~오븐
조건 3	노트북 ∨ 냉장고	-
조건 4	오븐	-

조건 4에 따라 '오븐'이 확정이므로 조건 2에 대입하면 '~라디오'도 확정이다. '~라디오'가 확정이므로 조건 1의 대우를 통해 '~노트북'도 확정이다. '~노트북'이 확정이고 조건 3에서 노트북과 냉장고 중 한 가지는 수리해야 한다고 하였으므로 '냉장고'도 확정이다. 따라서 결과를 종합하면 '오븐, ~라디오, ~노트북, 냉장고'이므로 냉장고를 수리하는 것은 적절하다.

Chapter 03 선언 명제

10 다음 글의 내용이 모두 참일 때 반드시 참인 것은?

> 음악, 소설, 시, 무용 중에서 적어도 하나는 창작되며, 창작 전제는 다음과 같다.
> - 시가 창작되지 않으면, 음악이 창작되지 않거나 소설이 창작되지 않는다.
> - 무용이 창작될 때에만 시가 창작된다.
> - 무용이 창작되지 않는다.

① 무용과 소설 어느 것도 창작되지 않는다.
② 음악이 창작되지 않으면, 소설이 창작된다.
③ 음악이 창작된다.
④ 시가 창작된다.

정답 설명 ② 제시된 명제를 기호화하면 다음과 같다.

구분	명제	대우
조건	음악 ∨ 소설 ∨ 시 ∨ 무용	-
전제 1	~시 → ~음악 ∨ ~소설	음악 ∧ 소설 → 시
전제 2	시 → 무용	~무용 → ~시
전제 3	~무용	-

'~에만'의 경우에는 조건절과 결과절의 순서를 바꿔서 기호화하므로 전제 2는 '시가 창작되면 무용이 창작된다.'가 되며 이를 기호화하면 '시 → 무용'이 된다. 전제 3에 의해 '~무용'이 확정이므로 전제 2의 대우에 의해 '~시'가 확정이다. '~시'가 확정이므로 전제 1에 의해 '~음악 ∨ ~소설'이 확정이다. 하지만 조건에서 '음악, 소설, 시, 무용' 중 적어도 한 개가 창작돼야 한다고 하였으므로 '음악, 소설' 중 하나가 창작된다. 즉, '음악 ∨ 소설'이다. 따라서 '음악이 창작되지 않으면, 소설이 창작된다.' 또는 '소설이 창작되지 않으면, 음악이 창작된다.'가 참이 되므로 답은 ②이다.

오답 분석 ① 무용은 창작되지 않지만 소설이 창작되지 않는지는 확정할 수 없다.
③ 음악 또는 소설이 창작되지만 음악이 창작되는 것을 확정할 수 없다.
④ 시는 창작되지 않는다.

11 다음 글의 내용이 참일 때, 반드시 참이라고 할 수 있는 것은?

- 영지, 은지, 호종 중 적어도 한 명은 독서를 취미로 갖는다.
- 영지, 은지, 호종이는 반드시 하나의 취미만 갖는다.
- 영지와 은지는 모두 영화 감상이 취미이다.

① 영지와 호종이는 독서가 취미이다.
② 은지와 호종이는 독서가 취미이다.
③ 호종이만 독서가 취미이다.
④ 영지만 독서가 취미이다.

정답 설명 ③ 제시된 명제를 기호화하면 다음과 같다.

구분	명제
전제 1	영지 독서 ∨ 은지 독서 ∨ 호종 독서
전제 2	하나만 취미로 가짐
전제 3	영지 영화 감상 ∧ 은지 영화 감상 = ~영지 독서 ∧ ~은지 독서

전제 2에 따라 '영지, 은지, 호종'은 하나의 취미만 가질 수 있는데, 전제 3에서 '영지, 은지'는 모두 이미 '영화 감상'을 취미로 가지므로(영지 영화 감상 ∧ 은지 영화 감상), '독서'를 취미로 가질 수는 없다(~ 영지 독서 ∧ ~은지 독서). 이를 전제 1에 대입하면 '호종이만 독서가 취미이다.'가 반드시 참이 되어야 한다.

오답 분석 ① 전제 2에 따라 영지, 은지, 호종이는 반드시 하나의 취미만 가진다. 전제 1과 3에 따라 호종이는 독서가 취미이지만 영지는 영화 감상이 취미임을 알 수 있다.
② 전제 2에 따라 영지, 은지, 호종이는 반드시 하나의 취미만 가진다. 전제 1과 3에 따라 호종이는 독서가 취미이지만, 은지는 영화 감상이 취미임을 알 수 있다.
④ 전제 2에 따라 영지, 은지, 호종이는 반드시 하나의 취미만 가진다. 전제 3에 따라 영지는 영화 감상이 취미임을 알 수 있다.

Chapter 03 선언 명제

12 다음 글의 내용이 참일 때, 반드시 참이라고 할 수 있는 것은?

> - 보라, 명수, 보윤 중 적어도 한 명은 폭발물 처리반에 배정된다.
> - 보라, 명수, 보윤이는 반드시 하나의 소속만 배정된다.
> - 보라와 명수는 강력반에 배정된다.

① 보라와 보윤이가 폭발물 처리반에 배정된다.
② 명수와 보윤이가 폭발물 처리반에 배정된다.
③ 보윤이만 폭발물 처리반에 배정된다.
④ 보라만 폭발물 처리반에 배정된다.

정답 설명 ③ 제시된 명제를 기호화하면 다음과 같다.

구분	명제
전제 1	보라 폭발물 처리반 ∨ 명수 폭발물 처리반 ∨ 보윤 폭발물 처리반
전제 2	하나의 소속만 배정
전제 3	보라 강력반 ∧ 명수 강력반 = ~보라 폭발물 처리반 ∧ ~명수 폭발물 처리반

전제 2에 따라 '보라, 명수, 보윤'이는 하나의 소속만 배정될 수 있는데, 전제 3에서 '보라, 명수'는 이미 '강력반'이라는 한 소속에 배정되므로(보라 강력반 ∧ 명수 강력반) '폭발물 처리반'에 배정될 수는 없다(~ 보라 폭발물 처리반 ∧ ~ 명수 폭발물 처리반). 이를 전제 1에 대입하면 적어도 한 명은 폭발물 처리반에 배정되어야 하므로 '보윤이만 폭발물 처리반에 배정된다.'가 반드시 참이 되어야 한다.

오답 분석 ① 전제 2에 따라 보라, 명수, 보윤이는 반드시 한 소속만 배정된다. 전제 1과 3에 따라 보윤이는 폭발물 처리반에 배정되지만 보라는 강력반에 배정됨을 알 수 있다.
② 전제 2에 따라 보라, 명수, 보윤이는 반드시 한 소속만 배정된다. 전제 1과 3에 따라 보윤이는 폭발물 처리반에 배정되지만, 명수는 강력반에 배정됨을 알 수 있다.
④ 전제 2에 따라 보라, 명수, 보윤이는 반드시 한 소속만 배정된다. 전제 3에 따라 보라는 강력반에 배정됨을 알 수 있다.

13 다음 글의 내용이 참일 때, 반드시 참이라고 할 수 있는 것은?

- A, B, C 중 적어도 한 명은 한국 국적을 가진다.
- A와 B는 프랑스 국적을 가진다.
- A, B, C는 반드시 하나의 국적만 가진다.

① A와 C가 한국 국적을 가진다.
② B와 C가 한국 국적을 가진다.
③ A만 한국 국적을 가진다.
④ C만 한국 국적을 가진다.

정답 설명 ④ 제시된 명제를 기호화하면 다음과 같다.

구분	명제
전제 1	A 한국 ∨ B 한국 ∨ C 한국
전제 2	A 프랑스 ∧ B 프랑스 = ~A 한국 ∧ ~ B 한국
전제 3	하나의 국적만 가능

전제 3에 따라 'A, B, C'는 하나의 국적만 가질 수 있는데, 전제 2에서 'A, B'는 이미 '프랑스 국적'으로 한 국적을 갖고 있으므로(A 프랑스 ∧ B 프랑스) '한국 국적'을 가질 수는 없다(~A 한국 ∧ ~B 한국). 이를 전제 1에 대입하면 적어도 한 명은 한국 국적을 가져야 하므로 'C만 한국 국적을 가진다.'가 반드시 참이 되어야 한다.

오답 분석 ① 전제 3에 따라 A, B, C는 반드시 한 국적만 가진다. 전제 1과 2에 따라 C는 한국 국적을 갖지만 A는 프랑스 국적을 가짐을 알 수 있다.
② 전제 3에 따라 A, B, C는 반드시 한 국적만 가진다. 전제 1과 2에 따라 C는 한국 국적을 갖지만, B는 프랑스 국적을 가짐을 알 수 있다.
③ 전제 3에 따라 A, B, C는 반드시 한 국적만 가진다. 전제 2에 따라 A는 프랑스 국적을 가짐을 알 수 있다.

Chapter 03 선언 명제

14 다음 글의 내용이 참일 때 반드시 참이라고 할 수 있는 것은?

- 하영, 준현, 정음 중 적어도 한 명은 아랍어를 좋아한다.
- 하영, 준현, 정음이는 반드시 하나의 어학 과목만 좋아한다.
- 하영이와 준현이는 독일어를 좋아한다.

① 하영이만 아랍어를 좋아한다.
② 정음이만 아랍어를 좋아한다.
③ 하영이와 정음이가 아랍어를 좋아한다.
④ 준현이와 정음이가 아랍어를 좋아한다.

정답 설명 ② 제시된 명제를 기호화하면 다음과 같다.

구분	명제
전제 1	하영 아랍어 ∨ 준현 아랍어 ∨ 정음 아랍어
전제 2	하나의 어학 과목만 좋아함
전제 3	하영 독일어 ∧ 준현 독일어 = ~하영 아랍어 ∧ ~준현 아랍어

전제 1에 따라 하영, 준현, 정음 중 한 명은 아랍어를 좋아하고, 전제 3에 따라 하영이와 준현이는 독일어를 좋아함을 알 수 있다. 전제 2에서 반드시 하나의 어학 과목만 좋아한다고 하였으므로 하영이와 준현이는 아랍어를 좋아하지 않음을 알 수 있다. 따라서 정음이만 아랍어를 좋아한다.

오답 분석 ① 하영이는 독일어를 좋아한다.
③ 정음이는 아랍어를 좋아하지만, 하영이는 독일어를 좋아한다.
④ 정음이는 아랍어를 좋아하지만, 준현이는 독일어를 좋아한다.

15 다음 진술이 모두 참일 때 반드시 참이라고 할 수 <u>없는</u> 것은?

- 이번 시험에서는 성희만 우승하거나 지연이만 우승할 것이다.
- 우리가 어떤 칭찬도 듣지 못한다면, 성희가 우승하지 못할 것이다.
- 지연이가 우승한다면, 최다 우승자일 것이다.

① 성희가 우승한다면, 지연이는 최다 우승자가 아니다.
② 지연이가 우승하지 않는다면, 우리는 칭찬을 들을 것이다.
③ 지연이가 최다 우승자가 아니라면 우리는 칭찬을 들을 것이다.
④ 우리가 칭찬을 듣지 못한다면, 지연이는 최다 우승자일 것이다.

정답 설명 ① 제시된 명제를 기호화하면 다음과 같다.

구분	명제	대우
전제 1	성희 우승 ∨ 지연 우승	-
전제 2	~칭찬 → ~성희 우승	성희 우승 → 칭찬
전제 3	지연 우승 → 최다 우승자	~최다 우승자 → ~지연 우승

'어떤 ~도'가 나오면 '모든'으로 바꿔서 기호화해야 하므로 전제 2를 기호화하면 '~칭찬 → ~성희 우승'이 된다. 전제 1에 의해 '성희 우승'이면 '~지연 우승'이 확정이다. 전제 3의 이(~지연 우승 → ~최다 우승자)는 확정할 수 없으므로 참인지 알 수 없다.

오답 분석 ② '~지연 우승'이면 전제 1에 의해 '성희 우승'이 확정이다. 전제 2의 대우에 의해 '성희 우승'이면 '칭찬'이 확정이다. 따라서 반드시 참인 명제이다.

③ '~최다 우승자'이면 전제 3의 대우에 의해 '~지연 우승'이 확정이다. '~지연 우승'이면 전제 1에 의해 '성희 우승'이 확정이므로 전제 2의 대우에 의해 '칭찬'이 확정이다. 따라서 반드시 참인 명제이다.

④ '~칭찬'이면 전제 2에 의해 '~성희 우승'이 확정이다. 전제 1에 의해 '~성희 우승'이면 '지연 우승'이 확정이다. 전제 3에 의해 '지연 우승'이면 '최다 우승자'이므로 반드시 참인 명제이다.

Chapter 04 드모르간의 법칙

대표 문제

01 다음 전제들이 참이라고 할 때 반드시 참인 것은?

> - 희관이나 근우가 올림픽에 간다는 말은 사실이 아니다.
> - 희관이가 올림픽에 가면 대은이도 올림픽에 간다.
> - 근우가 올림픽에 가지 않으면 재호가 올림픽에 간다.
> - 대은이가 올림픽에 가면 재호도 올림픽에 간다.

① 근우와 대은이는 올림픽에 간다.
② 근우와 재호는 올림픽에 간다.
③ 대은이와 재호는 올림픽에 간다.
④ 재호는 올림픽에 간다.

정답 설명 ④ 제시된 명제를 기호화하면 다음과 같다.

구분	명제	대우
전제 1	~(희관 ∨ 근우) = ~희관 ∧ ~근우	-
전제 2	희관 → 대은	~대은 → ~희관
전제 3	~근우 → 재호	~재호 → 근우
전제 4	대은 → 재호	~재호 → ~대은

전제 1인 '희관이나 근우가 올림픽을 간다는 말은 사실이 아니다.'는 '~(희관 ∨ 근우)'가 되고, 이는 드모르간의 법칙에 따라 '~희관 ∧ ~근우'로 변환된다. '~근우'가 확정이므로 전제 3에 따라 '재호'도 확정이다. 따라서 이를 정리하면 '~희관, ~근우, 재호'이므로 답은 ④이다.

오답 분석 ① ② ③ 전제 1인 '~희관 ∧ ~근우'에 따라 근우는 올림픽에 가지 않고 전제 3에 따라 재호는 올림픽에 감을 알 수 있다. 대은이 올림픽에 가는지는 제시된 전제를 통해 확인할 수 없다.

02 다음 글의 내용이 참일 때 반드시 참이라고 할 수 있는 것은?

- 갑의 논지가 적절하면, 정의 논지가 적절하지 않다.
- 을의 논지가 적절하면, 정의 논지도 적절하다.
- 갑과 을의 논지가 모두 적절하지 않은 것은 아니다.
- 을의 논지는 적절하지 않다.

① 갑의 논지만 적절하다.
② 을의 논지만 적절하다.
③ 갑과 을의 논지가 적절하다.
④ 갑과 정의 논지가 적절하다.

정답 설명 ① 제시된 명제를 기호화하면 다음과 같다.

구분	명제	대우
전제 1	갑 → ~정	정 → ~갑
전제 2	을 → 정	~정 → ~을
전제 3	~(~갑 ∧ ~을) = 갑 ∨ 을	-
전제 4	~을	-

전제 4에 따라 '~을'이 확정이므로 전제 3인 '갑 ∨ 을'에서 선언지 제거에 따라 '갑'이 확정임을 알 수 있다. '갑'이 확정이므로 전제 1에 따라 '~정'이 확정임을 알 수 있다. 따라서 이를 정리해 보면 '갑, ~을, ~정'이므로 '갑'의 논지만 참임을 알 수 있다.

오답 분석 ② 전제 4에 따라 을의 논지는 적절하지 않음을 알 수 있다.
③ 전제 4에 따라 을의 논지는 적절하지 않고, 전제 3을 통해 '갑'의 논지만 적절함을 알 수 있다.
④ 전제 4와 전제 3을 통해 '갑'의 논지는 적절함을 알 수 있으나, 전제 1을 통해 '정'의 논지는 적절하지 않음을 알 수 있다.

Chapter 04 드모르간의 법칙

03 다음 글의 내용이 참일 때, 반드시 참인 것만을 <보기>에서 모두 고르면?

> 올해 ○○부대에 새로 부임한 대위 A, B, C, D가 부임식에 참여할 것인지와 관련해 다음과 같은 사실이 알려져 있다.
> - A대위가 부임식에 참석하면 C대위는 부임식에 참석하지 않는다.
> - C대위와 D대위는 동시에 부임식에 참석할 수 없다.
> - B대위가 부임식에 참석하면 A대위도 부임식에 참석한다.

보기
㉠ A대위가 부임식에 참석하면 B대위도 부임식에 참석한다.
㉡ B대위와 C대위는 동시에 부임식에 참석할 수 없다.
㉢ A대위가 부임식에 참석하면 D대위도 부임식에 참석한다.

① ㉠
② ㉡
③ ㉡, ㉢
④ ㉠, ㉡, ㉢

정답 설명 ② 제시된 명제를 기호화하면 다음과 같다.

구분	명제	대우
전제 1	A → ~C	C → ~A
전제 2	~(C ∧ D) = ~C ∨ ~D	-
전제 3	B → A	~A → ~B

㉡ 전제 3에서 B대위가 부임식에 참석하면 A대위도 부임식에 참석한다고 하였다. 그런데 전제 1에서 A대위가 부임식에 참석하면 C대위는 부임식에 참석하지 않는다고 했으므로, B대위가 부임식에 참석하면 C대위는 부임식에 참석하지 않는다. 따라서 B대위와 C대위는 동시에 부임식에 참석할 수 없다.

오답 분석 ㉠ 전제 3에 따라 B대위가 부임식에 참석하면 A대위도 부임식에 참석하는 것은 참이지만, 반드시 그 역이 성립한다고 할 수는 없다.

㉢ 전제 1에 따라 A 대위가 부임식에 참석하면 C대위는 부임식에 참석하지 않으며, 전제 2에서 C대위와 D대위는 동시에 부임식에 참석할 수 없다고 하였다. 전제 2는 C대위만 참석하지 않는 경우, D대위만 참석하지 않는 경우, C대위와 D대위 모두 참석하지 않는 경우가 있다. 따라서 A대위가 부임식에 참석하여 C대위가 부임식에 참석하지 않는다 할지라도 동시에 D대위 역시 부임식에 참석하지 않을 수 있으므로 D대위가 반드시 참석한다는 서술은 적절하지 않다.

04 지유는 12월 한 달간 여러 나라를 여행할 예정이다. 다음 전제에 따라 12월 한 달간 여행할 나라를 모두 고른 것은?

> 지유는 포르투갈, 영국, 스페인, 핀란드 중에서 다음 전제에 따라 여행을 갈 예정이다.
> - 지유가 포르투갈을 간다.
> - 지유가 영국을 가지 않으면 포르투갈과 핀란드도 가지 않는다.
> - 지유가 스페인을 가면 포르투갈을 가지 않는다.
> - 지유가 핀란드를 가면 스페인을 간다.

① 포르투갈, 영국
② 포르투갈, 핀란드, 영국
③ 포르투갈, 스페인, 영국
④ 포르투갈, 핀란드

정답 설명 ① 제시된 명제를 기호화하면 다음과 같다.

구분	명제	대우
전제 1	포르투갈	-
전제 2	~영국 → ~포르투갈 ∧ ~핀란드	~(~포르투갈 ∧ ~핀란드) → 영국 = 포르투갈 ∨ 핀란드 → 영국
전제 3	스페인 → ~포르투갈	포르투갈 → ~스페인
전제 4	핀란드 → 스페인	~스페인 → ~핀란드

선언문은 하나만 긍정되어도 전체가 긍정되고 전제 1로 인해 '포르투갈'이 확정되므로 전제 2의 대우에 따라 '영국'이 확정된다. 또한 전제 1과 전제 3의 대우로부터 '~스페인'이 확정된다. '~스페인'이 확정되므로 전제 4의 대우에 따라 '~핀란드'가 확정된다. 따라서 결과를 정리하면 '포르투갈, 영국, ~스페인, ~핀란드'이므로 지유는 포르투갈과 영국만 여행할 것이다.

Chapter 04 드모르간의 법칙

연습 문제

01 다음 전제들이 참이라고 할 때 반드시 참인 것은?

> - 문기나 태현이가 로또에 당첨된다는 말은 거짓이다.
> - 문기가 로또에 당첨되면 준서도 로또에 당첨된다.
> - 태현이가 로또에 당첨되지 않으면 서현이가 로또에 당첨된다.
> - 준서가 로또에 당첨되면 서현이도 로또에 당첨된다.

① 태현이와 준서는 로또에 당첨된다.
② 태현이와 서현이는 로또에 당첨된다.
③ 서현이는 로또에 당첨된다.
④ 준서와 서현이는 로또에 당첨된다.

정답 설명 ③ 제시된 명제를 기호화하면 다음과 같다.

구분	명제	대우
전제 1	~(문기 ∨ 태현) = ~문기 ∧ ~태현	-
전제 2	문기 → 준서	~준서 → ~문기
전제 3	~태현 → 서현	~서현 → 태현
전제 4	준서 → 서현	~서현 → ~준서

전제 1인 '~(문기 ∨ 태현)'은 드모르간의 법칙에 따라 '~문기 ∧ ~태현'으로 변환된다. '~태현'이 확정되었으므로 전제 3에 따라 '서현'이 확정됨을 알 수 있다. 따라서 확정된 것을 정리하면 '~문기, ~태현, 서현'이므로 로또 당첨자는 '서현'임을 확인할 수 있다. 참고로 준서는 당첨 여부를 알 수 없다.

오답 분석 ① 전제 1에 따라 '태현'이는 로또에 당첨되지 않음을 알 수 있으며, '준서'가 로또에 당첨되었는지는 확인할 수 없다.
② 전제 1에 따라 '태현'이는 로또에 당첨되지 않고, 전제 3에 따라 '서현'이 로또에 당첨됨을 알 수 있다.
④ 전제 1과 3에 따라 '서현'이 로또에 당첨됨을 알 수 있으나, '준서'가 로또에 당첨되었는지는 확인할 수 없다.

02 다음 전제들이 참이라고 할 때 반드시 참인 것은?

> • 경자가 도자기를 빚으면 찬돌이는 도자기를 빚지 않는다.
> • 이정이가 도자기를 빚으면 경자는 도자기를 빚지 않는다.
> • 원준이가 도자기를 빚지 않으면 찬돌이가 도자기를 빚는다.
> • 이정이나 원준이가 도자기를 빚었다는 말은 사실이 아니다.

① 경자와 찬돌이는 도자기를 빚는다.
② 찬돌이만 도자기를 빚는다.
③ 원준이와 이정이는 도자기를 빚는다.
④ 원준이와 찬돌이는 도자기를 빚는다.

정답 설명 ② 제시된 명제를 기호화하면 다음과 같다.

구분	명제	대우
전제 1	경자 → ~찬돌	찬돌 → ~경자
전제 2	이정 → ~경자	경자 → ~이정
전제 3	~원준 → 찬돌	~찬돌 → 원준
전제 4	~(이정 ∨ 원준) = ~이정 ∧ ~원준	-

전제 4인 '~(이정 ∨ 원준)'은 드모르간의 법칙에 따라 '~이정 ∧ ~원준'으로 변환된다. 따라서 '~원준'이 확정되었으므로 전제 3에 따라 '찬돌'이 확정되고, 전제 1의 대우를 통해 '~경자'가 확정됨을 알 수 있다. 이를 정리하면 '~이정, ~원준, 찬돌, ~경자'이므로 답은 ②이다.

오답 분석 ① 전제 4에 따라 '~원준'이 확정되었으므로 전제 3에 따라 '찬돌'이 확정되고, 전제 1의 대우를 통해 '~경자'가 확정됨을 알 수 있다. 따라서 찬돌이는 도자기를 빚지만 경자는 도자기를 빚지 않음을 알 수 있다.

③ ④ 전제 4에 따라 '~원준, ~이정'이 확정되었으므로 전제 3에 따라 '찬돌'이 확정되고, 전제 1의 대우를 통해 '~경자'가 확정됨을 알 수 있다. 이를 정리하면 '~이정, ~원준, 찬돌, ~경자'이므로 '찬돌'은 도자기를 빚지만 원준이와 이정이는 도자기를 빚지 않음을 알 수 있다.

Chapter 04 드모르간의 법칙

03 다음 글의 내용이 참일 때 반드시 참이라고 할 수 있는 것은?

- 여행 서적을 대출했을 때만, 부록 지도도 대출한다.
- 외국어 서적을 대출하면, 여행 서적을 대출하지 않는다.
- 부록 지도는 대출하지 않는다.
- 외국어 서적과 부록 지도를 모두 대출하지 않는 것은 아니다.

① 부록 지도, 외국어 서적, 여행 서적 모두 대출한다.
② 외국어 서적만 대출한다.
③ 외국어 서적과 부록 지도를 대출한다.
④ 부록 지도와 여행 서적을 대출한다.

정답 설명 ② 제시된 명제를 기호화하면 다음과 같다.

구분	명제	대우
전제1	부록 지도 → 여행 서적	~여행 서적 → ~부록 지도
전제2	외국어 서적 → ~여행 서적	여행 서적 → ~외국어 서적
전제3	~부록 지도	-
전제4	~(~외국어 서적 ∧ ~부록 지도) = 외국어 서적 ∨ 부록 지도	-

'만'이 나오면 위치를 바꿔서 기호화해야 하기 때문에 전제 1 '여행 서적을 대출했을 때만, 부록 지도도 대출한다.'는 '부록 지도를 대출했을 때, 여행 서적도 대출한다.'로 생각하여 '부록 지도 → 여행 서적'으로 기호화한다. 전제 3에 따라 '~부록 지도'가 확정이므로 전제 4인 '외국어 서적 ∨ 부록 지도'에서 '외국어 서적'이 확정됨을 알 수 있다. '외국어 서적'이 확정이므로 전제 2에 따라 '~여행 서적'이 확정임을 알 수 있다. 따라서 이를 정리해 보면 '외국어 서적, ~부록 지도, ~여행 서적'이므로 '외국어 서적'만 대출함을 알 수 있다.

오답 분석 ① 외국어 서적은 대출하지만, 부록 지도, 여행 서적은 대출하지 않는다.
③ 외국어 서적은 대출하지만, 부록 지도는 대출하지 않는다.
④ 부록 지도와 여행 서적을 대출하지 않는다.

04 다음 글의 내용이 참일 때 반드시 참이라고 할 수 있는 것은?

> - 칸트는 모임에 참여하지 않는다.
> - 칸트가 모임에 참여하면, 니체도 모임에 참여한다.
> - 데카르트와 칸트가 모임에 모두 참여하지 않은 것은 아니다.
> - 데카르트가 모임에 참여하면, 니체는 모임에 참여하지 않는다.
> - 칸트가 어떤 때에도 모임에 참여하지 않는다면 베이컨도 모임에 참여하지 않는다.

① 데카르트만 모임에 참여한다.
② 니체와 데카르트는 모두 모임에 참여한다.
③ 데카르트와 칸트는 모임에 참여한다.
④ 모두 모임에 참여한다.

정답 설명 ① 제시된 명제를 기호화하면 다음과 같다.

구분	명제	대우
전제 1	~칸트	-
전제 2	칸트 → 니체	~니체 → ~칸트
전제 3	~(~데카르트 ∧ ~칸트) = 데카르트 ∨ 칸트	-
전제 4	데카르트 → ~니체	니체 → ~데카르트
전제 5	~칸트 → ~베이컨	베이컨 → 칸트

'어떤 때도'가 나오면 '모든 때'로 바꿔서 기호화해야 한다. 그러므로 전제 5 '칸트가 어떤 때에도 모임에 참여하지 않는다면 베이컨도 모임에 참여하지 않는다.'는 '칸트가 모든 때에 모임에 참여하지 않는다면 베이컨도 모임에 참여하지 않는다.'가 된다. 이를 기호화하면 '~칸트 → ~베이컨'이 된다. 전제 1에 따라 '~칸트'가 확정이므로 전제 5인 '~베이컨'도 확정임을 알 수 있다. 또한 전제 3인 '데카르트 ∨ 칸트'에서 선언지 제거에 따라 '데카르트'가 확정임을 알 수 있다. '데카르트'가 확정이므로 전제 4에 따라 '~니체'가 확정임을 알 수 있다. 따라서 확정된 것을 정리해 보면 '데카르트, ~칸트, ~니체, ~베이컨'이므로 데카르트만 모임에 참여함을 알 수 있다.

오답 분석 ② ③ ④ 데카르트는 모임에 참여하지만, 니체, 칸트, 베이컨은 모임에 참여하지 않는다.

Chapter 04 드모르간의 법칙

05 다음 글의 내용이 참일 때 반드시 참이라고 할 수 있는 것은?

> - A는 어법은 공부하지 않는다.
> - A는 논리를 공부할 때에만, 어법을 공부한다.
> - A는 비문학과 어법을 공부하지 않는 것은 아니다.
> - A는 비문학을 공부하면, 논리는 공부하지 않는다.
> - A는 어법을 공부하지 않으면 작문도 공부하지 않는다.

① 비문학과 어법, 작문을 공부한다.
② 논리와 비문학을 공부한다.
③ 비문학을 공부하고, 논리와 작문은 공부하지 않는다.
④ 논리, 비문학, 어법, 작문 모두 공부한다.

정답 설명 ③ 제시된 명제를 기호화하면 다음과 같다.

구분	명제	대우
전제 1	~어법	-
전제 2	어법 → 논리	~논리 → ~어법
전제 3	~(~비문학 ∧ ~어법) = 비문학 ∨ 어법	-
전제 4	비문학 → ~논리	논리 → ~비문학
전제 5	~어법 → ~작문	작문 → 어법

'만'이 나오면 조건절과 결과절의 순서를 바꿔서 기호화해야 한다. 그러므로 전제 2 '논리를 공부할 때에만, 어법을 공부한다.'는 '어법을 공부할 때는, 논리를 공부한다.'가 되며 이를 기호화하면 '어법 → 논리'가 된다. 전제 1에 따라 '~어법'이 확정이므로 전제 5인 '~작문'도 확정임을 알 수 있다. 또한 전제 3인 '비문학 ∨ 어법'에서 선언지 제거에 따라 '비문학'이 확정임을 알 수 있다. '비문학'이 확정이므로 전제 4에 따라 '~논리'가 확정임을 알 수 있다. 따라서 확정된 것을 정리해 보면 '비문학, ~어법, ~논리, ~작문'이므로 답은 ③이다.

오답 분석 ① ② ④ 비문학은 공부하지만, 어법과 작문, 논리는 공부하지 않는다.

06 현호는 강의실에 카메라를 설치하려 한다. 다음 진술이 참이라고 할 때, 현호가 설치해야 할 강의실을 모두 고르면?

> ㄱ. 현호는 101호에 카메라를 설치하지 않는다.
> ㄴ. 현호가 102호와 101호에 모두 카메라를 설치하지 않는 것은 아니다.
> ㄷ. 현호가 203호에 카메라를 설치하지 않는다면 301호에 설치한다.
> ㄹ. 현호가 102호에 카메라를 설치한다면 203호에 설치하지 않는다.
> ㅁ. 현호는 401호에 카메라를 설치한다.
> ㅂ. 401호에 카메라를 설치한다면 402호에는 카메라를 안 설치하지 않는다.

① 301호, 102호
② 102호, 203호
③ 301호, 102호, 203호
④ 401호, 402호, 102호, 301호

정답 설명 ④ 제시된 명제를 기호화하면 다음과 같다.

구분	명제	대우
ㄱ	~101호	-
ㄴ	~(~102 ∧ ~101) = 102호 ∨ 101호	-
ㄷ	~203호 → 301호	~301호 → 203호
ㄹ	102호 → ~203호	203호 → ~102호
ㅁ	401호	-
ㅂ	401호 → 402호	~402호 → ~401호

이중부정은 긍정으로 기호화하므로 ㅂ의 '402호에는 카메라를 안 설치하지 않는다.'는 '~(~402) = 402'가 된다. ㄱ을 통해 '~101호'가 확정되었으므로 이를 ㄴ에 대입하면 현호가 '102호'에 카메라를 설치할 것임을 확정할 수 있다. '102호'가 확정되었으므로, ㄹ에서 '~203호'가 확정된다. '~203호'가 확정되었으므로, ㄷ에서 '301호'가 확정된다. 또한 ㅁ을 통해 '401호'가 확정되었으므로 ㅂ에서 '402호'가 확정된다. 따라서 정리하면 '~101호, 102호, ~203호, 301호, 401호, 402호'이므로 현호가 설치해야 할 강의실은 '401호, 402호, 102호, 301호'이다.

실전 학습 문제

01 다음 명제가 모두 참일 때, 항상 옳은 것은?

- 비행기에 탑승한 모든 사람은 여행객이다.
- 출장을 가는 모든 사람은 비행기에 탑승한다.
- 노트북을 소지하지 않은 모든 사람은 여행객이 아니다.

① 노트북을 소지하지 않은 모든 사람은 비행기에 탑승한다.
② 비행기에 탑승한 모든 사람은 노트북을 소지하지 않는다.
③ 여행객은 모두 비행기에 탑승한다.
④ 출장을 가는 모든 사람은 노트북을 소지한다.

정답 설명 ④ 제시된 명제를 기호화하면 다음과 같다.

구분	명제	대우
전제 1	비행기 → 여행객	~여행객 → ~비행기
전제 2	출장 → 비행기	~비행기 → ~출장
전제 3	~노트북 → ~여행객	여행객 → 노트북

전제 2와 전제 1을 연결하면 '출장 → 비행기 → 여행객'이 된다. 따라서 '출장 → 여행객'이 되고 전제 3의 대우인 '여행객 → 노트북'과 결합하면 '출장 → 노트북'이 되므로 반드시 참인 것은 ④이다.

오답 분석 ① 전제 3과 전제 1의 대우를 연결하면 '~노트북 → ~비행기'가 되므로 적절하지 않다.
② 전제 1과 전제 3의 대우를 통해 '비행기 → 노트북'이 참임을 알 수 있기 때문에 적절하지 않다.
③ 전제 3의 대우를 통해 '여행객 → 노트북'은 알 수 있으나, '노트북과 비행기'의 관계는 알 수 없으므로 적절하지 않다.

02 다음 글의 내용이 모두 참일 때 반드시 참인 것은?

과자, 음료, 젤리, 사탕 중에서 적어도 한 개를 사야 하며, 구입의 전제는 다음과 같다.
- 젤리를 사지 않으면, 과자를 사지 않거나 음료를 사지 않는다.
- 젤리를 사면, 사탕을 산다.
- 사탕을 사지 않는다.

① 과자를 산다.
② 젤리를 산다.
③ 사탕과 음료 중 어떤 것도 사지 않는다.
④ 과자를 사지 않으면, 음료를 산다.

정답 설명 ④ 제시된 명제를 기호화하면 다음과 같다.

구분	명제	대우
조건	적어도 하나는 구입	-
전제 1	~젤리 → ~과자 ∨ ~음료	과자 ∧ 음료 → 젤리
전제 2	젤리 → 사탕	~사탕 → ~젤리
전제 3	~사탕	-

전제 3에 의해 '~사탕'이 확정이므로 전제 2의 대우에 의해 '~젤리'가 확정이다. '~젤리'가 확정이므로 전제 1에 의해 '~과자 ∨ ~음료'가 확정이다. 하지만 '과자, 음료, 젤리, 사탕 중 적어도 하나는 사야 하므로 '과자, 음료' 중 하나가 포함된다. 즉, '과자 ∨ 음료'이다. 따라서 '과자를 사지 않으면, 음료를 산다.' 또는 '음료를 사지 않으면, 과자를 산다.'가 참이 되므로 답은 ④이다.

오답 분석 ① 과자 또는 음료를 사지만 과자를 사는 것은 확정할 수 없다.
② 젤리를 사지 않는다.
③ 사탕은 사지 않지만, 음료를 사는지는 확정할 수 없다.

실전 학습 문제

03 다음 명제들이 모두 참일 때 반드시 참이라고 할 수 있는 것은?

> • 배구를 보지 않고 농구를 본다.
> • 배구를 보지 않는다면, 핸드볼도 보지 않는다.
> • 농구를 보면, 탁구를 보지 않는다.

① 농구, 탁구, 배구를 본다.
② 탁구와 핸드볼 모두 보지 않는다.
③ 농구와 핸드볼을 본다.
④ 탁구, 배구를 본다.

정답 설명 ② 제시된 명제를 기호화하면 다음과 같다.

구분	명제	대우
전제 1	~배구 ∧ 농구	-
전제 2	~배구 → ~핸드볼	핸드볼 → 배구
전제 3	농구 → ~탁구	탁구 → ~농구

전제 1에 따라 배구를 보지 않고 농구는 보는 것은 확정임을 알 수 있다. 농구를 보는 것이 확정되었으므로 전제 3에 따라 탁구를 보지 않음을 알 수 있다. 또 전제 1에서 배구를 보지 않는 것이 확정되었으므로 전제 2에 따라 핸드볼도 보지 않음을 알 수 있다. 따라서 '농구, ~탁구, ~배구, ~핸드볼'이므로 반드시 참인 것은 ②이다.

오답 분석 ① ③ ④ 전제 1에 따라 농구는 보고 배구는 보지 않으며, 전제 2와 3에 따라 탁구와 핸드볼을 모두 보지 않음을 알 수 있다.

04 다음 진술이 모두 참일 때 반드시 참이라고 할 수 <u>없는</u> 것은?

> · 입사한 지 3년을 넘는다면, 갑은 설거지를 담당하지 않는다.
> · 갑이 재료 손질을 담당하면, 자리를 이동해야 한다.
> · 갑은 재료 손질이나 설거지를 담당한다.

① 갑이 입사한 지 3년을 넘는다면, 갑은 재료 손질을 담당한다.
② 갑이 설거지를 담당하지 않는다면, 갑은 자리를 이동한다.
③ 갑이 설거지를 담당한다면, 갑은 입사한 지 3년이 넘지 않았을 것이다.
④ 갑이 자리를 이동하지 않는다면, 갑은 입사한 지 3년이 넘었을 것이다.

정답 설명 ④ 제시된 명제를 기호화하면 다음과 같다.

구분	명제	대우
전제 1	입사 3년 이상 → ~설거지	설거지 → ~입사 3년 이상
전제 2	재료 손질 → 자리 이동	~자리 이동 → ~재료 손질
전제 3	재료 손질 ∨ 설거지	-

'~자리 이동'이면 전제 2의 대우에 의해 '~재료 손질'이 확정된다. '~재료 손질'이 확정되었으므로 전제 3에 의해 '설거지'가 확정이고, 전제 1의 대우에 의해 '설거지'가 확정이면 '~입사 3년 이상'이 확정이므로 입사한 지 3년이 넘었을 것이라는 ④의 진술은 적절하지 않다.

오답 분석 ① '입사 3년 이상'이면 전제 1에 의해 '~설거지'가 확정된다. 전제 3에 의해 '~설거지'이면 '재료 손질'이 확정이므로 반드시 참인 명제이다.
② '~설거지'이면 전제 3에 의해 '재료 손질'이 확정되고, '재료 손질'이면 전제 2에 의해 '자리 이동'이 확정이므로 반드시 참인 명제이다.
③ '설거지'이면 전제 1의 대우에 의해 '~입사 3년 이상'이므로 반드시 참인 명제이다.

실전 학습 문제

05 다음 전제들이 참이라고 할 때 반드시 참인 것은?

> • 상훈이가 담임을 하면 시현이도 담임을 한다.
> • 태인이가 담임을 하거나 시현이가 담임을 한다.
> • 태인이가 담임을 하거나 동선이가 담임을 한다.

① 태인이가 담임을 하면 총 3명이 담임을 한다.
② 태인이가 담임을 하지 않으면 동선이와 시현이가 담임을 한다.
③ 상훈이가 담임을 하면 동선이는 담임을 하지 않는다.
④ 상훈이가 담임을 하지 않으면 시현이도 담임을 하지 않는다.

정답 설명 ② 제시된 명제를 기호화하면 다음과 같다.

구분	명제	대우
전제 1	상훈 → 시현	~시현 → ~상훈
전제 2	태인 ∨ 시현	-
전제 3	태인 ∨ 동선	-

전제만으로는 확정된 것이 없으므로 선택지별로 살펴봐야 한다. '~태인'이면 전제 2와 3에 따라 '시현'과 '동선'이 확정된다. 따라서 반드시 참인 것은 ②이다.

오답 분석 ① '태인'이 확정된다고 '동선, 시현, 상훈'의 진위가 판단되는 것은 아니다.
③ '상훈'이 확정되면 전제 1에 따라 '시현'이 확정된다. 그러나 '동선'에 대해서는 진위 여부를 판단할 수 없다.
④ '~상훈'이 확정되었다고 '~시현'이 확정되지는 않는다.

06 다음 전제들이 참이라고 할 때 반드시 참인 것은?

- 청년회장이 청포도를 따면 부녀회장이 청포도를 따지 않는 것은 아니다.
- 이장이 청포도를 따지 않으면 청년회장이 청포도를 딴다.
- 삼촌이 청포도를 따지 않으면 부녀회장이 청포도를 딴다.
- 이장이나 삼촌이 청포도를 땄다는 말은 사실이 아니다.

① 삼촌과 부녀회장은 청포도를 딴다.
② 부녀회장은 청포도를 따지 않는다.
③ 삼촌과 청년회장은 청포도를 딴다.
④ 청년회장과 부녀회장은 청포도를 딴다.

정답 설명 ④ 제시된 명제를 기호화하면 다음과 같다.

구분	명제	대우
전제 1	청년회장 → ~(~부녀회장) = 청년회장 → 부녀회장	~부녀회장 → ~청년회장
전제 2	~이장 → 청년회장	~청년회장 → 이장
전제 3	~삼촌 → 부녀회장	~부녀회장 → 삼촌
전제 4	~(이장 ∨ 삼촌) = ~이장 ∧ ~삼촌	-

'따지 않는 것은 아니다'는 이중부정으로 긍정과 같다. 그러므로 '청년회장이 청포도를 따면 부녀회장이 청포도를 따지 않는 것은 아니다.'는 '청년회장 → ~(~부녀회장)'으로 기호화하며 이는 다시 '청년회장 → 부녀회장'으로 기호화할 수 있다. 전제 4인 '~(이장 ∨ 삼촌)'은 드모르간의 법칙에 따라 '~이장 ∧ ~삼촌'으로 변환된다. 따라서 '~이장'이 확정되었기 때문에 이를 전제 2와 연결시키면 '청년회장'이 확정되고, '~삼촌'이 확정되었으므로 전제 3과 연결시키면 '부녀회장'이 확정됨을 알 수 있다. 이를 정리하면 '~이장, ~삼촌, 청년회장, 부녀회장'이므로 답은 ④이다.

오답 분석 ① ② 전제 4에 따라 삼촌은 청포도를 따지 않고, 전제 3에 따라 부녀회장은 청포도를 따므로 적절하지 않다.
③ 전제 4에서 '~이장, ~삼촌'이 확정되었으므로 삼촌은 청포도를 따지 않고 전제 2에 따라 청년회장은 청포도를 따르므로 적절하지 않다.

실전 학습 문제

07 다음 명제가 모두 참일 때, 항상 옳은 것은?

- 인스턴트 음식을 자주 이용하는 사람은 모두 요리사가 아니다.
- 상혁이라면 인스턴트 음식을 자주 이용한다.
- 상혁이라면 성공한 게이머가 아닌 것은 아니다.
- 오직 금메달을 받은 게이머만이 성공한 게이머이다.

① 성공한 게이머는 모두 인스턴트 음식을 자주 이용한다.
② 금메달을 받지 않은 게이머이면 상혁이 아니다.
③ 요리사가 아닌 사람은 모두 인스턴트 음식을 자주 이용하지 않는다.
④ 상혁이라면 성공한 게이머가 아니다.

정답 설명 ② 제시된 명제를 기호화하면 다음과 같다.

구분	명제	대우
전제 1	인스턴트 음식 → ~요리사	요리사 → ~인스턴트 음식
전제 2	상혁 → 인스턴트 음식	~인스턴트 음식 → ~상혁
전제 3	상혁 → ~(~성공한 게이머) = 상혁 → 성공한 게이머	~성공한 게이머 → ~상혁
전제 4	성공한 게이머 → 금메달을 받은 게이머	~금메달을 받은 게이머 → ~성공한 게이머

'오직 A만이 B이다.'의 경우 '모든 B는 A이다.' 혹은 'B는 모두 A이다.'가 된다. 그러므로 전제 4는 '성공한 게이머는 모두 금메달을 받은 게이머이다.'가 된다. 전제 4의 대우에서 '금메달을 받은 게이머가 아닌 사람들은 모두 성공한 게이머가 아님'을 확인할 수 있다. 이를 전제 3의 대우와 연결하면 '금메달을 받지 않은 게이머이면 상혁이 아님'을 확인할 수 있다.

오답 분석 ① 전제 4를 통해 '성공한 게이머는 모두 금메달을 받은 게이머'임을 알 수 있으나 인스턴트 음식을 자주 이용하는지는 알 수 없다.
③ 요리사가 아닌 사람으로 시작하는 명제가 없으므로 확인할 수 없는 내용이다.
④ 전제 3의 '성공한 게이머가 아닌 것은 아니다'와 같은 이중부정은 긍정으로 표현한다. 그러므로 전제 3은 '상혁이라면 성공한 게이머이다.'의 명제가 되기 때문에 적절하지 않다.

08 다음 명제가 모두 참일 때, 항상 옳은 것은?

> • 집을 가진 모든 사람은 부자이다.
> • 결혼을 한 모든 사람은 집을 가진다.
> • 돈을 벌지 않는 모든 사람은 부자가 아니다.

① 결혼을 한 모든 사람은 돈을 번다.
② 집을 가진 모든 사람은 돈을 벌지 않는다.
③ 모든 부자는 집을 가진다.
④ 돈을 벌지 않는 모든 사람은 집을 가진다.

정답 설명 ① 제시된 명제를 기호화하면 다음과 같다.

구분	명제	대우
전제 1	집 → 부자	~부자 → ~집
전제 2	결혼 → 집	~집 → ~결혼
전제 3	~돈 → ~부자	부자 → 돈

전제 2를 통해 결혼을 한 모든 사람은 집이 있음을 확인할 수 있고, 이를 전제 1과 결합하면 '부자'도 확인이 된다. 또한 전제 3의 대우와 결합하면 '돈'이 있음도 확인된다. 따라서 '결혼을 한 모든 사람은 돈을 번다.'는 반드시 참임을 알 수 있다.

오답 분석 ② 전제 1을 통해 집을 가진 모든 사람은 부자임을 알 수 있고, 이를 전제 3의 대우와 결합하면 돈을 벎을 알 수 있다.
③ 전제 3의 대우를 통해 모든 부자는 돈을 벎을 알 수 있으나 집을 가지는지 여부는 알 수 없다.
④ 전제 3을 통해 돈을 벌지 않는 모든 사람은 부자가 아님을 확인할 수 있고, 전제 1의 대우를 통해 부자가 아닌 사람은 집이 없음을 확인할 수 있다.

실전 학습 문제

09 다음 글의 내용이 모두 참일 때 반드시 참인 것은?

> 합성어, 단일어, 외래어, 파생어 중에서 적어도 한 개를 포함해야 하며, 포함 전제는 다음과 같다.
> - 외래어가 포함되지 않으면, 합성어도 포함되지 않거나 단일어가 포함되지 않는다.
> - 외래어가 포함되면, 파생어도 포함된다.
> - 파생어가 포함되지 않는다.

① 합성어가 포함된다.
② 외래어가 포함된다.
③ 파생어와 단일어 어떤 것도 포함되지 않는다.
④ 합성어가 포함되지 않으면, 단일어가 포함된다.

정답 설명 ④ 제시된 명제를 기호화하면 다음과 같다.

구분	명제	대우
조건	적어도 하나는 포함	-
전제 1	~외래어 → ~합성어 ∨ ~단일어	합성어 ∧ 단일어 → 외래어
전제 2	외래어 → 파생어	~파생어 → ~외래어
전제 3	~파생어	-

전제 3에 의해 '~파생어'가 확정이므로 전제 2의 대우에 의해 '~외래어'가 확정이다. '~외래어'가 확정이므로 전제 1에 의해 '~합성어 ∨ ~단일어'가 확정이다. 하지만 '합성어, 단일어, 외래어, 파생어' 중 적어도 하나를 포함해야 하므로 '합성어, 단일어' 중 하나가 포함된다. 즉, '합성어 ∨ 단일어'이다. 따라서 '합성어가 포함되지 않으면, 단일어가 포함된다.' 또는 '단일어가 포함되지 않으면, 합성어가 포함된다.'가 참이 되므로 답은 ④이다.

오답 분석 ① 합성어 또는 단일어가 포함되지만 합성어가 포함되는 것을 확정할 수 없다.
② 외래어는 포함되지 않는다.
③ 파생어는 포함되지 않지만, 단일어가 포함되지 않는지는 확정할 수 없다.

10 다음 글의 내용이 참일 때 반드시 참이라고 할 수 있는 것은?

> • 진영이는 연장 근무하지 않고 민규도 연장 근무하지 않는다.
> • 찬이와 경진이가 모두 연장 근무하지 않는 것은 아니다.
> • 진영이 연장 근무하지 않으면 찬이도 연장 근무하지 않는다.
> • 진영은 연장 근무하지 않는다.

① 민규, 경진, 진영, 찬이 모두 연장 근무한다.
② 민규와 경진은 연장 근무한다.
③ 경진과 진영은 연장 근무한다.
④ 경진은 연장 근무하고, 진영, 민규, 찬이는 연장 근무하지 않는다.

정답 설명 ④ 제시된 명제를 기호화하면 다음과 같다.

구분	명제	대우
전제 1	~진영 ∧ ~민규	-
전제 2	~(~찬이 ∧ ~경진) = 찬이 ∨ 경진	-
전제 3	~진영 → ~찬이	찬이 → 진영
전제 4	~진영	-

전제 4에 따라 '~진영'이 확정이므로 전제 3에 따라 '~찬이'도 확정이며, 전제 1에 따라 '~민규'도 확정임을 알 수 있다. '~찬이'를 전제 2에 대입하면 '경진'임을 알 수 있고, 따라서 '경진, ~진영, ~민규, ~찬이'이므로 '경진'만 연장 근무하고, '진영, 민규, 찬이'는 연장 근무하지 않음을 알 수 있다.

오답 분석 ① ② ③ 경진은 연장 근무하지만, 민규, 진영, 찬이는 연장 근무하지 않는다.

공무원 시험 전문 해커스공무원

gosi.Hackers.com

해커스공무원 신민숙 쉬운국어 **논리 강화 200제**

PART 2 결론과 전제 추론

Chapter 01   결론 추론 – 전제의 앞을 동일하게 만들 경우

Chapter 02   전제 추론 ① – 결론의 앞을 동일하게 만들 경우

Chapter 03   전제 추론 ② – 결론의 뒤를 동일하게 만들 경우

실전 학습 문제

Chapter 01 결론 추론 - 전제의 앞을 동일하게 만들 경우

민숙쌤의 논리 비법

제시된 전제의 앞부분을 동일하게 만들어서 결론을 추론하는 방법

① 제시된 전제를 기호화한다.
② 교환법칙과 대우를 이용하여 전제의 앞부분(A)을 일치시킨다.
③ 조건절에 있는 일치되는 내용을 삭제하고 결론절 전제 1(B)과 전제 2(C)에 있는 B, C 순서로 배치된 전제를 찾는다.
④ 제시된 전제 중에서 '어떤, 일부'가 포함된 문장을 찾는다.
⑤ 결론 찾기 도표

㉠
전제	모든 A는 B다.
	모든 A는 C다.
결론	?

→ 어떤 B는 C다.

=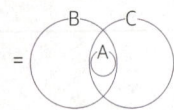

㉡
전제	모든 A는 B다.
	어떤 A는 C다.
결론	?

→ 어떤 B는 C다.

=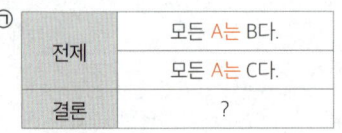

참고 '어떤 B는 C다'의 결론이 반드시 도출되지 않는 경우

전제	어떤 A는 B다.
	어떤 A는 C다
결론	?

→ 어떤 B는 C다.

① *예외   ②   ③

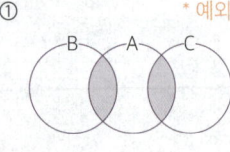   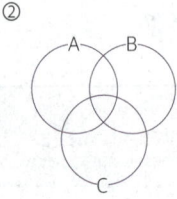   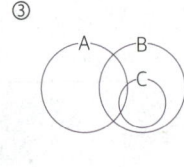

⇨ 많은 경우의 수 중 ①과 같이 B와 C가 겹치지 않는 경우가 나올 수 있으므로 위 도표는 사용할 수 없다.

대표 문제

(가)와 (나)를 전제로 할 때 빈칸에 들어갈 결론으로 가장 적절한 것은?　　　9급 출제기조 전환 1차 예시문제

> (가) 노인복지 문제에 관심이 있는 사람 중 일부는 일자리 문제에 관심이 있는 사람이 아니다.
> (나) 공직에 관심이 있는 사람은 모두 일자리 문제에 관심이 있는 사람이다.
> 따라서 ☐

① 노인복지 문제에 관심이 있는 사람 중 일부는 공직에 관심이 있는 사람이 아니다.
② 공직에 관심이 있는 사람 중 일부는 노인복지 문제에 관심이 있는 사람이 아니다.
③ 공직에 관심이 있는 사람은 모두 노인복지 문제에 관심이 있는 사람이 아니다.
④ 일자리 문제에 관심이 있지만 노인복지 문제에 관심이 없는 사람은 모두 공직에 관심이 있는 사람이 아니다.

정답 설명　① 제시된 명제를 기호화하면 다음과 같다.

구분	명제	대우
(가)	노인복지 ∧ ~일자리	-
(나)	공직 → 일자리	~일자리 → ~공직

결론을 찾을 때에는 (가)와 (나)의 조건절을 동일하게 전제를 만들어야 한다. 따라서 (가)와 (나)의 조건절을 동일하게 만든 것을 정리하면 아래와 같다.

(가)	~일자리 ∧ 노인복지
(나)	~일자리 → ~공직

(가)와 (나)의 조건절이 동일한 상태에서 결론을 도출하면 '노인복지 문제에 관심이 있는 사람 중 일부는 공직에 관심이 있는 사람이 아니다(노인복지 ∧ ~공직).'가 도출되므로 ①은 빈칸에 들어갈 결론으로 적절하다.

오답 분석　② 공직에 관심이 있는 사람이 모두 노인복지 문제에 관심이 있는 경우도 있으므로 적절하지 않다.
③ 공직에 관심이 있는 사람이 노인복지 문제에 관심이 있는 경우도 있으므로 적절하지 않다.
④ 기호화하면 '일자리 ∧ ~노인복지 → ~공직'이고, 대우는 '공직 → ~일자리 ∨ 노인복지'이다. (나)에서 '공직 → 일자리'라고 하였으므로 '공직 → ~일자리'는 성립하지 않는다. 따라서 '공직 → 노인복지'의 명제가 참이어야 한다. 그러나 공직에 관심이 있는 사람이 모두 노인복지에 관심이 있는 사람인지는 알 수 없으므로 적절하지 않다.

Chapter 01 결론 추론 - 전제의 앞을 동일하게 만들 경우

연습 문제

01 (가)와 (나)를 전제로 할 때 빈칸에 들어갈 결론으로 가장 적절한 것은?

> (가) 무도를 잘하는 사람은 모두 뜨개질을 잘하는 사람이다.
> (나) 헬스를 잘하는 사람 중 일부는 뜨개질을 잘하는 사람이 아니다.
> 따라서 ☐

① 무도를 잘하는 사람은 모두 헬스를 잘하는 사람이 아니다.
② 무도를 잘하는 사람 중 일부는 헬스를 잘하는 사람이 아니다.
③ 헬스를 잘하는 사람 중 일부는 무도를 잘하는 사람이 아니다.
④ 뜨개질을 잘하지만 헬스를 잘 못하는 사람은 모두 무도를 잘하는 사람이 아니다.

정답 설명 ③ 제시된 명제를 기호화하면 다음과 같다.

구분	명제	대우
(가)	무도 → 뜨개질	~뜨개질 → ~무도
(나)	헬스 ∧ ~뜨개질	-

결론을 찾을 때에는 조건절을 동일하게 전제를 만들어야 한다. 따라서 (가)와 (나)의 조건절을 동일하게 만든 것을 정리하면 아래와 같다.

(가)	~뜨개질 → ~무도
(나)	~뜨개질 ∧ 헬스

(가)와 (나)의 조건절이 동일한 상태에서 결론을 도출하면 '헬스를 잘하는 사람 중 일부는 무도를 잘하는 사람이 아니다(헬스 ∧ ~무도).'가 도출되므로 ③은 빈칸에 들어갈 결론으로 적절하다.

오답 분석 ① ② 무도를 잘하는 사람 중 헬스를 잘하는 사람이 있는 경우도 있을 수 있으므로 결론에 들어갈 말로 적절하지 않다.
④ 기호화하면 '(뜨개질 ∧ ~헬스) → ~무도'이고 대우는 '무도 → ~뜨개질 ∨ 헬스'이다. (가)에 의해 '무도 → 뜨개질'이므로 '무도 → ~뜨개질'이 성립하지 않는다. 따라서 참이 되려면 '무도 → 헬스'가 필요한데 무도를 잘하는 사람이 모두 헬스를 잘하는지는 알 수 없으므로 적절하지 않다.

02 다음 중 빈칸에 들어갈 결론으로 가장 적절한 것은?

- 도서관이 많은 지역 중 일부는 범죄가 많은 지역이 아니다.
- 낙후된 지역은 모두 범죄가 많은 지역이다.

따라서 ☐

① 낙후된 지역은 모두 도서관이 많은 지역이 아니다.
② 낙후된 지역 중 일부는 도서관이 많은 지역이 아니다.
③ 도서관이 많은 지역 중 일부는 낙후된 지역이 아니다.
④ 범죄가 많지만 도서관이 별로 없는 지역은 모두 낙후된 지역이 아니다.

정답 설명 ③ 제시된 명제를 기호화하면 다음과 같다.

구분	명제	대우
전제 1	도서관 ∧ ~범죄	-
전제 2	낙후 → 범죄	~범죄 → ~낙후

결론을 찾을 때에는 조건절을 동일하게 전제를 만들어야 한다. 따라서 전제 1과 전제 2의 조건절을 동일하게 만든 것을 정리하면 아래와 같다.

전제 1	~범죄 ∧ 도서관
전제 2	~범죄 → ~낙후

전제 1과 전제 2의 조건절이 동일한 상태에서 결론을 도출하면 '도서관이 많은 지역 중 일부는 낙후된 지역이 아니다(도서관 ∧ ~낙후).'이므로 ③은 빈칸에 들어갈 결론으로 적절하다.

오답 분석 ① ② 낙후된 지역 중 도서관이 많은 경우도 있으므로 결론에 들어갈 말로 적절하지 않다.
④ 기호화하면 '(범죄 ∧ ~도서관) → ~낙후'이고, 대우는 '낙후 → ~범죄 ∨ 도서관'이다. 전제 2에 의해 '낙후 → 범죄'이므로 '낙후 → ~범죄'는 성립하지 않는다. 따라서 명제가 참이 되려면 '낙후 → 도서관'이 반드시 참이어야 한다. 그러나 낙후된 지역이 모두 도서관이 많은지는 알 수 없으므로 적절하지 않다.

Chapter 01 결론 추론 - 전제의 앞을 동일하게 만들 경우

03 다음 중 빈칸에 들어갈 결론으로 적절한 것은?

> - 공을 좋아하는 모든 강아지는 고양이에 관심이 있다.
> - 어떤 허스키들은 공을 좋아한다.
> 따라서 ☐

① 공을 좋아하는 어떤 강아지는 허스키가 아니다.
② 고양이에 관심이 있지 않은 강아지는 모두 허스키가 아니다.
③ 허스키면 고양이에 관심이 있다.
④ 어떤 허스키는 고양이에 관심이 있다.

정답 설명 ④ 제시된 명제를 기호화하면 다음과 같다.

구분	명제	대우
전제 1	공 → 고양이	~고양이 → ~공
전제 2	허스키 ∧ 공	-

결론을 찾을 때에는 전제 1과 전제 2의 조건절을 동일하게 만들어야 한다. 따라서 전제 1과 전제 2의 조건절을 동일하게 만든 것을 정리하면 아래와 같다.

전제 1	공 → 고양이
전제 2	공 ∧ 허스키

전제 1과 전제 2의 조건절이 동일한 상태에서 결론을 도출하면 '고양이 ∧ 허스키'가 된다. 이때 교환법칙도 성립하기 때문에 '허스키 ∧ 고양이'도 '참'이다. 이를 문장으로 하면 '어떤 허스키는 고양이에 관심이 있다.'이므로 ④는 빈칸에 들어갈 결론으로 적절하다.

오답 분석 ① 전제 2에 따라 공을 좋아하는 강아지 중 허스키가 있음은 알 수 있으나 공을 좋아하는 강아지 중 허스키가 아닌 경우는 알 수 없으므로 적절하지 않다.
② 기호화하면 '~고양이 → ~허스키'이다. 전제 1의 대우를 통해 '~고양이 → ~공'을 알 수 있지만 '~공 → ~허스키'를 확정할 수 없으므로 적절하지 않다.
③ 허스키 중 고양이에 관심이 없는 경우도 있을 수 있으므로 적절하지 않다.

04 다음 전제가 모두 참일 때, 반드시 참인 결론인 것은?

- 모든 충치 환자는 단당류를 좋아하지 않는 것은 아니다.
- 충치 환자 중 거북목인 사람이 적어도 한 명 이상 존재한다.

따라서 ⬚

① 거북목과 충치 중 한 질환에만 걸린 환자는 존재하지 않는다.
② 단당류를 좋아하는 사람들 중 일부는 거북목이다.
③ 단당류를 좋아하지 않는 사람 중 적어도 한 명 이상이 거북목이다.
④ 거북목인 사람은 모두 충치도 가지고 있다.

정답 설명 ② 제시된 명제를 기호화하면 다음과 같다.

구분	명제	대우
전제 1	충치 → 단당류	~단당류 → ~충치
전제 2	충치 ∧ 거북목	-

'단당류를 좋아하지 않는 것은 아니다.'는 이중부정으로 '단당류를 좋아한다.'와 동치이다. 전제 1과 전제 2의 조건절이 동일한 상태에서 결론을 도출하면 '단당류 ∧ 거북목'임을 알 수 있다. 이를 문장으로 하면 '단당류를 좋아하는 사람들 중 일부는 거북목이다.'이므로 ②는 빈칸에 들어갈 결론으로 적절하다.

오답 분석 ① 거북목과 충치 중 한 질환에만 걸린 환자가 존재하는지 여부는 확정할 수 없으므로 결론에 들어갈 말로 적절하지 않다.
③ 전제 1과 2를 통해 '단당류 ∧ 거북목'을 도출할 수 있으나, 단당류를 좋아하지 않는 사람 중 거북목이 있는 사람이 있는지는 알 수 없으므로 적절하지 않다.
④ 거북목인 사람 중 충치가 없는 경우도 있을 수 있으므로 결론에 들어갈 말로 적절하지 않다.

Chapter 01 결론 추론 - 전제의 앞을 동일하게 만들 경우

05 다음 전제가 모두 참일 때, 반드시 참인 결론인 것은?

- A집단만이 신 음식을 좋아하는 사람들이다.
- 미성년자인 사람들 중 일부는 A집단이 아니다.

따라서 ☐

① 미성년자인 사람은 모두 신 음식을 좋아하지 않는다.
② 신 음식을 좋아하면 반드시 A집단이 아니다.
③ 신 음식을 좋아하는 사람들 중 일부는 미성년자이다.
④ 신 음식을 좋아하지 않는 사람 중 적어도 한 명 이상은 미성년자이다.

정답 설명 ④ 제시된 명제를 기호화하면 다음과 같다.

구분	명제	대우
전제 1	신 음식 → A집단	~A집단 → ~신 음식
전제 2	미성년자 ∧ ~A집단	-

'~만'의 경우 조건절과 결과절의 위치를 바꿔야 한다. 그러므로 'A집단만이 신 음식을 좋아하는 사람들이다.'는 '신 음식을 좋아하는 사람들은 모두 A집단이다.'가 되고, 이를 기호화하면 '신 음식 → A집단'이 된다. 결론을 찾을 때에는 전제 1과 전제 2의 조건절을 동일하게 만들어야 한다. 따라서 전제 1과 전제 2의 조건절을 동일하게 만든 것을 정리하면 아래와 같다.

전제 1	~A집단 → ~신 음식
전제 2	~A집단 ∧ 미성년자

전제 1과 전제 2의 조건절이 동일한 상태에서 결론을 도출하면 '~신 음식 ∧ 미성년자'가 된다. 이를 문장으로 하면 '신 음식을 좋아하지 않는 사람들 중 일부는 미성년자이다.'가 되며, '신 음식을 좋아하지 않는 사람 중 적어도 한 명 이상은 미성년자이다.'도 같은 말이기 때문에 ④는 빈칸에 들어갈 결론으로 적절하다.

오답 분석 ① 전제 1의 대우와 전제 2에 따라 미성년자인 사람 중 신 음식을 좋아하지 않는 경우(미성년자 ∧ ~신 음식)가 있음을 알 수 있다. 그러나 미성년자인 사람이 모두 신 음식을 좋아하지 않는지는 알 수 없으므로 결론에 들어갈 말로 적절하지 않다.
② 전제 1에 의해 신 음식을 좋아하는 사람들이 모두 A집단임을 알 수 있으므로 결론에 들어갈 말로 적절하지 않다.
③ 기호화하면 '신 음식 ∧ 미성년자'이다. 전제 1에 의해 'A집단 ∧ 미성년자'로 바꿀 수 있다. 그러나 A집단이 모두 미성년자가 아닐 수도 있으므로 결론에 들어갈 말로 적절하지 않다.

06 다음 전제가 모두 참일 때, 반드시 참인 결론인 것은?

> • 자동차를 좋아하는 어떤 동호회는 오토바이를 좋아하지 않는 것은 아니다.
> • 허가가 안 된 어떤 동호회도 오토바이를 좋아하지 않는다.
> 따라서 ☐

① 자동차를 좋아하는 동호회는 모두 허가가 된 동호회이다.
② 오토바이를 좋아하지 않는 동호회는 모두 허가가 되지 않은 동호회이다.
③ 오토바이를 좋아하는 동호회는 모두 자동차를 좋아한다.
④ 허가가 된 어떤 동호회는 자동차를 좋아한다.

정답 설명 ④ 제시된 명제를 기호화하면 다음과 같다.

구분	명제	대우
전제 1	자동차 ∧ 오도바이	-
전제 2	~허가 → ~오토바이	오토바이 → 허가

'어떤 ~것도'가 나오면 '모든'으로 바꿔서 생각하므로 전제 2는 '허가가 안 된 모든 동호회는 오토바이를 좋아하지 않는다.'가 되고 기호화하면 '~허가 → ~오토바이'가 된다. 또한 전제 1과 같이 이중부정일 경우에는 긍정으로 기호화하므로 '~(~오토바이) = 오토바이'이다. 결론을 찾을 때에는 전제 1과 전제 2의 조건절을 동일하게 전제를 만들어야 한다. 따라서 전제 1과 전제 2의 조건절을 동일하게 만든 것을 정리하면 아래와 같다.

전제 1	오토바이 ∧ 자동차
전제 2	오토바이 → 허가

전제 1과 전제 2의 조건절이 동일한 상태에서 결론을 도출하면 '자동차 ∧ 허가'가 된다. 이때 교환법칙도 성립하기 때문에 '허가 ∧ 자동차'도 '참'이다. 이를 문장으로 하면 '허가가 된 어떤 동호회는 자동차를 좋아한다.'이므로 ④는 빈칸에 들어갈 결론으로 적절하다.

오답 분석 ① 자동차를 좋아하는 동호회 중 허가되지 않은 경우가 있을 수 있으므로 결론에 들어갈 말로 적절하지 않다.
② '오토바이를 좋아하지 않는 동호회는 모두 허가가 되지 않은 동호회이다.'를 기호화하면 '~오토바이 → ~허가'이다. 이는 전제 2의 역인데, 역이 참인지는 알 수 없으므로 결론에 들어갈 말로 적절하지 않다.
③ 오토바이를 좋아하는 동호회 중 자동차를 좋아하지 않는 경우가 있을 수 있으므로 결론에 들어갈 말로 적절하지 않다.

Chapter 01 결론 추론 – 전제의 앞을 동일하게 만들 경우

07 다음 전제가 모두 참일 때, 반드시 참인 결론인 것은?

- 천체를 좋아하는 어떤 사람은 박물관을 가지 않는 것은 아니다.
- 휴무 신청을 내지 못한 모든 사람은 박물관을 가지 않는다.
  따라서 _____

① 천체를 좋아하는 사람은 모두 휴무 신청을 낸다.
② 박물관을 가지 않은 사람은 모두 휴무 신청을 내지 못했다.
③ 천체를 좋아하는 어떤 사람은 휴무 신청을 낸다.
④ 박물관을 가는 사람은 모두 천체를 좋아한다.

정답 설명 ③ 제시된 명제를 기호화하면 다음과 같다.

구분	명제	대우
전제 1	천체 ∧ 박물관	-
전제 2	~휴무 신청 → ~박물관	박물관 → 휴무 신청

이중부정은 긍정과 동일한 의미이다. 그러므로 전제 1은 '천체를 좋아하는 어떤 사람은 박물관을 간다.'와 같은 의미이고 이를 기호화하면 '천체 ∧ 박물관'이 된다. 결론을 찾을 때에는 전제 1과 전제 2의 조건절을 동일하게 만들어야 한다. 따라서 전제 1과 전제 2의 조건절을 동일하게 만든 것을 정리하면 아래와 같다.

전제 1	박물관 ∧ 천체
전제 2	박물관 → 휴무 신청

전제 1과 전제 2의 조건절이 동일한 상태에서 결론을 도출하면 '천체 ∧ 휴무 신청'이 된다. 이를 문장으로 하면 '천체를 좋아하는 어떤 사람은 휴무 신청을 낸다.'가 되므로 ③은 빈칸에 들어갈 결론으로 적절하다.

오답 분석 ① 천체를 좋아하는 사람 중 휴무 신청을 내지 못하는 경우가 있을 수 있으므로 결론에 들어갈 말로 적절하지 않다.
② '박물관을 가지 않은 사람은 모두 휴무 신청을 내지 못했다.'를 기호화하면 '~박물관 → ~휴무 신청'이다. 이는 전제 2의 역인데, 역이 참인지는 알 수 없으므로 결론에 들어갈 말로 적절하지 않다.
④ 박물관을 가는 사람 중 천체를 좋아하지 않는 경우가 있을 수 있으므로 결론에 들어갈 말로 적절하지 않다.

08 다음 전제가 모두 참일 때, 반드시 참인 결론인 것은?

> • 단 음식을 좋아하는 어떤 사람은 비만이다.
> • 과식하지 않은 사람은 모두 비만이 아니다.
> 따라서 ☐

① 단 음식을 좋아하는 사람은 모두 과식한다.
② 비만이 아닌 사람은 모두 과식하지 않는다.
③ 비만인 사람은 모두 단 음식을 좋아한다.
④ 어떤 과식한 사람은 단 음식을 좋아한다.

정답 설명 ④ 제시된 명제를 기호화하면 다음과 같다.

구분	명제	대우
전제 1	단 음식 ∧ 비만	-
전제 2	~과식 → ~비만	비만 → 과식

결론을 찾을 때에는 전제 1과 전제 2의 조건절을 동일하게 전제를 만들어야 한다. 따라서 전제 1과 전제 2의 조건절을 동일하게 만든 것을 정리하면 아래와 같다.

전제 1	비만 ∧ 단 음식
전제 2	비만 → 과식

전제 1과 전제 2의 조건절이 동일한 상태에서 결론을 도출하면 '단 음식 ∧ 과식'이 된다. 이때 교환법칙도 성립하기 때문에 '과식 ∧ 단 음식'도 '참'이다. 이를 문장으로 하면 '어떤 과식한 사람은 단 음식을 좋아한다.'이므로 ④는 빈칸에 들어갈 결론으로 적절하다.

오답 분석 ① 단 음식을 좋아하는 사람 중 과식하지 않는 경우가 있을 수 있으므로 결론에 들어갈 말로 적절하지 않다.
② '비만이 아닌 사람은 모두 과식하지 않는다.'를 기호화하면 '~비만 → ~과식'이다. 이는 전제 2의 역인데, 역이 참인지는 알 수 없으므로 결론에 들어갈 말로 적절하지 않다.
③ 전제 1에 의해 비만인 사람 중 단 음식을 좋아하지 않는 경우가 있을 수 있으므로 결론에 들어갈 말로 적절하지 않다.

Chapter 01 결론 추론 - 전제의 앞을 동일하게 만들 경우

09 다음 전제가 모두 참일 때, 빈칸에 들어갈 결론으로 가장 적절한 것은?

> • 스튜디오를 빌리는 모든 사람은 카메라를 빌린다.
> • 카메라를 빌리지 않는 어떤 사람은 칠판을 빌린다.
> 따라서 _____

① 스튜디오를 빌리지 않는 사람은 모두 칠판을 빌린다.
② 스튜디오를 빌리지 않는 어떤 사람은 칠판을 빌린다.
③ 카메라를 빌리는 사람은 모두 스튜디오를 빌린다.
④ 칠판을 빌리는 사람은 모두 카메라를 빌리지 않는다.

정답 설명 ② 제시된 명제를 기호화하면 다음과 같다.

구분	명제	대우
전제 1	스튜디오 → 카메라	~카메라 → ~스튜디오
전제 2	~카메라 ∧ 칠판	-

결론을 찾을 때에는 전제 1과 전제 2의 조건절을 동일하게 만들어야 한다. 따라서 전제 1과 전제 2의 조건절을 동일하게 만든 것을 정리하면 다음과 같다.

전제 1	~카메라 → ~스튜디오
전제 2	~카메라 ∧ 칠판

전제 1과 전제 2의 조건절이 동일한 상태에서 결론을 도출하면 '~스튜디오 ∧ 칠판'이 된다. 이를 문장으로 하면 '스튜디오를 빌리지 않는 어떤 사람은 칠판을 빌린다.'가 결론이 된다.

오답 분석 ① 스튜디오를 빌리지 않는 사람 중 칠판을 빌리지 않는 경우가 있을 수 있으므로 결론에 들어갈 말로 적절하지 않다.
③ '카메라를 빌리는 사람은 모두 스튜디오를 빌린다.'를 기호화하면 '카메라 → 스튜디오'이다. 이는 전제 1의 역인데, 역이 참인지는 알 수 없으므로 결론에 들어갈 말로 적절하지 않다.
④ 전제 2에 의해 칠판을 빌리는 사람 중 카메라를 빌리는 경우가 있을 수 있으므로 결론에 들어갈 말로 적절하지 않다.

10 (가)와 (나)를 전제로 할 때 빈칸에 들어갈 결론으로 가장 적절한 것은?

> (가) 권력에 관심이 있는 사람 중 일부는 국민에 관심이 없다.
> (나) 복지에 관심이 있는 사람 중 국민에 무관심한 사람은 없다.
> 따라서 ☐

① 권력에 관심이 있는 사람 중 일부는 복지에 관심이 없다.
② 복지에 관심이 있는 사람 중 일부는 권력에 무관심하지 않다.
③ 복지에 관심이 있는 사람은 모두 권력에 관심이 있는 사람이 아니다.
④ 국민에 관심이 있지만 권력에 관심이 없는 사람은 모두 복지에 관심이 있는 사람이 아니다.

정답 설명 ① 제시된 명제를 기호화하면 다음과 같다.

구분	명제	대우
(가)	권력 ∧ ~국민	-
(나)	복지 → 국민	~국민 → ~복지

'A 중 B가 아닌 것은 없다.'는 'A는 모두 B이다.'와 동일한 의미이므로, (나)를 기호화하면 '복지 → 국민'이다. 결론을 찾을 때에는 (가)와 (나)의 조건절을 동일하게 전제를 만들어야 한다. 따라서 (가)와 (나)의 조건절을 동일하게 만든 것을 정리하면 아래와 같다.

(가)	~국민 ∧ 권력
(나)	~국민 → ~복지

(가)와 (나)의 조건절이 동일한 상태에서 결론을 도출하면 '권력 ∧ ~복지'이다. 이를 문장으로 하면 '권력에 관심이 있는 사람 중 일부는 복지에 관심이 없다.'가 결론이 된다.

오답 분석 ②③ (나)에 의해 복지에 관심이 있는 사람은 국민에 관심이 있는 사람임을 알 수 있지만, 국민에 관심이 있는 사람 중 권력에 관심이 있는 사람이 있는지는 알 수 없다.
④ 기호화하면, '국민 ∧ ~권력 → ~복지'이고 대우는 '복지 → ~국민 ∨ 권력'이다. (나)에 의해 '복지 → 국민'이므로 '복지 → ~국민'이 성립하지 않는다. 따라서 명제가 참이 되려면 '복지 → 권력'이 반드시 참이어야 한다. 그러나 이는 알 수 없으므로 결론에 들어갈 말로 적절하지 않다.

Chapter 01 결론 추론 - 전제의 앞을 동일하게 만들 경우

11 (가)와 (나)를 전제로 할 때 빈칸에 들어갈 결론으로 가장 적절한 것은?

> (가) 인공지능에 관심이 있는 사람 중 일부는 건축물에 관심이 없다.
> (나) 데이터베이스에 관심이 있는 사람 중 건축물에 관심이 없는 사람은 없다.
> 따라서 ⬚

① 인공지능에 관심이 있는 사람 중 일부는 데이터베이스에 관심이 없다.
② 데이터베이스에 관심이 있는 사람 중 일부는 인공지능에 관심이 있는 것은 아니다.
③ 데이터베이스에 관심이 있는 사람은 모두 인공지능에 관심이 없다.
④ 건축물에 관심이 있지만 인공지능에 관심이 없는 사람은 모두 데이터베이스에 관심이 있는 것은 아니다.

정답 설명 ① 제시된 명제를 기호화하면 다음과 같다.

구분	명제	대우
(가)	인공지능 ∧ ~건축물	-
(나)	데이터베이스 → 건축물	~건축물 → ~데이터베이스

(나)와 같은 이중부정의 표현은 긍정 표현과 동일한 의미이므로 이를 기호화하면 '데이터베이스 → 건축물'이 된다. 결론을 찾을 때에는 (가)와 (나)의 조건절을 동일하게 만들어야 한다. 따라서 (가)와 (나)의 조건절을 동일하게 만든 것을 정리하면 아래와 같다.

(가)	~건축물 ∧ 인공지능
(나)	~건축물 → ~데이터베이스

(가)와 (나)의 조건절이 동일한 상태에서 결론을 도출하면 '인공지능 ∧ ~데이터베이스'이다. 이를 문장으로 하면 '인공지능에 관심이 있는 사람 중 일부는 데이터베이스에 관심이 없다.'가 결론이 된다.

오답 분석 ② ③ (나)에 의해 데이터베이스에 관심이 있는 사람은 건축물에 관심이 있는 사람임을 알 수 있지만 건축물에 관심이 있는 사람이 인공지능에 관심이 없는지는 알 수 없다.
④ 기호화하면, '건축물 ∧ ~인공지능 → ~데이터베이스'이고, 대우는 '데이터베이스 → ~건축물 ∨ 인공지능'이다. (나)에 의해 '데이터베이스 → 건축물'이므로 '데이터베이스 → ~건축물'이 성립하지 않는다. 따라서 명제가 참이 되려면 '데이터베이스 → 인공지능'이 반드시 참이어야 한다. 그러나 이는 알 수 없으므로 결론에 들어갈 말로 적절하지 않다.

12 (가)와 (나)를 전제로 할 때 빈칸에 들어갈 결론으로 가장 적절한 것은?

> (가) 상암에 집이 있는 사람 중 마포구에 집이 없는 사람은 없다.
> (나) 노량진에 집이 있는 사람 중 일부는 마포구에 집이 없다.
> 따라서 ☐

① 상암에 집이 있는 사람은 모두 노량진에 집이 있는 것은 아니다.
② 상암에 집이 있는 사람 중 일부는 노량진에 집이 없는 것은 아니다.
③ 노량진에 집이 있는 사람 중 일부는 상암에 집이 없다.
④ 마포구에 집이 있지만 노량진에 집이 없는 사람은 모두 상암에 집이 있는 것이 아니다.

정답 설명 ③ 제시된 명제를 기호화하면 다음과 같다.

구분	명제	대우
(가)	상암 → 마포구	~마포구 → ~상암
(나)	노량진 ∧ ~마포구	-

(가)와 같은 이중부정의 표현은 긍정 표현과 동일한 내용이므로 이를 기호화하면 '~(~마포구) ≡ 마포구'가 되고, 이에 전체 문장을 기호화하면 '상암 → 마포구'가 된다. 결론을 찾을 때에는 (가)와 (나)의 조건절을 동일하게 만들어야 한다. 따라서 (가)와 (나)의 조건절을 동일하게 만든 것을 정리하면 아래와 같다.

(가)	~마포구 → ~상암
(나)	~마포구 ∧ 노량진

(가)와 (나)의 조건절이 동일한 상태에서 결론을 도출하면 '~상암 ∧ 노량진'이고, 교환법칙도 참이므로 '노량진에 집이 있는 사람 중 일부는 상암에 집이 없다.'가 된다. 따라서 ③은 빈칸에 들어갈 결론으로 적절하다.

오답 분석 ① ② (가)에 의해 상암에 집이 있는 사람은 마포구에 집이 있는 사람임을 알 수 있지만 마포구에 집이 있는 사람이 모두 노량진에 집이 없는지는 알 수 없다.

④ 기호화하면, '마포구 ∧ ~노량진 → ~상암'이다. 대우는 '상암 → ~마포구 ∨ 노량진'이다. (가)에 의해 '상암 → 마포구'이므로 '상암 → ~마포구'가 성립하지 않는다. 따라서 명제가 참이 되려면 '상암 → 노량진'이 반드시 참이어야 한다. 그러나 이는 알 수 없으므로 결론에 들어갈 말로 적절하지 않다.

Chapter 01 결론 추론 – 전제의 앞을 동일하게 만들 경우

13 다음 전제가 모두 참일 때 빈칸에 들어갈 결론으로 가장 적절한 것은?

- 맞춤법을 중시하는 사람만이 사전을 사랑한다.
- 어떤 수험생은 사전을 사랑한다.
  따라서 [   ]

① 수험생이면 맞춤법을 중시한다.
② 어떤 수험생은 맞춤법을 중시한다.
③ 맞춤법을 중시하지 않는 사람은 모두 수험생이 아니다.
④ 사전을 사랑하는 어떤 사람은 수험생이 아니다.

정답 설명 ② 제시된 명제를 기호화하면 다음과 같다.

구분	명제	대우
전제 1	사전 → 맞춤법 중시	~맞춤법 중시 → ~사전
전제 2	수험생 ∧ 사전	-

'만이'는 앞과 뒤의 자리를 바꿔준다. 그러므로 전제 1은 '사전을 사랑하는 사람은 모두 맞춤법을 중시한다.'가 된다. 이를 기호화하면 '사전 → 맞춤법 중시'가 된다. 결론을 찾을 때에는 전제의 조건절을 동일하게 만들어야 하므로 전제 1과 전제 2의 조건절을 동일하게 만든 것을 정리하면 아래와 같다.

전제 1	사전 → 맞춤법 중시
전제 2	사전 ∧ 수험생

전제 1과 전제 2의 조건절이 동일한 상태에서 결론을 도출하면 '맞춤법 중시 ∧ 수험생'이 된다. 이때 교환법칙도 성립하기 때문에 '수험생 ∧ 맞춤법 중시'도 '참'이다. 이를 말로 풀면 '어떤 수험생은 맞춤법을 중시한다.'가 되기 때문에 답은 ②이다.

오답 분석 ① 전제 1과 전제 2를 통해 어떤 수험생은 맞춤법을 중시함을 알 수 있으나, 수험생 중 맞춤법을 중시하지 않는 사람이 있을 수 있으므로 결론에 들어갈 말로 적절하지 않다.
③ 제시된 전제들을 통해 도출할 수 없으므로 결론에 들어갈 말로 적절하지 않다.
④ 전제 2를 통해 사전을 사랑하는 어떤 사람은 수험생임을 알 수 있으나, 사전을 사랑하는 사람 중 수험생이 아닌 사람이 있는지는 알 수 없으므로 결론에 들어갈 말로 적절하지 않다.

14 (가)와 (나)를 전제로 할 때 빈칸에 들어갈 결론으로 가장 적절한 것은?

> (가) 유통업에 자격증이 있는 어떤 사람은 건설업에 자격증이 있다.
> (나) 운송업에 자격증이 있는 사람은 모두 건설업에 자격증이 있는 사람이 아니다.
> 따라서 _____

① 유통업에 자격증이 있는 사람 중 운송업에 자격증이 없는 사람이 있다.

② 유통업에 자격증이 있는 사람은 모두 운송업에 자격증이 있다.

③ 운송업에 자격증이 있는 사람은 모두 유통업에 자격증이 있는 사람이 아니다.

④ 건설업과 유통업에 자격증이 없는 사람은 모두 운송업에 자격증이 있는 사람이 아니다.

정답 설명 ① 제시된 명제를 기호화하면 다음과 같다.

구분	명제	대우
(가)	유통업 ∧ 건설업	-
(나)	운송업 → ~건설업	건설업 → ~운송업

결론을 찾을 때에는 (가)와 (나)의 조건절을 동일하게 전제를 만들어야 하므로 (가)와 (나)의 조건절을 동일하게 만든 것을 정리하면 아래와 같다.

(가)	건설업 ∧ 유통업
(나)	건설업 → ~운송업

(가)와 (나)의 조건절이 동일한 상태에서 결론을 도출하면 '유통업에 자격증이 있는 사람 중 운송업에 자격증이 없는 사람이 있다(유통업 ∧ ~운송업).'이므로 ①은 빈칸에 들어갈 결론으로 적절하다.

오답 분석 ② 유통업에 자격증이 있는 사람 중 운송업에 자격증이 없는 경우가 있으므로 결론에 들어갈 말로 적절하지 않다.

③ 운송업에 자격증이 있는 사람 중 유통업에 자격증이 있는 경우가 있을 수 있으므로 결론에 들어갈 말로 적절하지 않다.

④ 기호화하면, '~건설업 ∧ ~유통업 → ~운송업'이고, 대우는 '운송업 → 건설업 ∨ 유통업'이다. (나)에 의해 '운송업 → ~건설업'이므로 '운송업 → 건설업'이 성립하지 않는다. 따라서 명제가 참이 되려면 '운송업 → 유통업'이 반드시 참이어야 한다. 그러나 운송업에 자격증이 있는 사람이 모두 유통업에 자격증이 있는지는 알 수 없으므로 결론에 들어갈 말로 적절하지 않다.

Chapter 02 전제 추론 ① - 결론의 앞을 동일하게 만들 경우

민숙쌤의 논리 비법

결론의 앞부분을 동일하게 만들어서 전제를 추론하는 방법

① 제시된 전제와 결론을 기호화한다.

② '결론'을 기준으로 '결론'의 앞부분과 '전제'의 앞부분이 동일하도록 교환법칙과 대우를 이용하여 전제를 바꾼다.

③ 조건절에 있는 일치되는 내용을 삭제하고 결론절 전제 1(B)과 전제 2(C)에 있는 B, C 순서로 배치된 전제를 찾는다.
   - 결론의 명제는 대우나 교환법칙을 사용해서 위치를 바꾸지 말아야 한다.

④ 제시된 전제 중에서 '모든, 모두'가 포함된 문장을 찾는다.

⑤ 결론의 앞을 동일하게 만들어 추론하는 방식의 전제 찾기 도표

㉠
전제	모든 A는 B다.
	?
결론	모든 A는 C다.

→ 모든 B는 C다.

㉡
전제	모든 A는 B다.
	?
결론	어떤 A는 C다.

→ 모든 B는 C다.

㉢
전제	어떤 A는 B다.
	?
결론	어떤 A는 C다.

→ 모든 B는 C다.

대표 문제

다음 글의 밑줄 친 결론을 이끌어 내기 위해 추가해야 할 것은? 9급 출제기조 전환 예시문제 1차

> - 문학을 좋아하는 사람은 모두 자연의 아름다움을 좋아하는 사람이다.
> - 자연의 아름다움을 좋아하는 어떤 사람은 예술을 좋아하는 사람이다.
> - 따라서 <u>예술을 좋아하는 어떤 사람은 문학을 좋아하는 사람이다.</u>

① 자연의 아름다움을 좋아하는 사람은 모두 문학을 좋아하는 사람이다.

② 문학을 좋아하는 어떤 사람은 자연의 아름다움을 좋아하는 사람이다.

③ 예술을 좋아하는 어떤 사람은 자연의 아름다움을 좋아하는 사람이다.

④ 예술을 좋아하지만 문학을 좋아하지 않는 사람은 모두 자연의 아름다움을 좋아하는 사람이다.

정답 설명 ① 제시된 명제를 기호화하면 다음과 같다.

구분	명제	대우
전제 1	문학 → 자연	~자연 → ~문학
전제 2	자연 ∧ 예술	-
추가		
결론	예술 ∧ 문학	-

추가해야 하는 전제를 찾기 위해서는 결론의 앞쪽(조건절)이나 뒤쪽(결과절)과 동일하게 전제를 변환해야 한다. 전제 2에 '예술'이라는 공통 부분이 있으며, 교환법칙을 적용하면 '예술 ∧ 자연'이 되기 때문에 결론과 앞쪽 부분이 동일하게 나타난다. 전제 2와 결론을 사용하여 정리하면 다음과 같다.

전제 2	예술 ∧ 자연
추가	
결론	예술 ∧ 문학

따라서 '예술 ∧ 문학'이라는 결론을 도출하기 위해서는 '자연 → 문학'의 전제가 필요하다. 이를 말로 풀이하면 '자연의 아름다움을 좋아하는 사람은 모두 문학을 좋아하는 사람이다.'로 답은 ①이다.

Chapter 02 전제 추론 ① - 결론의 앞을 동일하게 만들 경우

연습 문제

01 다음 글의 밑줄 친 결론을 이끌어내기 위해 추가해야 할 것은?

> - 노래를 좋아하는 어떤 사람은 재즈를 좋아하는 사람이다.
> - 발라드를 좋아하는 모든 사람은 힙합을 좋아하지 않는다.
> 따라서, <u>재즈를 좋아하는 어떤 사람은 K팝을 좋아하는 사람이다.</u>

① 노래를 좋아하는 사람은 모두 K팝을 좋아하는 사람이다.
② K팝을 좋아하는 어떤 사람은 노래를 좋아하는 사람이다.
③ 재즈를 좋아하는 어떤 사람은 노래를 좋아하는 사람이다.
④ 재즈를 좋아하지만 K팝을 좋아하지 않는 사람은 모두 노래를 좋아하는 사람이다.

정답 설명 ① 제시된 명제를 기호화하면 다음과 같다.

구분	명제	대우
전제 1	노래 ∧ 재즈	-
전제 2	발라드 → ~힙합	힙합 → ~발라드
추가		
결론	재즈 ∧ K팝	-

추가해야 하는 전제를 찾기 위해서는 결론의 앞쪽이나 뒤쪽과 동일하게 명제를 만들어야 한다. 전제와 결론에 공통적으로 제시된 단어는 '재즈'이기 때문에 전제 1의 '재즈'를 교환법칙에 의해 결론과 동일하게 앞에 오도록 배치한다. 이를 표로 정리하면 아래와 같다.

전제 1	재즈 ∧ 노래
추가	
결론	재즈 ∧ K팝

따라서 '재즈 ∧ K팝'이 되기 위해서는 '노래 → K팝'의 전제가 필요하다. 이를 말로 풀이하면 '노래를 좋아하는 사람은 모두 K팝을 좋아하는 사람이다.'이므로 답은 ①이다.

02 다음 글의 모든 문장이 참일 때, 밑줄 친 결론을 이끌어내기 위해 추가해야 할 것은?

소고기죽을 먹지 않는 어떤 사람은 참깨죽을 먹는다. 따라서 <u>참깨죽을 먹는 어떤 사람은 삼계죽을 먹지 않는다.</u>

① 소고기죽을 먹지 않는 모든 사람은 삼계죽을 먹지 않는다.
② 삼계죽을 먹지 않는 어떤 사람은 소고기죽을 먹지 않는다.
③ 참깨죽을 먹지만 삼계죽을 먹는 모든 사람은 소고기죽을 먹지 않는다.
④ 삼계죽을 먹지 않는 모든 사람은 소고기죽을 먹지 않는다.

정답 설명 ① 제시된 명제를 기호화하면 다음과 같다.

구분	명제
전제 1	~소고기죽 ∧ 참깨죽
추가	
결론	참깨죽 ∧ ~삼계죽

추가해야 하는 전제를 찾기 위해서는 결론의 앞쪽이나 뒤쪽과 동일하게 명제를 만들어야 한다. 전제와 결론에 공통적으로 제시된 단어는 '참깨죽'이기 때문에 전제 1의 '참깨죽'을 교환법칙에 의해 결론과 동일하게 앞에 오도록 배치한다. 이를 표로 정리하면 아래와 같다.

전제 1	참깨죽 ∧ ~소고기죽
추가	
결론	참깨죽 ∧ ~삼계죽

따라서 '참깨죽 ∧ ~삼계죽'이 되기 위해서는 '~소고기죽 → ~삼계죽'의 전제가 필요하다. 이를 말로 풀이하면 '소고기죽을 먹지 않는 모든 사람은 삼계죽을 먹지 않는다.'이므로 답은 ①이다.

Chapter 02 전제 추론 ① - 결론의 앞을 동일하게 만들 경우

03 다음 글의 밑줄 친 결론을 이끌어내기 위해 추가해야 할 것은?

- 낱말맞추기를 좋아하는 사람은 모두 퀴즈를 좋아하는 사람이다.
- 퀴즈를 좋아하는 어떤 사람은 체스를 좋아하는 사람이다.

따라서, 체스를 좋아하는 어떤 사람은 낱말맞추기를 좋아하는 사람이다.

① 퀴즈를 좋아하는 사람은 모두 낱말맞추기를 좋아하는 사람이다.
② 낱말맞추기를 좋아하는 어떤 사람은 퀴즈를 좋아하는 사람이다.
③ 체스를 좋아하는 어떤 사람은 퀴즈를 좋아하는 사람이다.
④ 체스를 좋아하지만 낱말맞추기를 좋아하지 않는 사람은 모두 퀴즈를 좋아하는 사람이다.

정답 설명 ① 제시된 명제를 기호화하면 다음과 같다.

구분	명제	대우
전제 1	낱말맞추기 → 퀴즈	~퀴즈 → ~낱말맞추기
전제 2	퀴즈 ∧ 체스	-
추가		
결론	체스 ∧ 낱말맞추기	-

추가해야 하는 전제를 찾기 위해서는 결론의 앞쪽(조건절)이나 뒤쪽(결과절)과 동일하게 전제를 변환해야 한다. 전제 2에 '체스'라는 공통 부분이 있으며, 교환법칙을 적용하면 '체스 ∧ 퀴즈'가 되기 때문에 결론과 앞쪽 부분이 동일하게 나타난다. 전제 2와 결론을 사용하여 정리하면 다음과 같다.

전제 2	체스 ∧ 퀴즈
추가	
결론	체스 ∧ 낱말맞추기

따라서 '체스 ∧ 낱말맞추기'라는 결론을 도출하기 위해서는 '퀴즈 → 낱말맞추기'의 전제가 필요하다. 이를 말로 풀이하면 '퀴즈를 좋아하는 사람은 모두 낱말맞추기를 좋아하는 사람이다.'이므로 답은 ①이다.

04 다음 글의 밑줄 친 결론을 이끌어 내기 위해 추가해야 할 것은?

> • A학원에 입학한 사람은 모두 우등생이다.
> • 우등생 중 어떤 사람은 체대생이다.
> 따라서 <u>체대생인 어떤 사람은 A학원에 입학한다.</u>

① 체대생이지만 A학원에 입학한 사람은 모두 우등생이다.

② A학원에 입학한 어떤 사람은 우등생이다.

③ 체대생인 어떤 사람은 우등생이다.

④ 우등생이면서 A학원에 입학하지 않은 사람은 없다.

정답 설명 ④ 제시된 명제를 기호화하면 다음과 같다.

구분	명제	대우
전제 1	A학원 → 우등생	~우등생 → ~A학원
전제 2	우등생 ∧ 체대생	-
추가		
결론	체대생 ∧ A학원	-

추가해야 하는 전제를 찾기 위해서는 결론의 앞쪽(조건절)이나 뒤쪽(결과절)과 동일하게 전제를 변환해야 한다. 전제 2에 교환법칙을 적용하면 '체대생 ∧ 우등생'이 되기 때문에 결론과 앞쪽 부분이 동일하게 나타난다. 전제 2와 결론을 사용하여 정리하면 다음과 같다.

전제 2	체대생 ∧ 우등생
추가	
결론	체대생 ∧ A학원

따라서 '체대생 ∧ A학원'이 되기 위해서는 '우등생 → A학원'의 전제가 필요하다. 이를 말로 풀이하면 '우등생은 모두 A학원으로 입학한다.'인데, 이를 다른 말로 바꾸면 '우등생이면서 A학원에 입학하지 않은 사람은 없다.'가 될 수 있기 때문에 답은 ④이다.

Chapter 02 전제 추론 ① - 결론의 앞을 동일하게 만들 경우

05 다음 글의 밑줄 친 결론을 이끌어내기 위해 추가해야 할 것은?

> - 취미를 가지지 않은 어떤 사람은 게임을 한다.
> - 취미를 가진 어떤 사람이 매일 러닝을 하지 않는 것은 아니다.
> 따라서 러닝을 하는 어떤 사람은 매일 게임을 한다.

① 취미를 가진 모든 사람은 게임을 한다.
② 취미를 가진 모든 사람은 매일 러닝을 한다.
③ 매일 러닝을 하는 어떤 사람은 취미를 가지지 않는다.
④ 게임을 하지 않지만 매일 러닝을 하지 않는 모든 사람은 취미를 가지지 않는다.

정답 설명 ① 제시된 명제를 기호화하면 다음과 같다.

구분	명제
전제 1	~취미 ∧ 게임
전제 2	취미 ∧ 러닝
추가	
결론	러닝 ∧ 게임

이중부정은 긍정의 표현과 같은 표현이므로 전제 2는 '취미를 가진 어떤 사람은 매일 러닝을 한다.'와 동일한 의미로 이를 기호화하면 '취미 ∧ 러닝'이 된다. 추가해야 하는 전제를 찾기 위해서는 결론의 앞쪽이나 뒤쪽과 동일하게 명제를 만들어야 한다. 결론을 기준으로 할 때 전제 2의 교환법칙이 결론과 앞부분을 동일하게 배치할 수 있다. 이를 표로 정리하면 아래와 같다.

전제 2	러닝 ∧ 취미
추가	
결론	러닝 ∧ 게임

공통된 결과절을 삭제하면 '취미→ 게임'의 전제가 필요함을 확인할 수 있으므로 답은 ①이다.

06 다음 글의 밑줄 친 결론을 이끌어내기 위해 추가해야 할 것은?

> - 강의실을 담당하는 조교는 모두 교재 배부를 담당하는 조교이다.
> - 교재 배부를 담당하는 어떤 조교는 복사실을 담당하는 조교이다.
> 따라서 <u>복사실을 담당하는 어떤 조교는 강의실을 담당하는 조교이다.</u>

① 강의실을 담당하는 어떤 조교는 교재 배부를 담당하는 조교이다.
② 강의실을 담당하지 않는 모든 조교는 교재 배부를 담당하지 않는다.
③ 복사실을 담당하는 어떤 조교는 교재 배부를 담당하지 않는 조교이다.
④ 복사실을 담당하지만 강의실을 담당하지 않는 조교는 모두 교재 배부를 담당하는 조교이다.

정답 설명 ② 제시된 명제를 기호화하면 다음과 같다.

구분	명제	대우
전제 1	강의실 → 교재 배부	~교재 배부 → ~강의실
전제 2	교재 배부 ∧ 복사실	-
추가		
결론	복사실 ∧ 강의실	-

추가해야 하는 전제를 찾기 위해서는 결론의 앞쪽이나 뒤쪽과 동일하게 명제를 만들어야 한다. 전제 2에 '복사실'이라는 공통 부분이 있으며, 전제 2에 교환법칙을 적용하면 '복사실 ∧ 교재 배부'가 되기 때문에 결론과 앞쪽 부분이 동일하게 나타난다. 전제 2와 결론을 사용하여 정리하면 다음과 같다.

전제 2	복사실 ∧ 교재 배부
추가	
결론	복사실 ∧ 강의실

따라서 '복사실 ∧ 강의실'이 되기 위해서는 '교재 배부 → 강의실'의 전제가 필요하다. 그런데 선택지에 해당 명제가 없으므로, 이의 대우인 '~강의실 → ~교재 배부'의 전제가 가장 적절하다. 이를 말로 풀이하면 '강의실을 담당하지 않는 모든 조교는 교재 배부를 담당하지 않는다.'가 되므로 답은 ②이다.

Chapter 02 전제 추론 ① - 결론의 앞을 동일하게 만들 경우

07 다음 글의 밑줄 친 결론을 이끌어내기 위해 추가해야 할 것은?

- A강사를 수강하는 그 어떤 사람도 B강사를 수강하지 않는다.
- B강사를 수강하지 않는 어떤 사람은 C강사를 수강한다.
따라서 <u>C강사를 수강하는 어떤 사람은 A강사를 수강한다.</u>

① B강사를 수강하는 어떤 사람은 A강사를 수강하지 않는 사람이다.
② B강사를 수강하지 않는 모든 사람은 A강사를 수강한다.
③ A강사를 수강하는 어떤 사람은 B강사를 수강하지 않는 사람이다.
④ C강사를 수강하지만 A강사를 수강하지 않는 모든 사람은 B강사를 수강하지 않는다.

정답 설명 ② 제시된 명제를 기호화하면 다음과 같다.

구분	명제	대우
전제 1	A강사 → ~B강사	B강사 → ~A강사
전제 2	~B강사 ∧ C강사	-
추가		
결론	C강사 ∧ A강사	-

'어떤 A도 B이다.'는 '모든 A는 B이다.'와 같은 의미이므로 전제 1을 기호화하면 'A강사 → ~B강사'가 된다. 추가해야 하는 전제를 찾기 위해서는 결론의 앞쪽(조건절)이나 뒤쪽(결과절)과 동일하게 전제를 변환해야 한다. 전제 2에 'C강사'라는 공통 부분이 있으며, 교환법칙을 적용하면 'C강사 ∧ ~B강사'가 되기 때문에 결론과 앞쪽 부분이 동일하게 나타난다. 전제 2와 결론을 사용하여 정리하면 다음과 같다.

전제 2	C강사 ∧ ~B강사
추가	
결론	C강사 ∧ A강사

따라서 'C강사 ∧ A강사'가 되기 위해서는 '~B강사 → A강사'의 전제가 필요하다. 이를 말로 풀이하면 'B강사를 수강하지 않는 모든 사람은 A강사를 수강한다.'이므로 ②는 추가해야 할 전제로 적절하다.

공무원 시험 전문 해커스공무원
gosi.Hackers.com

Chapter 03 전제 추론 ② - 결론의 뒤를 동일하게 만들 경우

민숙쌤의 논리 비법

결론의 뒷부분을 동일하게 만들어서 전제를 추론하는 방법

① 제시된 전제와 결론을 기호화한다.

② '결론'을 기준으로 '결론'의 뒷부분과 '전제'의 뒷부분이 동일하도록 <u>교환법칙</u>과 <u>대우</u>를 이용하여 전제를 바꾼다.
 - 결론의 명제는 대우나 교환법칙을 사용해서 위치를 바꾸지 말아야 한다.

③ 일치된 내용을 삭제하고 '도표'를 암기하여 답을 찾는다.

④ 결론의 뒤를 동일하게 만들어 추론하는 방식의 전제 찾기 도표

㉠
전제	모든 B는 A다.
	?
결론	모든 C는 A다.

→ 모든 C는 B다.

㉡
전제	모든 B는 A다.
	?
결론	어떤 C는 A다.

→ 모든 C는 B다, 모든 B는 C다, 어떤 C는 B다, 어떤 B는 C다.

㉢
전제	어떤 B는 A다.
	?
결론	어떤 C는 A다.

→ 모든 B는 C다.

대표 문제

연언 명제만 있을 때 전제 찾기

01 다음 글의 모든 문장이 참일 때, 밑줄 친 결론을 이끌어내기 위해 추가해야 할 것은?

> • 오로라를 좋아하는 어떤 사람은 낭만을 좋아한다.
> • _____
> 따라서 <u>아이슬란드를 좋아하는 어떤 사람은 오로라를 좋아한다.</u>

① 오로라를 좋아하는 일부 사람들은 아이슬란드를 좋아하지 않는다.
② 낭만을 좋아하는 사람은 모두 아이슬란드를 좋아한다.
③ 아이슬란드를 좋아하는 사람은 모두 낭만을 좋아한다.
④ 낭만을 좋아하는 사람들 중 일부는 아이슬란드를 좋아한다.

정답 설명 ② 제시된 명제를 기호화하면 다음과 같다.

구분	명제
전제 1	오로라 ∧ 낭만
추가	
결론	아이슬란드 ∧ 오로라

'결론'의 앞부분을 기준으로 '아이슬란드'를 동일하게 만들고자 하였으나, 전제 1에는 '아이슬란드'와 관련된 내용이 없다. 그러므로 뒷부분을 결론과 동일하게 배치해야 하는데, 교환법칙에 의해 전제 1은 '낭만 ∧ 오로라'가 된다. 이를 정리하면 다음과 같다.

전제 1	낭만 ∧ 오로라
추가	
결론	아이슬란드 ∧ 오로라

전제와 결론이 '어떤, 일부'로 동일한 경우 추가해야 하는 전제는 '모든'이 되고, '낭만' 다음에 '아이슬란드' 순서로 나오는 전제를 찾는다. 따라서 '낭만 → 아이슬란드'로 기호화하고, 이를 말로 풀이하면 '낭만을 좋아하는 사람은 모두 아이슬란드를 좋아한다.'가 된다.

Chapter 03 전제 추론 ② - 결론의 뒤를 동일하게 만들 경우

조건 명제만 있을 때 전제 찾기

02 다음 글의 모든 문장이 참일 때, 밑줄 친 결론을 이끌어내기 위해 추가해야 할 것은?

> 영화관을 좋아하는 모든 사람은 팝콘을 좋아한다. 따라서 <u>오징어를 좋아하지 않는 모든 사람은 팝콘을 좋아한다.</u>

① 영화관을 좋아하는 사람들 중 일부는 팝콘을 좋아한다.
② 팝콘을 좋아하지 않는 사람들 중 일부는 영화관을 좋아하지 않는다.
③ 영화관을 좋아하지 않는 사람들 모두 오징어를 좋아하지 않는다.
④ 오징어를 좋아하지 않는 사람은 모두 영화관을 좋아한다.

정답 설명 ④ 제시된 명제를 기호화하면 다음과 같다.

구분	명제	대우
전제1	영화관 → 팝콘	~팝콘 → ~영화관
추가		
결론	~오징어 → 팝콘	~팝콘 → 오징어

추가해야 하는 전제를 찾기 위해서는 결론의 앞부분이나 뒷부분과 동일하게 명제를 만들어야 한다. 전제와 결론에 공통적으로 제시된 단어는 뒷부분인 '팝콘'이기 때문에 '결론의 뒷부분을 동일하게 만들어서 전제를 추론하는 방법'을 사용해야 한다. 제시된 전제와 결론에서 공통적으로 포함된 '팝콘'은 삭제한 이후, '영화관'과 '~오징어'의 관계를 전제에 추가하면 된다. 전제와 결론이 '모두'로 동일한 경우 '모두'를 포함한 전제가 추가되며, 결론에서 전제에 제시된 단어 순서(~오징어 → 영화관)로 추가되는 전제가 배치되면 된다. 이를 말로 풀이하면 '오징어를 좋아하지 않는 사람은 모두 영화관을 좋아한다.'가 되기 때문에 답은 ④이다.

조건 명제와 연언 명제가 있을 때 전제 찾기

03 다음 글의 모든 문장이 참일 때, 밑줄 친 결론을 이끌어내기 위해 추가해야 할 것으로 옳지 않은 것은?

> 아테나 신전에 가는 모든 사람은 파르테논 신전에 간다. 따라서 <u>아폴론 신전에 가는 어떤 사람은 아테나 신전에 가지 않는다.</u>

① 아폴론 신전에 가는 모든 사람은 파르테논 신전에 가지 않는다.
② 파르테논 신전에 가지 않는 모든 사람은 아폴론 신전을 가지 않는다.
③ 파르테논 신전에 가지 않는 모든 사람은 아폴론 신전을 간다.
④ 아폴론 신전에 가는 어떤 사람은 파르테논 신전에 가지 않는다.

정답 설명 ② 제시된 명제를 기호화하면 다음과 같다.

구분	명제	대우
전제 1	아테나 신전 → 파르테논 신전	~파르테논 신전 → ~아테나 신전
추가		
결론	아폴론 신전 ∧ ~아테나 신전	-

추가해야 하는 전제를 찾기 위해서는 결론의 앞쪽이나 뒤쪽과 동일하게 명제를 만들어야 한다. 전제와 결론에 공통적으로 제시된 단어는 '~아테나 신전'이기 때문에 전제를 교환법칙에 의해 동일하게 배치한다. 이를 표로 정리하면 아래와 같다.

전제 1	~파르테논 신전 → ~아테나 신전
추가	
결론	아폴론 신전 ∧ ~아테나 신전

제시된 전제와 결론에서 공통적으로 포함된 '~아테나 신전'은 삭제한 이후, '~파르테논 신전'과 '아폴론 신전'의 관계를 전제에 추가해야 한다. 전제와 결론이 '모두'와 '어떤, 일부'로 일치하지 않으므로 '~파르테논 신전 → 아폴론 신전, 아폴론 신전 → ~파르테논 신전, ~파르테논 신전 ∧ 아폴론 신전, 아폴론 신전 ∧ ~파르테논 신전' 모두 가능하다. 이를 말로 풀이하면 '파르테논 신전에 가지 않는 모든 사람은 아폴론 신전을 간다.', '아폴론 신전을 가는 모든 사람은 파르테논 신전에 가지 않는다.', '파르테논 신전에 가지 않는 어떤 사람은 아폴론 신전을 간다.', '아폴론 신전을 가는 어떤 사람은 파르테논 신전에 가지 않는다.'가 된다. 따라서 ②는 추가할 수 있는 전제에 해당하지 않으므로 적절하지 않다.

Chapter 03 전제 추론 ② - 결론의 뒤를 동일하게 만들 경우

조건 명제를 연언 명제로 바꿔서 전제 찾기

04 결론이 항상 참일 때, 전제 2에 들어갈 말로 가장 적절한 것은?

> 전제 1. 친절한 행위 중 일부는 선한 행위가 아니다.
> 전제 2. _____
> 결론. 평범한 행위가 모두 선한 행위인 것은 아니다.

① 친절한 행위는 모두 평범한 행위이다.
② 악한 행위는 모두 친절하지 않은 행위이다.
③ 평범한 행위 중 일부는 친절한 행위이다.
④ 평범하지 않은 행위는 모두 선한 행위이다.

정답 설명 ① 제시된 명제를 기호화하면 다음과 같다.

구분	명제
전제 1	친절한 행위 ∧ ~선한 행위
전제 2	
결론	평범한 행위 ∧ ~선한 행위

'A가 모두 B인 것은 아니다.'의 경우 'A 중에 B가 아닌 것이 있다.'와 동일한 의미이기 때문에 결론은 '평범한 행위 중 선한 행위가 아닌 것이 있다'와 같은 의미이며 '평범한 행위 ∧ ~선한 행위'로 기호화한다. 전제와 결론이 '어떤, 일부'로 동일한 경우 추가해야 하는 전제는 '모든'이 되고, '친절한 행위' 다음에 '평범한 행위' 순서로 나오는 전제를 찾아야 한다. 이는 '친절한 행위 → 평범한 행위'로 기호화하고, 이를 말로 풀이하면 '친절한 행위는 모두 평범한 행위이다.'가 된다.

연습 문제

01 다음 글의 모든 문장이 참일 때, 밑줄 친 결론을 이끌어내기 위해 추가해야 할 것은?

> 새벽까지 근무하는 어떤 사람은 수당을 받는다. 따라서 열정적인 어떤 사람은 새벽까지 근무를 한다.

① 열정적인 어떤 사람은 수당을 받는다.
② 열정적인 모든 사람은 수당을 받는다.
③ 수당을 받는 모든 사람은 열정적이다.
④ 새벽까지 근무하지만 열정적이지 않은 모든 사람은 수당을 받는다.

정답 설명 ③ 제시된 명제를 기호화하면 다음과 같다.

구분	명제
전제 1	새벽 근무 ∧ 수당
추가	
결론	열정적인 사람 ∧ 새벽 근무

추가해야 하는 전제를 찾기 위해서는 결론의 앞쪽이나 뒤쪽과 동일하게 명제를 만들어야 한다. 전제와 결론에 공통적으로 제시된 단어는 '새벽 근무'이기 때문에 전제 1을 교환법칙에 의해 동일하게 배치한다. 이를 표로 정리하면 아래와 같다.

전제 1	수당 ∧ 새벽 근무
추가	
결론	열정적인 사람 ∧ 새벽 근무

제시된 전제와 결론에서 공통적으로 포함된 '새벽 근무'는 삭제한 이후, '수당'과 '열정적인 사람'의 관계를 전제에 추가하면 된다. 전제와 결론이 '어떤, 일부'로 동일한 경우 '모두'를 포함한 전제가 추가되며, 전제에서 결론에 제시된 단어 순서(수당 → 열정적인 사람)로 추가되는 전제가 배치되면 된다. 이를 말로 풀이하면 '수당을 받는 모든 사람은 열정적이다.'가 되기 때문에 답은 ③이다.

Chapter 03 전제 추론 ② - 결론의 뒤를 동일하게 만들 경우

02 결론이 항상 참일 때, 전제 2에 들어갈 말로 가장 적절한 것은?

> 전제 1. 감동을 주지 못한 공연 중 일부는 혹평을 받지 않는다.
> 전제 2. _____
> 결론. 소규모 공연이 모두 혹평을 받는 것은 아니다.

① 감동을 주지 못한 공연은 모두 소규모 공연이다.
② 혹평을 받은 공연은 모두 감동을 주지 못한 공연이다.
③ 소규모 공연 중 일부는 감동을 주지 못한 공연이다.
④ 소규모 공연이 아닌 것은 모두 혹평을 받은 공연이다.

정답 설명 ① 제시된 명제를 기호화하면 다음과 같다.

구분	명제
전제 1	~감동 ∧ ~혹평
전제 2	
결론	소규모 공연 ∧ ~혹평

'A가 모두 B인 것은 아니다.'일 경우 'A 중에 일부는 B가 아니다.'와 동일한 의미이기 때문에 결론은 '소규모 공연 중 일부는 혹평을 받지 않는다.'와 같은 의미이므로 '소규모 공연 ∧ ~혹평'이 된다. 전제 1과 결론이 '어떤, 일부'로 동일하고, '~혹평'이 동일하게 있으므로, '~감동'에서 '소규모 공연'을 끌어내 주는 명제가 전제로 추가되어야 한다. 따라서 전제 2에는 '~감동 → 소규모 공연'이 들어가야 하므로 '감동을 주지 못한 공연은 모두 소규모 공연이다.'가 적절하다.

03 결론이 항상 참일 때, 전제 2에 들어갈 말로 가장 적절한 것은?

> 전제 1. 충분한 재료가 없는 요리 중 일부는 냉동식품이 아니다.
> 전제 2. ☐
> 결론. 간편한 음식이 모두 냉동식품인 것은 아니다.

① 충분한 재료가 없는 요리는 모두 간편한 음식이다.
② 냉동식품은 모두 충분한 재료가 없는 요리이다.
③ 간편한 음식 중 일부는 충분한 재료가 없는 요리이다.
④ 평범하지 않은 행위는 모두 냉동식품이다.

정답 설명 ① 제시된 명제를 기호화하면 다음과 같다.

구분	명제
전제 1	~충분한 재료 ∧ ~냉동 식품
전제 2	
결론	간편한 음식 ∧ ~냉동식품

'A가 모두 B인 것은 아니다.'의 경우 'A 중 일부는 B가 아니다.'와 동일한 의미이기 때문에 결론은 '간편한 음식 중에 냉동식품이 아닌 것이 있다.'와 같은 의미이며 '간편한 음식 ∧ ~냉동식품'으로 기호화한다. 전제 1과 결론이 '어떤, 일부'로 동일하고 '~냉동식품'을 동일하게 가지고 있으므로, '~충분한 재료'에서 '간편한 음식'을 끌어내 주는 전칭(모두) 명제가 전제로 추가되어야 한다. 따라서 전제 2에는 '~충분한 재료 → 간편한 음식'이 들어가야 하므로 '충분한 재료가 없는 요리는 모두 간편한 음식이다.'가 적절하다.

Chapter 03 전제 추론 ② - 결론의 뒤를 동일하게 만들 경우

04 다음 글의 모든 문장이 참일 때, 밑줄 친 결론을 이끌어내기 위해 추가해야 할 것은?

- 시조를 짓는 모든 사람은 양반이다.
- 학문 수양을 하는 사람만이 시조를 짓지 않는다.

따라서 군역을 하지 않은 모든 사람은 양반이다.

① 군역을 하지 않는 사람들 중 일부는 시조를 짓는다.
② 군역을 하지 않는 사람은 모두 시조를 짓는다.
③ 시조를 짓지 않는 사람은 모두 군역을 하지 않는다.
④ 양반인 사람들 중 일부는 시조를 짓지 않는다.

정답 설명 ② 제시된 명제를 기호화하면 다음과 같다.

구분	명제	대우
전제 1	시조 지음 → 양반	~양반 → ~시조 지음
전제 2	~시조 지음 → 학문 수양	~학문 수양 → 시조 지음
추가		
결론	~군역 → 양반	~양반 → 군역

'~만이'가 있는 경우 조건절과 결과절의 위치를 바꾸고 '모든'을 사용하여 기호화해야 한다. 따라서 전제 2는 '시조를 짓지 않으면 학문 수양을 한다.'와 동일한 의미이고 이를 기호화하면 '~시조 지음 → 학문 수양'이 된다. 추가해야 하는 전제를 찾기 위해서는 결론의 앞쪽이나 뒤쪽과 동일하게 명제를 만들어야 한다. 전제 1과 결론에 '양반'이 공통적으로 포함되어 있으므로 이를 삭제하고, 전제와 결론이 '모두'로 동일하므로 결론에서 전제에 제시된 단어 순서(~군역 → 시조 지음)로 추가되는 전제가 배치되면 된다. 이를 말로 풀이하면 '군역을 하지 않는 사람은 모두 시조를 짓는다.'가 되기 때문에 답은 ②이다.

05 다음 글의 모든 문장이 참일 때, 밑줄 친 결론을 이끌어내기 위해 추가해야 할 것으로 옳지 않은 것은?

> 공대에 가지 않는 모든 사람은 이산수학을 풀지 않는다. 따라서 <u>법대를 가는 어떤 사람은 이산수학을 풀지 않는다.</u>

① 법대에 가는 어떤 사람은 공대에 가지 않는다.
② 공대에 가지 않는 모든 사람은 법대를 가지 않는다.
③ 공대에 가지 않는 모든 사람은 법대를 간다.
④ 공대에 가지 않는 어떤 사람은 법대에 간다.

정답 설명 ② 제시된 명제를 기호화하면 다음과 같다.

구분	명제	대우
전제1	~공대 → ~이산수학	이산수학 → 공대
추가		
결론	법대 ∧ ~이산수학	-

제시된 전제와 결론에서 공통적으로 포함된 '~이산수학'은 삭제한 이후, '~공대'와 '법대'의 관계를 전제에 추가해야 한다. 전제와 결론이 '모두'와 '어떤, 일부'로 일치하지 않으므로 '~공대 → 법대, 법대 → ~공대, ~공대 ∧ 법대, 법대 ∧ ~공대' 모두 가능하다. 이를 말로 풀이하면 '공대에 가지 않는 모든 사람은 법대에 간다.', '법대에 가는 모든 사람은 공대에 가지 않는다.', '공대에 가지 않는 어떤 사람은 법대에 간다.', '법대에 가는 어떤 사람은 공대에 가지 않는다.'가 된다. 따라서 ②는 추가할 수 있는 전제에 해당하지 않으므로 적절하지 않다.

Chapter 03 전제 추론 ② - 결론의 뒤를 동일하게 만들 경우

06 다음 글의 모든 문장이 참일 때, 밑줄 친 결론을 이끌어내기 위해 추가해야 할 것으로 옳지 <u>않은</u> 것은?

> 별이 뜬 경우에 별똥별이 떨어지지 않은 적은 없다. 따라서 <u>달이 뜬 어떤 밤은 별이 뜨지 않는다.</u>

① 달이 뜨는 어떤 밤은 별똥별이 떨어지지 않는다.
② 별똥별이 떨어지지 않는 어떤 밤은 달이 뜬다.
③ 별똥별이 떨어지지 않는 모든 밤은 달이 뜬다.
④ 별똥별이 떨어지지 않는 모든 밤은 달이 뜨지 않는다.

정답 설명 ④ 제시된 명제를 기호화하면 다음과 같다.

구분	명제	대우
전제 1	별 → 별똥별	~별똥별 → ~별
추가		
결론	달 ∧ ~별	-

'A인 경우에 B인 경우(적)는 없다.'는 'A는 모두 B이다.'가 되기 때문에 전제 1은 '별이 뜬 경우에는 모두 별똥별이 떨어진다.'로 해석되며 이를 기호화하면 '별 → 별똥별'이 된다. 추가해야 하는 전제를 찾기 위해서는 결론의 앞쪽이나 뒤쪽과 동일하게 명제를 만들어야 한다. 전제와 결론에 공통적으로 제시된 단어는 '~별'이기 때문에 결론을 교환법칙에 의해 동일하게 배치한다. 이를 표로 정리하면 아래와 같다.

전제 1	~별똥별 → ~별
추가	
결론	달 ∧ ~별

제시된 전제와 결론에서 공통적으로 포함된 '~별'은 삭제한 이후, '~별똥별'과 '달'의 관계를 전제에 추가해야 한다. 전제와 결론이 '모두'와 '어떤, 일부'와 일치하지 않으므로 '~별똥별 → 달, 달 → ~별똥별, ~별똥별 ∧ 달, 달 ∧ ~별똥별' 모두 가능하다. 이를 말로 풀이하면 '별똥별이 떨어지지 않는 모든 밤은 달이 뜬다.', '달이 뜨는 모든 밤은 별똥별이 떨어지지 않는다.', '별똥별이 떨어지지 않는 어떤 밤은 달이 뜬다.', '달이 뜨는 어떤 밤은 별똥별이 떨어지지 않는다.'가 된다. 따라서 ④는 추가할 수 있는 전제에 해당하지 않으므로 적절하지 않다.

07 다음 대화 내용이 참일 때, ㉠에 추가해야 할 내용으로 가장 적절한 것은?

> 철수: 성장과 분배를 동시에 추구하는 정부는 존재하지 않아.
> 영희: 성장을 추구하는 정부 중에 위험을 감수하지 않는 정부가 있어.
> 미정: ㉠
> 다은: 너희들 말이 모두 참이라면 결국 위험을 감수하는 어떤 정부는 성장을 추구하지 않겠네.

① 위험을 감수하는 어떤 정부는 분배를 추구한다.
② 위험을 감수하지 않는 모든 정부는 성장을 추구한다.
③ 분배를 추구하는 어떤 정부는 위험을 감수하지 않는다.
④ 성장도 추구하지 않고 분배도 추구하지 않는 정부가 있다.

정답 설명 ① 주어진 대화를 기호화하면 다음과 같다.

구분	명제	대우
철수	성장 → ~분배	분배 → ~성장
영희	성장 ∧ ~위험 감수	-
미정		
다은	위험 감수 ∧ ~성장	-

철수의 말은 '~(성장 ∧ 분배) ≡ ~성장 ∨ ~분배(드모르간의 법칙) ≡ 성장 → ~분배(선언지 단순화)'로 기호화할 수 있다. 즉, '~(성장 ∧ 분배)'는 드모르간의 법칙에 의해 '~성장 ∨ ~분배'와 동치이며 '~성장 ∨ ~분배'는 선언지 단순화에 의해 '성장 → ~분배'와 동치이다. 전제를 찾으려면 조건절이나 결과절이 같은 명제를 찾아야 하는데, 철수의 대우와 다은의 결과절이 '~성장'으로 동일하므로 뒤를 삭제하는 전제 찾기를 통해 '분배 → 위험 감수', '위험 감수 → 분배', '분배 ∧ 위험 감수', '위험 감수 ∧ 분배'가 모두 정답이 될 수 있다. 이에 정답은 ①이 된다.

Chapter 03 전제 추론 ② - 결론의 뒤를 동일하게 만들 경우

08 다음 대화 내용이 참일 때, ㉠에 추가해야 할 내용으로 가장 적절한 것은?

> **희철:** 건강과 미(美)를 동시에 추구하는 사람은 존재하지 않아.
> **다희:** 건강을 추구하는 사람 가운데 고통을 감수하지 않는 사람이 있어.
> **미라:** ㉠
> **가희:** 너희들 말이 모두 참이라면 결국 고통을 감수하는 어떤 사람은 건강을 추구하지 않겠네.

① 고통을 감수하는 어떤 사람은 미(美)를 추구한다.
② 고통을 감수하지 않는 모든 사람은 건강을 추구한다.
③ 미(美)를 추구하는 어떤 사람은 고통을 감수하지 않는다.
④ 건강도 추구하지 않고 미(美)도 추구하지 않는 사람이 있다.

정답 설명 ① 주어진 대화를 기호화하면 다음과 같다.

구분	명제	대우
희철	건강 → ~미(美)	미(美) → ~건강
다희	건강 ∧ ~고통 감수	-
미라		
가희	고통 감수 ∧ ~건강	-

희철의 말은 '~(건강 ∧ 미(美)) ≡ ~건강 ∨ ~미(美)(드모르간의 법칙) ≡ 건강 → ~미(美)(선언지 단순화)'로 기호화한다. 즉, '~(건강 ∧ 미(美))'는 드모르간의 법칙에 의해 '~건강 ∨ ~미(美)'와 동치이며 '~건강 ∨ ~미(美)'는 단순 함축에 의해 '건강 → ~미(美)'와 동치이다. 전제를 찾으려면 조건절이나 결과절이 같은 명제를 찾아야 하는데, 희철의 대우와 가희의 결과절이 '~건강'으로 동일하므로 뒤를 삭제하는 전제 찾기를 통해 '미(美) → 고통 감수', '고통 감수 → 미(美)', '미(美) ∧ 고통 감수', '고통 감수 ∧ 미(美)'가 모두 정답이 될 수 있다. 이에 정답은 ①이 된다.

공무원 시험 전문 해커스공무원
gosi.Hackers.com

실전 학습 문제

01 다음 전제가 모두 참일 때, 반드시 참인 결론인 것은?

- 안정된 직업을 선호하는 사람만 행정 업무에 지원한다.
- 힘든 일을 선호하는 사람 중 일부는 안정된 직업을 선호하는 사람이 아니다.
  따라서 ☐

① 힘든 일을 선호하는 사람은 모두 행정 업무에 지원하지 않는다.
② 행정 업무에 지원하는 사람은 모두 안정된 직업을 선호하는 사람이다.
③ 행정 업무에 지원하는 사람 중 일부는 힘든 일을 선호하는 사람이다.
④ 행정 업무에 지원하지 않는 사람 중 일부는 힘든 일을 선호하는 사람이다.

정답 설명 ④ 제시된 명제를 기호화하면 다음과 같다.

구분	명제	대우
전제 1	행정 업무 → 안정된 직업	~안정된 직업 → ~행정 업무
전제 2	힘든 일 ∧ ~안정된 직업	-

'~만'의 경우 조건절과 결과절의 위치를 바꿔야 한다. 그러므로 전제 1은 '행정 업무에 지원하는 사람은 모두 안정된 직업을 선호한다.'가 되고, 이를 기호화하면 '행정 업무 → 안정된 직업'이다. 결론을 찾을 때에는 전제 1과 전제 2의 조건절을 동일하게 전제를 만들어야 하므로 전제 1과 전제 2의 조건절을 동일하게 만든 것을 정리하면 아래와 같다.

전제 1	~안정된 직업 → ~행정 업무
전제 2	~안정된 직업 ∧ 힘든 일

전제 1과 전제 2의 조건절이 동일한 상태에서 결론을 도출하면 '~행정 업무 ∧ 힘든 일'이 된다. 이를 말로 풀면 '행정 업무에 지원하지 않는 사람 중 일부는 힘든 일을 선호하는 사람이다.'가 되기 때문에 답은 ④이다.

오답 분석 ① 힘든 일을 선호하는 사람 중 행정 업무에 지원하는 경우가 있을 수 있으므로 결론에 들어갈 말로 적절하지 않다.
② 전제 1을 풀어쓴 말로, 결론에 들어갈 말로는 적절하지 않다.
③ 전제 1에 의해 행정 업무에 지원하는 사람은 모두 안정된 직업을 선호한다. 그러나 안정된 직업을 선호하는 사람 중 일부가 힘든 일을 선호하는 사람인지는 확정할 수 없으므로 결론에 들어갈 말로 적절하지 않다.

02 결론이 항상 참일 때, 전제 2에 들어갈 말로 가장 적절한 것은?

> 전제 1. 정당한 사유가 없는 변명 중 일부는 거짓말이 아니다.
> 전제 2. _____
> 결론. 평범한 행위가 모두 거짓말인 것은 아니다.

① 정당한 사유가 없는 변명은 모두 평범한 행위이다.
② 거짓말은 모두 정당한 사유가 없는 변명이다.
③ 평범한 행위 중 일부는 정당한 사유가 없는 변명이다.
④ 평범하지 않은 행위는 모두 거짓말이다.

정답 설명 ① 제시된 명제를 기호화하면 다음과 같다.

구분	명제
전제 1	사유 없는 변명 ∧ ~거짓말
전제 2	
결론	평범한 행위 ∧ ~거짓말

'A가 모두 B인 것은 아니다.'일 경우 'A 중에 일부는 B가 아니다.'와 동일한 의미이기 때문에 결론은 '평범한 행위 중 일부는 거짓말이 아니다.'와 같은 의미이므로 '평범한 행위 ∧ ~거짓말'이 된다. 전제 1과 결론이 모두 특칭(어떤, 일부) 명제이다. 또한 '~거짓말'을 동일하게 가지고 있으므로, '사유 없는 변명'에서 '평범한 행위'를 끌어내 주는 전칭(모든) 명제가 전제로 추가되어야 한다. 따라서 전제 2에는 '사유 없는 변명 → 평범한 행위'가 들어가야 하므로 '정당한 사유가 없는 변명은 모두 평범한 행위이다.'가 적절하다.

실전 학습 문제

03 다음 글의 밑줄 친 결론을 이끌어내기 위해 추가해야 할 것은?

> • 야채를 좋아하는 어떤 사람은 샤브샤브를 좋아하는 사람이다.
> • 육류를 좋아하는 사람은 모두 야채를 좋아하는 사람이다.
> 따라서 샤브샤브를 좋아하는 어떤 사람은 육류를 좋아하는 사람이다.

① 샤브샤브를 좋아하는 어떤 사람은 야채를 좋아하는 사람이다.

② 육류를 좋아하는 어떤 사람은 야채를 좋아하는 사람이다.

③ 야채를 좋아하는 사람은 모두 육류를 좋아하는 사람이다.

④ 샤브샤브를 좋아하지만 육류를 좋아하지 않는 사람은 모두 야채를 좋아하는 사람이다.

정답 설명 ③ 제시된 명제를 기호화하면 다음과 같다.

구분	명제	대우
전제 1	야채 ∧ 샤브샤브	-
전제 2	육류 → 야채	~야채 → ~육류
추가		
결론	샤브샤브 ∧ 육류	-

추가해야 하는 전제를 찾기 위해서는 결론의 앞쪽(조건절)이나 뒤쪽(결과절)과 동일하게 전제를 변환해야 한다. 전제 1에 교환법칙을 적용하면 '샤브샤브 ∧ 야채'가 되기 때문에 결론과 앞쪽 부분이 동일하게 나타난다. 전제 1과 결론을 사용하여 정리하면 다음과 같다.

전제 1	샤브샤브 ∧ 야채
추가	
결론	샤브샤브 ∧ 육류

따라서 '샤브샤브 ∧ 육류'가 되기 위해서는 '야채 → 육류'의 전제가 필요하다. 이를 말로 풀이하면 '야채를 좋아하는 사람은 모두 육류를 좋아한다.'가 되기 때문에 답은 ③이다.

04 다음 글의 밑줄 친 결론을 이끌어내기 위해 추가해야 할 것은?

> • 홈페이지를 제작하지 않는 어떤 사람은 어플을 제작한다.
> • 어플을 제작하지 않는 모든 사람은 유튜브 영상을 제작한다.
> 따라서 <u>유튜브 영상을 제작하는 어떤 사람은 홈페이지를 제작하지 않는다.</u>

① 어플을 제작하는 모든 사람은 유튜브 영상을 제작한다.
② 어플을 제작하지 않는 어떤 사람은 홈페이지를 제작한다.
③ 유튜브 영상을 제작하는 모든 사람은 어플을 제작하지 않는다.
④ 홈페이지를 제작하지 않는 모든 사람은 어플을 제작한다.

정답 설명 ① 제시된 명제를 기호화하면 다음과 같다.

구분	명제	대우
전제 1	~홈페이지 ∧ 어플	-
전제 2	~어플 → 유튜브 영상	~유튜브 영상 → 어플
추가		
결론	유튜브 영상 ∧ ~홈페이지	-

추가해야 하는 전제를 찾기 위해서는 결론의 앞쪽이나 뒤쪽과 동일하게 명제를 만들어야 한다. 결론을 기준으로 할 때 전제 1의 교환법칙이 결론과 뒷부분을 동일하게 배치할 수 있다. 이를 표로 정리하면 아래와 같다.

전제 1	어플 ∧ ~홈페이지
추가	
결론	유튜브 영상 ∧ ~홈페이지

따라서 '유튜브 영상 ∧ ~홈페이지'가 되기 위해서는 '어플 → 유튜브 영상'의 전제가 필요하다. 이를 말로 풀이하면 '어플을 제작하는 모든 사람은 유튜브 영상을 제작한다.'이므로 답은 ①이다.

실전 학습 문제

05 다음 글의 모든 문장이 참일 때, 밑줄 친 결론을 이끌어내기 위해 추가해야 할 것으로 옳지 <u>않은</u> 것은?

> 장애인학대 신고 교육을 받지 않는 모든 사람은 아동학대 신고 교육을 받지 않는다. 따라서 <u>아동학대 신고 교육을 받지 않는 어떤 사람은 긴급복지 지원 교육을 받는다.</u>

① 긴급복지 지원 교육을 받는 어떤 사람은 장애인학대 신고 교육을 받지 않는다.
② 장애인학대 신고 교육을 받지 않는 모든 사람은 긴급복지 지원 교육을 받지 않는다.
③ 장애인학대 신고 교육을 받지 않는 모든 사람은 긴급복지 지원 교육을 받는다.
④ 장애인학대 신고 교육을 받지 않는 어떤 사람은 긴급복지 지원 교육을 받는다.

정답 설명 ② 제시된 명제를 기호화하면 다음과 같다.

구분	명제	대우
전제 1	~장애인학대 신고 교육 → ~아동학대 신고 교육	아동학대 신고 교육 → 장애인학대 신고 교육
추가		
결론	~아동학대 신고 교육 ∧ 긴급복지 지원 교육	-

추가해야 하는 전제를 찾기 위해서는 결론의 앞쪽이나 뒤쪽과 동일하게 명제를 만들어야 한다. 전제와 결론에 공통적으로 제시된 단어는 '~아동학대 신고 교육'이기 때문에 결론을 교환법칙에 의해 동일하게 배치한다. 이를 표로 정리하면 아래와 같다.

전제 1	~장애인학대 신고 교육 → ~아동학대 신고 교육
추가	
결론	긴급복지 지원 교육 ∧ ~아동학대 신고 교육

제시된 전제와 결론에서 공통적으로 포함된 '~아동학대 신고 교육'은 삭제한 이후, '~장애인학대 신고 교육'과 '긴급복지 지원 교육'의 관계를 전제에 추가해야 한다. 전제와 결론이 '모두'와 '어떤, 일부'로 일치하지 않으므로 '~장애인학대 신고 교육 → 긴급복지 지원 교육, 긴급복지 지원 교육 → ~장애인학대 신고 교육, ~장애인학대 신고 교육 ∧ 긴급복지 지원 교육, 긴급복지 지원 교육 ∧ ~장애인학대 신고 교육' 모두 가능하다. 이를 말로 풀이하면 '장애인학대 신고 교육을 받지 않는 모든 사람은 긴급복지 지원 교육을 받는다.', '긴급복지 지원 교육을 받는 모든 사람은 장애인학대 신고 교육을 받지 않는다.', '장애인학대 신고 교육을 받지 않는 어떤 사람은 긴급복지 지원 교육을 받는다.' ,'긴급복지 지원 교육을 받는 어떤 사람은 장애인학대 신고 교육을 받지 않는다.'가 된다. 따라서 ②는 추가할 수 있는 전제에 해당하지 않으므로 적절하지 않다.

06 다음 글의 모든 문장이 참일 때, 밑줄 친 결론을 이끌어내기 위해 추가해야 할 것으로 옳지 <u>않은</u> 것은?

> 혁신을 중시하지 않는 사람만이 기술 워크숍에 참석하지 않는다. 따라서 <u>혁신을 중시하지 않는 어떤 사람은 창업 세미나에 참석한다.</u>

① 창업 세미나에 참석하는 어떤 사람은 기술 워크숍에 참석하지 않는다.
② 기술 워크숍에 참석하지 않는 모든 사람은 창업 세미나에 참석하지 않는다.
③ 기술 워크숍에 참석하지 않는 모든 사람은 창업 세미나에 참석한다.
④ 기술 워크숍에 참석하지 않는 어떤 사람은 창업 세미나에 참석한다.

정답 설명 ② 제시된 명제를 기호화하면 다음과 같다.

구분	명제	대우
전제 1	~기술 워크숍 → ~혁신	혁신 → 기술 워크숍
추가		
결론	~혁신 ∧ 창업 세미나	-

'~만이'의 경우 조건절과 결과절의 위치를 바꾸고 '모두'로 표시한다. 그러므로 전제 1의 '혁신을 중시하지 않는 사람만이 기술 워크숍에 참석하지 않는다.'의 경우 '기술 워크숍에 참석하지 않는 사람은 모두 혁신을 중시하지 않는 사람이다.'가 되며 이를 기호화하면 '~기술 워크숍 → ~혁신'이 된다. 추가해야 하는 전제를 찾기 위해서는 결론의 앞쪽이나 뒤쪽과 동일하게 명제를 만들어야 한다. 전제와 결론에 공통적으로 제시된 단어는 '~혁신'이기 때문에 결론을 교환법칙에 의해 동일하게 배치한다. 이를 표로 정리하면 아래와 같다.

전제 1	~기술 워크숍 → ~혁신
추가	
결론	창업 세미나 ∧ ~혁신

제시된 전제와 결론에서 공통적으로 포함된 '~혁신'은 삭제한 이후, '~기술 워크숍'과 '창업 세미나'의 관계를 전제에 추가해야 한다. 전제와 결론이 '모두'와 '어떤, 일부'로 일치하지 않으므로 '~기술 워크숍 → 창업 세미나, 창업 세미나 → ~기술 워크숍, ~기술 워크숍 ∧ 창업 세미나, 창업 세미나 ∧ ~기술 워크숍' 모두 가능하다. 이를 말로 풀이하면 '기술 워크숍에 참석하지 않는 모든 사람은 창업 세미나에 참석한다, 창업 세미나에 참석하는 모든 사람은 기술 워크숍에 참석하지 않는다, 기술 워크숍에 참석하지 않는 어떤 사람은 창업 세미나에 참석한다, 창업 세미나에 참석하는 어떤 사람은 기술 워크숍에 참석하지 않는다'가 된다. 따라서 ②는 추가할 수 있는 전제에 해당하지 않으므로 적절하지 않다.

실전 학습 문제

07 결론이 항상 참일 때, 전제 2에 들어갈 말로 가장 적절한 것은?

> 전제 1. 이유가 없는 요청 중 일부는 거절당하지 않는다.
> 전제 2. _____
> 결론. 일상적인 행동이 모두 거절당하는 것은 아니다.

① 이유가 없는 요청은 모두 일상적인 행동이다.
② 거절당하는 것은 모두 이유가 없는 요청이다.
③ 일상적인 행동 중 일부는 이유가 없는 요청이다.
④ 일상적이지 않은 행동은 모두 거절당한다.

정답 설명 ① 제시된 명제를 기호화하면 다음과 같다.

구분	명제
전제 1	이유 없는 요청 ∧ ~거절
전제 2	
결론	일상적인 행동 ∧ ~거절

'A가 모두 B인 것은 아니다.'일 경우 'A 중 일부는 B가 아니다.'와 동일한 의미이기 때문에 결론은 '일상적인 행동 중 일부는 거절당하지 않는다.'와 같은 의미이므로 '일상적인 행동 ∧ ~거절'이 된다. 전제 1과 결론이 모두 특칭(어떤, 일부) 명제이다. 또한 '~거절'을 동일하게 가지고 있으므로, '이유 없는 요청'에서 '일상적인 행동'을 끌어내 주는 전칭(모두) 명제가 전제로 추가되어야 한다. 따라서 전제 2에는 '이유 없는 요청 → 일상적인 행동'이 들어가야 하므로 '이유 없는 요청은 모두 일상적인 행동이다.'가 가장 적절하다.

08 다음 글의 밑줄 친 결론을 이끌어내기 위해 추가해야 할 것은?

> • 연어를 좋아하는 강아지는 모두 닭가슴살을 좋아하는 강아지이다.
> • 닭가슴살을 좋아하는 어떤 강아지는 멸치를 좋아하는 강아지이다.
> 따라서 멸치를 좋아하는 어떤 강아지는 연어를 좋아하는 강아지이다.

① 닭가슴살을 좋아하는 모든 강아지는 연어를 좋아한다.
② 연어를 좋아하는 어떤 강아지는 닭가슴살을 좋아하는 강아지이다.
③ 멸치를 좋아하지 않는 어떤 강아지는 닭가슴살을 좋아하는 강아지이다.
④ 닭가슴살을 좋아하는 모든 강아지는 멸치를 좋아하지 않는다.

정답 설명 ① 제시된 명제를 기호화하면 다음과 같다.

구분	명제	대우
전제 1	연어 → 닭가슴살	~닭가슴살 → ~연어
전제 2	닭가슴살 ∧ 멸치	-
추가		
결론	멸치 ∧ 연어	-

추가해야 하는 전제를 찾기 위해서는 결론의 앞쪽이나 뒤쪽과 동일하게 명제를 만들어야 한다. 전제 2에 '멸치'라는 공통 부분이 있으며, 교환법칙을 적용하면 '멸치 ∧ 닭가슴살'이 되기 때문에 결론과 앞쪽 부분이 동일하게 나타난다. 전제 2와 결론을 사용하여 정리하면 다음과 같다.

전제 2	멸치 ∧ 닭가슴살
추가	
결론	멸치 ∧ 연어

따라서 '멸치 ∧ 연어'가 되기 위해서는 '닭가슴살 → 연어'가 필요하다. 따라서 정답은 '닭가슴살을 좋아하는 모든 강아지는 연어를 좋아한다.'이다.

실전 학습 문제

09 다음 전제가 모두 참일 때, 반드시 참인 결론인 것은?

> - 워라밸을 선호하는 사람만 교육행정을 지원한다.
> - 업무를 선호하는 사람 중 일부는 워라밸을 선호하는 사람이 아니다.
>
> 따라서 ☐

① 업무를 선호하는 사람은 모두 교육행정을 지원하지 않는다.
② 교육행정을 지원하지 않는 사람은 모두 워라밸을 선호하는 사람이다.
③ 교육행정을 지원하는 사람들 중 일부는 업무를 선호하는 사람이다.
④ 교육행정을 지원하지 않는 사람 중 적어도 한 명 이상은 업무를 선호하는 사람이다.

정답 설명 ④ 제시된 명제를 기호화하면 다음과 같다.

구분	명제	대우
전제 1	교육행정 → 워라밸	~워라밸 → ~교육행정
전제 2	업무 ∧ ~워라밸	-

'만'의 경우 조건절과 결과절의 위치를 바꿔야 한다. 그러므로 전제 1은 '교육행정을 지원하는 사람은 워라밸을 선호한다.'가 되고, 이를 기호화하면 '교육행정 → 워라밸'이다. 결론을 찾을 때에는 전제 1과 전제 2의 조건절을 동일하게 만들어야 하므로 전제 1과 전제 2의 조건절을 동일하게 만든 것을 정리하면 아래와 같다.

전제 1	~워라밸 → ~교육행정
전제 2	~워라밸 ∧ 업무

전제 1과 전제 2의 조건절이 동일한 상태에서 결론을 도출하면 '~교육행정 ∧ 업무'가 된다. 이를 말로 풀면 '교육행정을 지원하지 않는 사람들 중 일부는 업무를 선호하는 사람이다.'가 되며, '교육행정을 지원하지 않는 사람 중 적어도 한 명 이상은 업무를 선호하는 사람이다.'도 같은 말이기 때문에 답은 ④이다.

오답 분석 ① 업무를 선호하는 사람 중 교육행정을 지원하는 경우가 있으므로 결론에 들어갈 말로 적절하지 않다.
② 기호화하면 '~교육행정 → ~워라밸'인데, 이는 전제 1의 대우의 '역'에 해당한다. '역'은 참인지 확인할 수 없으므로 적절하지 않다.
③ 전제 1에 의해 교육행정을 지원하는 사람은 모두 워라밸을 선호한다. 그러나 워라밸을 선호하는 사람이 모두 업무를 선호하는지 확인할 수 없으므로 결론에 들어갈 말로 적절하지 않다.

10 (가)와 (나)를 전제로 할 때 빈칸에 들어갈 결론으로 가장 적절한 것은?

> (가) 사회학에 관심이 있는 사람 중 일부는 자연에 관심이 있는 사람이 아니다.
> (나) 자연에 관심이 있는 사람만 생명과학에 관심이 있는 사람이다.
> 따라서 _____

① 사회학에 관심이 있는 사람 중 일부는 생명과학에 관심이 있는 사람이 아니다.
② 생명과학에 관심이 있는 사람 중 일부는 사회학에 관심이 있는 사람이 아니다.
③ 생명과학에 관심이 있는 사람은 모두 사회학에 관심이 있는 사람이 아니다.
④ 자연에 관심이 있지만 사회학에 관심이 없는 사람은 모두 생명과학에 관심이 있는 사람이 아니다.

정답 설명 ① 제시된 명제를 기호화하면 다음과 같다.

구분	명제	대우
(가)	사회학 ∧ ~자연	-
(나)	생명과학 → 자연	~자연 → ~생명과학

'~만'의 경우 조건절과 결과절의 위치를 바꿔야 한다. 그러므로 (나)의 '자연에 관심이 있는 사람만 생명과학에 관심이 있는 사람이다.'는 '생명과학에 관심이 있는 사람은 모두 자연에 관심이 있는 사람이다.'가 되고, 이를 기호화하면 '생명과학 → 자연'이 된다. 결론을 찾을 때에는 조건절을 동일하게 전제를 만들어야 한다. 따라서 (가)와 (나)의 대우의 조건절을 동일하게 만든 것을 정리하면 아래와 같다.

(가)	~자연 ∧ 사회학
(나)	~자연 → ~생명과학

(가)와 (나)의 조건절이 동일한 상태에서 결론을 도출하면 '사회학에 관심이 있는 사람 중 일부는 생명과학에 관심이 있는 사람이 아니다(사회학 ∧ ~생명과학).'가 도출되므로 ①은 빈칸에 들어갈 결론으로 적절하다.

오답 분석 ② ③ 생명과학에 관심이 있는 사람 중 사회학에 관심이 있는 경우도 있을 수 있으므로 결론에 들어갈 말로 적절하지 않다.
④ 기호화하면 '(자연 ∧ ~사회학) → ~생명과학'이고 대우는 '생명과학 → ~자연 ∨ 사회학'이다. (나)에 의해 '생명과학 → 자연'이므로 '생명과학 → ~자연'이 성립하지 않는다. 따라서 참이 되려면 '생명과학 → 사회학'이 필요한데 생명과학에 관심이 있는 사람이 모두 사회학에 관심이 있는지는 알 수 없으므로 적절하지 않다.

공무원 시험 전문 해커스공무원

gosi.Hackers.com

해커스공무원 신민숙 쉬운국어 **논리 강화 200제**

PART 3 복합 명제를 활용한 추론

Chapter 01 참 명제 추론

Chapter 02 결론 추론

Chapter 03 전제 추론

실전 학습 문제

Chapter 01 참 명제 추론

> **민숙쌤의 논리 비법**
> ① 'A 중 B는 없다.'는 'A는 모두 B가 아니다(A → ~B).'와 동일한 의미이다.
> ② 'A 중 B가 있다.'는 'A의 일부는 B이다(A ∧ B).'와 동일한 의미이다.

대표 문제

조건 명제와 연언 명제를 이용한 '참'인 명제 찾기

01 다음 글의 내용이 참일 때, 반드시 참이라고 할 수 <u>없는</u> 것은?

> 이벤트 참여 선물인 선풍기, 커피잔, 수건세트, 문화상품권 중 참여자들이 받아 간 내역을 조사했더니 다음과 같았다.
> • 선풍기를 받은 하객 중 문화상품권을 받지 않은 하객은 없다.
> • 선풍기를 받은 하객 중 수건세트를 받은 하객이 있다.
> • 커피잔을 받지 않은 하객은 모두 선풍기를 받았다.

① 답례품을 세 개 이상 받은 하객이 있다.
② 문화상품권을 받지 않은 하객은 모두 커피잔을 받았다.
③ 수건세트를 받은 하객 중 문화상품권을 받은 하객이 있다.
④ 커피잔을 받지 않은 하객 중 수건세트를 받은 하객이 있다.

정답 설명 ④ 제시된 명제를 기호화하면 다음과 같다.

구분	명제	대우
전제 1	선풍기 → 문화상품권	~문화상품권 → ~선풍기
전제 2	선풍기 ∧ 수건세트	-
전제 3	~커피잔 → 선풍기	~선풍기 → 커피잔

전제 2를 통해 '선풍기'와 '수건세트'가 확정되었음을 알 수 있다. 확정된 '선풍기'를 전제 1과 연결시키면 '문화상품권'도 확정된다. 그러나 전제 3을 통해서는 '~커피잔'과 '수건세트'가 연결되지 않는다. '선풍기 → ~커피잔'이라는 전제가 있어야 2와 연결되어 '~커피잔 ∧ 수건세트'를 도출할 수 있다. 따라서 '커피잔을 받지 않은 하객 중 수건세트를 받은 하객이 있다.'는 반드시 참이라고 할 수 없다.

오답 분석 ① 전제 1과 전제 2로부터 '(선풍기 → 문화상품권) ∧ 수건세트'가 도출된다. 즉 선풍기, 문화상품권, 수건세트를 모두 받은 어떤 하객이 있다는 뜻이다. 따라서 답례품을 세 개 이상 받은 하객이 있다는 것은 참이다.
② 전제 3과 전제 1을 연결하면 '~커피잔 → 선풍기 → 문화상품권'이 도출된다. 이는 대우 규칙에 따라 '~문화상품권 → 커피잔'과 동치이다.
③ 전제 1과 전제 2로부터 '문화상품권 ∧ 수건세트'가 도출된다. 이는 교환 법칙에 따라 '수건세트 ∧ 문화상품권'과 동치이다.

> **민숙쌤의 논리 비법**
>
> A → B(조건 명제)와 A ∧ C(연언 명제)가 제시될 때는 연언 명제 A에 B를 대입하여 문제를 푼다.

조건 명제를 연언 명제에 대입하여 '참'인 명제 찾기

02 다음 진술이 모두 참일 때 반드시 참인 것은?

> - 규칙적 운동을 하는 모든 사람은 체력을 관리할 수 있다.
> - 체력을 관리하지 못하는 어떤 사람은 쉽게 지친다.
> - 쉽게 지치지 않는 어떤 사람은 체력을 관리할 수 있다.

① 규칙적 운동을 하지 않는 어떤 사람은 쉽게 지친다.
② 규칙적 운동을 하지 않는 모든 사람은 쉽게 지친다.
③ 체력을 관리할 수 있는 모든 사람은 규칙적 운동을 하는 사람이다.
④ 쉽게 지치지 않는 어떤 사람은 규칙적 운동을 하는 사람이다.

정답 설명 ① 제시된 명제를 기호화하면 다음과 같다.

구분	명제	대우
전제 1	규칙적 운동 → 체력 관리	~체력 관리 → ~규칙적 운동
전제 2	~체력 관리 ∧ 쉽게 지침	-
전제 3	~쉽게 지침 ∧ 체력 관리	-

전제 1의 대우 '~체력 관리 → ~규칙적 운동'과 전제 2를 통해 '~규칙적 운동 ∧ 쉽게 지침'을 도출할 수 있다. 따라서 제시된 진술이 모두 참일 때 반드시 참인 것은 '규칙적 운동을 하지 않는 어떤 사람은 쉽게 지친다(~규칙적 운동 ∧ 쉽게 지침).'이다.

오답 분석 ② 전제 1의 대우와 전제 2를 통해 '~규칙적 운동 ∧ 쉽게 지침'은 도출할 수 있으나, '규칙적 운동을 하지 않는 모든 사람은 쉽게 지친다(~규칙적 운동 → 쉽게 지침).'는 제시된 진술을 통해 알 수 없다.
③ 전제 1을 통해 규칙적 운동을 하는 모든 사람은 체력 관리를 할 수 있음은 알 수 있으나, 그 역(체력 관리 → 규칙적 운동)이 참인지는 알 수 없다.
④ 전제 1의 대우와 전제 2를 통해 '~규칙적 운동 ∧ 쉽게 지침'은 알 수 있으나, '쉽게 지치지 않는 어떤 사람은 규칙적 운동을 하는 사람이다(~쉽게 지침 ∧ 규칙적 운동).'는 제시된 진술을 통해 알 수 없다.

Chapter 01 참 명제 추론

드모르간 법칙을 통해 조건 명제로 바꿔서 '참'인 명제 찾기

03 다음 진술이 모두 참일 때 반드시 참인 것은?

> • 어떤 교수는 박사 학위를 받지 않았다.
> • 박사 학위를 받은 모든 사람은 이성적이다.
> • 사진가이면서 이성적인 사람은 없다.
> • 사진가가 아닌 사람은 모두 낭만적이다.

① 이성적인 사람은 모두 박사이다.
② 교수인 동시에 박사인 사람이 있다.
③ 박사인 동시에 사진가인 사람이 있다.
④ 이성적인 사람은 모두 낭만적이다.

정답 설명 ④ 제시된 명제를 기호화하면 다음과 같다.

구분	명제	대우
전제 1	교수 ∧ ~박사 학위	-
전제 2	박사 학위 → 이성적	~이성적 → ~박사 학위
전제 3	사진가 → ~이성적	이성적 → ~사진가
전제 4	~사진가 → 낭만적	~낭만적 → 사진가

전제 3의 대우인 '이성적 → ~사진가'와 전제 4의 '~사진가 → 낭만적'을 연결하면 '이성적 → 낭만적'이므로 반드시 참인 명제이다.

오답 분석 ① '박사 학위 → 이성적'이 참이라 해서 그 역인 '이성적 → 박사 학위'도 반드시 참인 것은 아니다.
② 제시문을 통해서는 '교수 ∧ 박사 학위'를 도출해 낼 수 없다.
③ 전제 3의 '사진가 → ~이성적'과 전제 2의 대우인 '~이성적 → ~박사 학위'를 연결하면 '사진가 → ~박사 학위'이다. 따라서 사진가는 모두 박사 학위가 없으므로 박사인 동시에 사진가인 사람은 없다.

연습 문제

01 다음 글의 내용이 참일 때, 반드시 참이라고 할 수 <u>없는</u> 것은?

> 간담회 참석 선물인 믹서기, 롤케이크, 고급 볼펜, 텀블러 중 참석자들이 받아 간 내역을 조사했더니 다음과 같았다.
> - 믹서기를 받은 참석자 중 텀블러를 받지 않은 참석자는 없다.
> - 믹서기를 받은 참석자 중 고급 볼펜을 받은 참석자가 있다.
> - 롤케이크를 받지 않은 참석자는 모두 믹서기를 받았다.

① 선물을 세 개 이상 받은 참석자가 있다.
② 텀블러를 받지 않은 참석자는 모두 롤케이크를 받았다.
③ 고급 볼펜을 받은 참석자 중 텀블러를 받은 참석자가 있다.
④ 롤케이크를 받지 않은 참석자 중 고급 볼펜을 받은 참석자가 있다.

정답 설명 ④ 제시된 명제를 기호화하면 다음과 같다.

구분	명제	대우
전제 1	믹서기 → 텀블러	~텀블러 → ~믹서기
전제 2	믹서기 ∧ 고급 볼펜	-
전제 3	~롤케이크 → 믹서기	~믹서기 → 롤케이크

전제 2를 통해 '믹서기'와 '고급 볼펜'이 확정되었음을 알 수 있다. 확정된 '믹서기'를 전제 1과 연결시키면 '텀블러'도 확정된다. 그러나 전제 3을 통해서는 '~롤케이크'와 '고급 볼펜'이 연결되지 않는다. '믹서기 → ~롤케이크'라는 전제가 있어야 2와 연결되어 '~롤케이크 ∧ 고급 볼펜'을 도출할 수 있다. 따라서 '롤케이크를 받지 않은 참석자 중 고급 볼펜을 받은 참석자가 있다.'는 반드시 참이라고 할 수 없다.

오답 분석 ① 전제 1과 전제 2로부터 '(믹서기 → 텀블러) ∧ 고급 볼펜'이 도출된다. 즉 믹서기, 텀블러, 고급 볼펜을 모두 받은 어떤 참석자가 있다는 뜻이다. 따라서 선물을 세 개 이상 받은 참석자가 있다는 것은 참이다.
② 전제 3과 전제 1을 연결하면 '~롤케이크 → 텀블러'가 도출된다. 이는 대우 규칙에 따라 '~텀블러 → 롤케이크'와 동치이다.
③ 전제 1과 전제 2로부터 '텀블러 ∧ 고급 볼펜'이 도출된다. 이는 교환 법칙에 따라 '고급 볼펜 ∧ 텀블러'와 동치이다.

Chapter 01 참 명제 추론

02 다음 글의 내용이 참일 때, 반드시 참이라고 할 수 <u>없는</u> 것은?

> 중고 사이트에서 회원들의 판매 내역을 책갈피, 노트, 색연필, 연필 중에서 조사했더니 다음과 같았다.
> - 책갈피를 판매한 사람 중 연필을 판매하지 않은 사람은 없다.
> - 책갈피를 판매한 사람 중 일부는 색연필을 판매한 사람이다.
> - 노트를 판매하지 않은 사람은 모두 책갈피를 판매했다.

① 상품을 세 개 이상 판매한 사람이 있다.
② 연필을 판매하지 않은 사람은 모두 노트를 판매했다.
③ 색연필을 판매한 사람 중 일부는 연필을 판매한 사람이다.
④ 노트를 판매하지 않은 사람 중 일부는 색연필을 판매한 사람이다.

정답 설명 ④ 제시된 명제를 기호화하면 다음과 같다.

구분	명제	대우
전제 1	책갈피 → 연필	~연필 → ~책갈피
전제 2	책갈피 ∧ 색연필	-
전제 3	~노트 → 책갈피	~책갈피 → 노트

전제 2를 통해 '책갈피'와 '색연필'이 확정되었음을 알 수 있다. 확정된 '책갈피'를 전제 1과 연결시키면 '연필'도 확정된다. 그러나 전제 3을 통해서는 '~노트'와 '색연필'이 연결되지 않는다. '책갈피 → ~노트'라는 전제가 있어야 전제 2와 연결되어 '~노트 ∧ 색연필'을 도출할 수 있다. 따라서 '노트를 판매하지 않은 사람 중 일부는 색연필을 판매한 사람이 있다.'는 반드시 참이라고 할 수 없다.

오답 분석 ① 전제 1과 전제 2로부터 '(책갈피 → 연필) ∧ 색연필'이 도출된다. 즉 책갈피, 연필, 색연필을 모두 판매한 어떤 사람이 있다는 뜻이다. 따라서 상품을 세 개 이상 판매한 사람이 있다는 것은 참이다.
② 전제 3과 전제 1을 연결하면 '~노트 → 연필'이 도출된다. 이는 대우 규칙에 따라 '~연필 → 노트'와 동치이다.
③ 전제 1과 전제 2로부터 '연필 ∧ 색연필'이 도출된다. 이는 교환 법칙에 따라 '색연필 ∧ 연필'과 동치이다.

03 다음 글의 내용이 참일 때, 반드시 참이라고 할 수 <u>없는</u> 것은?

> PC방에서 회원들의 주문 내역을 볶음밥, 만두, 소떡소떡, 콜라 중에서 조사했더니 다음과 같았다.
> - 볶음밥을 주문한 사람 중 콜라를 주문하지 않은 사람은 없다.
> - 볶음밥을 주문한 사람 중 일부는 소떡소떡을 주문한 사람이다.
> - 만두를 주문하지 않은 사람은 모두 볶음밥을 주문했다.

① 상품을 세 개 이상 주문한 사람이 있다.
② 만두를 주문하지 않은 사람 중 일부는 소떡소떡을 주문한 사람이다.
③ 콜라를 주문하지 않은 사람은 모두 만두를 주문했다.
④ 소떡소떡을 주문한 사람 중 일부는 콜라를 주문한 사람이다.

정답 설명 ② 제시된 명제를 기호화하면 다음과 같다.

구분	명제	대우
전제 1	볶음밥 → 콜라	~콜라 → ~볶음밥
전제 2	볶음밥 ∧ 소떡소떡	-
전제 3	~만두 → 볶음밥	~볶음밥 → 만두

전제 2를 통해 '볶음밥'과 '소떡소떡'이 확정되었음을 알 수 있다. 확정된 '볶음밥'을 전제 1과 연결하면 '콜라'도 확정된다. 그러나 전제 3을 통해서는 '~만두'와 '소떡소떡'이 연결되지 않는다. '볶음밥 → ~만두'라는 전제가 있어야 전제 2와 연결되어 '~만두 ∧ 소떡소떡'을 도출할 수 있다. 따라서 '만두를 주문하지 않은 사람 중 일부는 소떡소떡을 주문한 사람이다.'는 반드시 참이라고 할 수 없다.

오답 분석 ① 전제 1과 전제 2로부터 '(볶음밥 → 콜라) ∧ 소떡소떡'이 도출된다. 즉 볶음밥, 콜라, 소떡소떡을 모두 주문한 어떤 사람이 있다는 뜻이다. 따라서 상품을 세 개 이상 주문한 사람이 있다는 것은 참이다.
③ 전제 3과 전제 1을 연결하면 '~만두 → 콜라'가 도출된다. 이는 대우 규칙에 따라 '~콜라 → 만두'와 동치이다.
④ 전제 1과 전제 2로부터 '콜라 ∧ 소떡소떡'이 도출된다. 이는 교환 법칙에 따라 '소떡소떡 ∧ 콜라'와 동치이다.

Chapter 01 참 명제 추론

04 다음 글의 내용이 참일 때, 반드시 참이라고 할 수 <u>없는</u> 것은?

> - 주민세를 납부한 사람 중 부동산세를 납부하지 않은 사람은 없다.
> - 주민세를 납부한 사람 중 자동차세를 납부한 사람이 있다.
> - 재산세를 납부하지 않은 사람은 모두 주민세를 납부했다.

① 재산세를 납부하지 않은 사람 중 자동차세를 납부한 사람이 있다.
② 자동차세를 납부한 사람 중 부동산세를 납부한 사람이 있다.
③ 부동산세를 납부하지 않은 사람은 모두 재산세를 납부했다.
④ 세금을 세 개 이상 납부한 사람이 있다.

정답 설명 ① 제시된 명제를 기호화하면 다음과 같다.

구분	명제	대우
전제 1	주민세 → 부동산세	~부동산세 → ~주민세
전제 2	주민세 ∧ 자동차세	-
전제 3	~재산세 → 주민세	~주민세 → 재산세

전제 2를 통해 '주민세'와 '자동차세'가 확정되었음을 알 수 있다. 확정된 '주민세'를 전제 1과 연결시키면 '부동산세'도 확정된다. 그러나 전제 3을 통해서는 '~재산세'와 '자동차세'가 연결되지 않는다. '주민세 → ~재산세'라는 전제가 있어야 전제 2와 연결되어 '~재산세 ∧ 자동차세'를 도출할 수 있다. 따라서 '재산세를 납부하지 않은 사람 중 자동차세를 납부한 사람이 있다.'는 반드시 참이라고 할 수 없다.

오답 분석 ② 전제 1과 전제 2로부터 '부동산세 ∧ 자동차세'가 도출된다. 이는 교환 법칙에 따라 '자동차세 ∧ 부동산세'와 동치이다.
③ 전제 3과 전제 1을 연결하면 '~재산세 → 부동산세'가 도출된다. 이는 대우 규칙에 따라 '~부동산세 → 재산세'와 동치이다.
④ 전제 1과 전제 2로부터 '(주민세 → 부동산세) ∧ 자동차세'가 도출된다. 즉 주민세, 부동산세, 자동차세를 모두 납부한 어떤 사람이 있다는 뜻이다. 따라서 세금을 세 개 이상 납부한 사람이 있다는 것은 참이다.

05 다음 진술이 모두 참일 때 반드시 참인 것은?

- 꾸준히 독서를 하는 모든 사람은 어휘력이 좋다.
- 어휘력이 좋지 않은 어떤 사람은 말을 더듬는다.
- 충동적인 행동을 하지 않는 어떤 사람은 어휘력이 좋다.

① 꾸준히 독서를 하지 않은 어떤 사람은 말을 더듬는다.
② 꾸준히 독서를 하지 않은 모든 사람은 말을 더듬는다.
③ 어휘력이 좋은 어떤 사람은 말을 더듬지 않는다.
④ 말을 더듬지 않는 어떤 사람은 꾸준히 독서를 하는 사람이다.

정답 설명 ① 제시된 명제를 기호화하면 다음과 같다.

구분	명제	대우
전제 1	꾸준히 독서 → 어휘력 좋음	~어휘력 좋음 → ~꾸준히 독서
전제 2	~어휘력 좋음 ∧ 말을 더듬음	-
전제 3	~충동적인 행동 ∧ 어휘력 좋음	-

전제 1의 대우 '~어휘력 좋음 → ~꾸준히 독서'와 전제 2를 통해 '~꾸준히 독서 ∧ 말을 더듬음'을 도출할 수 있다. 따라서 제시된 진술이 모두 참일 때 반드시 참인 것은 '꾸준히 독서를 하지 않은 어떤 사람은 말을 더듬는다(~꾸준히 독서 ∧ 말을 더듬음).'이다.

오답 분석 ② 전제 1의 대우와 전제 2를 통해 '~꾸준히 독서 ∧ 말을 더듬음'은 도출할 수 있으나, '꾸준히 독서를 하지 않은 모든 사람은 말을 더듬는다(~꾸준히 독서 → 말을 더듬음).'는 제시된 진술을 통해 알 수 없다.
③ 전제 2를 통해 '~어휘력 좋음 ∧ 말을 더듬음'은 알 수 있으나, '어휘력이 좋은 어떤 사람은 말을 더듬지 않는다(어휘력 좋음 ∧ ~말을 더듬음).'는 제시된 진술을 통해 알 수 없다.
④ 전제 1의 대우 '~어휘력 좋음 → ~꾸준히 독서'와 전제 2를 통해 '~꾸준히 독서 ∧ 말을 더듬음'은 알 수 있으나, '말을 더듬지 않는 어떤 사람은 꾸준히 독서를 하는 사람이다(~말을 더듬음 ∧ 꾸준히 독서).'는 제시된 진술을 통해 알 수 없다.

Chapter 01 참 명제 추론

06 다음 진술이 모두 참일 때 반드시 참인 것은?

- 규칙적으로 잠자는 모든 사람은 집중력이 높다.
- 집중력이 낮은 어떤 사람은 실수를 한다.
- 실수를 하지 않는 어떤 사람은 집중력이 높다.

① 규칙적으로 잠자지 않은 어떤 사람은 실수를 한다.
② 규칙적으로 잠자지 않은 모든 사람은 실수를 한다.
③ 집중력이 높은 모든 사람은 규칙적으로 잠자는 사람이다.
④ 실수를 하지 않는 어떤 사람은 규칙적으로 잠자는 사람이다.

정답 설명 ① 제시된 명제를 기호화하면 다음과 같다.

구분	명제	대우
전제 1	규칙적 잠 → 집중력	~집중력 → ~규칙적 잠
전제 2	~집중력 ∧ 실수	-
전제 3	~실수 ∧ 집중력	-

전제 1의 대우 '~집중력 → ~규칙적 잠'과 전제 2를 통해 '~규칙적 잠 ∧ 실수'를 도출할 수 있다. 따라서 제시된 진술이 모두 참일 때 반드시 참인 것은 '규칙적으로 잠자지 않은 어떤 사람은 실수를 한다(~규칙적 잠 ∧ 실수).'이다.

오답 분석 ② 전제 1의 대우와 전제 2를 통해 '~규칙적 잠 ∧ 실수'는 도출할 수 있으나, '규칙적으로 잠자지 않은 모든 사람은 실수를 한다(~규칙적 잠 → 실수).'는 제시된 진술을 통해 알 수 없다.
③ 전제 1을 통해 규칙적으로 잠자는 모든 사람은 집중력이 높음은 알 수 있으나, 그 역(집중력 → 규칙적 잠)이 참인지는 알 수 없다.
④ 전제 1의 대우 '~집중력 → ~규칙적 잠'과 전제 2를 통해 '~규칙적 잠 ∧ 실수'는 알 수 있으나, '실수를 하지 않는 어떤 사람은 규칙적으로 잠을 자는 사람이다(~실수 ∧ 규칙적 잠).'는 제시된 진술을 통해 알 수 없다.

07 다음 진술이 모두 참일 때 반드시 참인 것은?

- 어떤 친구는 선물을 받지 않았다.
- 선물을 받은 모든 사람은 감성적이다.
- 사육사이면서 감성적인 사람은 없다.
- 사육사가 아닌 사람은 모두 논리적이다.

① 감성적인 사람은 모두 선물을 받는다.
② 친구인 동시에 선물을 받은 사람이 있다.
③ 사육사인 동시에 선물을 받은 사람이 있다.
④ 감성적인 사람은 모두 논리적이다.

정답 설명 ④ 제시된 명제를 기호화하면 다음과 같다.

구분	명제	대우
전제 1	친구 ∧ ~선물	-
전제 2	선물 → 감성적	~감성적 → ~선물
전제 3	사육사 → ~감성적	감성적 → ~사육사
전제 4	~사육사 → 논리적	~논리적 → 사육사

전제 3은 '~(사육사 ∧ 감성적)'으로 기호화하고, 드모르간의 법칙에 따라 '~사육사 ∨ ~감성적'이 되며, 이는 '사육사 → ~감성적'과 동치이다. 이의 대우인 '감성적 → ~사육사'와 전제 4의 '~사육사 → 논리적'을 연결하면 '감성적 → 논리적'이므로 '감성적인 사람은 모두 논리적이다.'는 반드시 참이다.

오답 분석 ① 전제 2의 '선물 → 감성적'이 참이라 해서 그 역인 '감성적 → 선물'도 반드시 참인 것은 아니다.
② 제시문을 통해서는 '친구 ∧ 선물'을 도출해 낼 수 없다.
③ 전제 3을 통해 '사육사 → ~감성적'이고 전제 2의 대우는 '~감성적 → ~선물'이므로 '사육사 → ~선물'이 도출된다. 따라서 사육사는 모두 선물을 받지 않으므로 적절하지 않다.

Chapter 01 참 명제 추론

08 다음 진술이 모두 참일 때 반드시 참인 것은?

> - 어떤 선수는 전문 훈련을 받지 않았다.
> - 전문 훈련을 받은 모든 사람은 집중력이 있다.
> - 모델이면서 집중력이 있는 사람은 없다.
> - 모델이 아닌 사람은 모두 인내심이 있다.

① 집중력이 있는 사람은 모두 전문 훈련을 받았다.
② 선수인 동시에 전문 훈련을 받은 사람이 있다.
③ 전문 훈련을 받은 동시에 모델인 사람이 있다.
④ 집중력이 있는 사람은 모두 인내심이 있다.

정답 설명 ④ 제시된 명제를 기호화하면 다음과 같다.

구분	명제	대우
전제 1	선수 ∧ ~전문 훈련	-
전제 2	전문 훈련 → 집중력	~집중력 → ~전문 훈련
전제 3	모델 → ~집중력	집중력 → ~모델
전제 4	~모델 → 인내심	~인내심 → 모델

전제 3의 대우인 '집중력 → ~모델'과 전제 4인 '~모델 → 인내심'을 연결하면 '집중력 → 인내심'이므로 '집중력이 있는 사람은 모두 인내심이 있다.'는 참인 명제이다.

오답 분석 ① 전제 2의 '전문 훈련 → 집중력'이 참이라 해서 그 역인 '집중력 → 전문 훈련'도 반드시 참인 것은 아니다.
② 제시문을 통해서는 '선수 ∧ 전문 훈련'이 참인지를 도출해 낼 수 없다.
③ 전제 2와 전제 3의 대우를 연결하면 '전문 훈련 → ~모델'이다. 따라서 전문 훈련을 받은 사람은 모두 모델이 아니므로 적절하지 않다.

09 다음 진술이 모두 참일 때 반드시 참인 것은?

- 어떤 호랑이는 고기를 먹지 않았다.
- 고기를 먹는 모든 호랑이는 본능적이다.
- 채식주의이면서 본능적인 호랑이는 없다.
- 채식주의가 아닌 호랑이는 모두 낯설다.

① 본능적인 호랑이는 모두 고기를 먹는다.
② 고기를 먹는 호랑이가 있다.
③ 채식주의인 동시에 고기를 먹는 호랑이가 있다.
④ 본능적인 호랑이는 모두 낯설다.

정답 설명 ④ 제시된 명제를 기호화하면 다음과 같다.

구분	명제	대우
전제 1	호랑이 ∧ ~고기	-
전제 2	고기 → 본능적	~본능적 → ~고기
전제 3	채식주의 → ~본능적	본능적 → ~채식주의
전제 4	~채식주의 → 낯섦	~낯섦 → 채식주의

전제 3은 '~(채식주의 ∧ 본능적)'으로 기호화하며 드모르간의 법칙에 따라 '~채식주의 ∨ ~본능적'이 되고, 이를 조건문으로 풀면 '채식주의 → ~본능적'이 된다. 이의 대우 '본능적 → ~채식주의'와 전제 4의 '~채식주의 → 낯섦'을 연결하면 '본능적 → 낯섦'이므로 '본능적인 호랑이는 모두 낯설다.'는 참인 명제이다.

오답 분석 ① 전제 2인 '고기 → 본능적'이 참이라 해서 그 역인 '본능적 → 고기'도 반드시 참인 것은 아니다.
② 제시문을 통해서는 '호랑이 ∧ 고기'가 참인지 도출해 낼 수 없다.
③ 전제 2와 전제 3의 대우를 연결하면 '고기 → ~채식주의'이다. 따라서 고기를 먹는 호랑이는 모두 채식주의가 아니므로 적절하지 않다.

Chapter 01 참 명제 추론

10 한 영화관은 다음의 <조건>에 따라 제품 홍보를 진행한다. 이에 따를 때, 반드시 참인 것만을 <보기>에서 모두 고르면?

조건
- B관이나 C관에서 제품 홍보가 진행된다.
- C관에서 제품 홍보가 진행되지 않으면, A관과 B관에서 진행된다.
- B관과 C관 모두에서 제품 홍보가 진행되는 것은 아니다.

보기
- ㉠ B관에서 제품 홍보가 진행되면 C관에서는 진행되지 않는다.
- ㉡ C관에서 제품 홍보가 진행되지 않으면, B관에서 진행된다.
- ㉢ A관에서 제품 홍보가 진행되지 않으면 B관에서도 진행되지 않는다.

① ㉠
② ㉠, ㉡
③ ㉡, ㉢
④ ㉠, ㉡, ㉢

정답 설명 ④ <조건>을 기호화하면 다음과 같다.

구분	명제	대우
조건 1	B ∨ C	-
조건 2	~C → A ∧ B	~A ∨ ~B → C
조건 3	B → ~C	C → ~B

㉠ 조건 3은 드모르간 법칙에 의해 '~B ∨ ~C'와 동치이고, 이는 'B → ~C'와 동치이기 때문에 반드시 참이다.
㉡ ~C이면, 조건 1을 통해 B가 도출된다. 따라서 반드시 참이다.
㉢ ~A이면, 조건 2의 대우를 통해 C가 도출된다. C가 확정이므로 조건 3의 대우에 따라 ~B가 도출된다. 따라서 반드시 참이다.

11 다음의 <조건>에 따라 설명회를 진행한다. 이에 따를 때, 반드시 참인 것만을 <보기>에서 모두 고르면?

조건
- 본관이나 부산 코엑스에서 설명회가 진행된다.
- 부산 코엑스에서 설명회가 진행되지 않으면, 대구 캠퍼스와 본관에서 진행된다.
- 본관과 부산 코엑스 모두에서 설명회가 진행되는 것은 아니다.

보기
㉠ 본관에서 설명회가 진행되면 부산 코엑스에서는 진행되지 않는다.
㉡ 부산 코엑스에서 설명회가 진행되지 않으면, 본관에서 진행된다.
㉢ 대구 캠퍼스에서 설명회가 진행되지 않으면 본관에서도 진행되지 않는다.

① ㉠
② ㉠, ㉢
③ ㉡, ㉢
④ ㉠, ㉡, ㉢

정답 설명 ④ <조건>을 기호화하면 다음과 같다.

구분	명제	대우
조건 1	본관 ∨ 부산 코엑스	-
조건 2	~부산 코엑스 → 대구 캠퍼스 ∧ 본관	~대구 캠퍼스 ∨ ~본관 → 부산 코엑스
조건 3	본관 → ~부산 코엑스	부산 코엑스 → ~본관

㉠ 조건 3은 '~(본관 ∧ 부산 코엑스)'로 기호화하며 드모르간 법칙에 의해 '~본관 ∨ ~부산 코엑스'와 동치이다. 이는 '본관 → ~부산 코엑스'와 동치이기 때문에 반드시 참이다.
㉡ '~부산 코엑스'이면, 조건 1을 통해 '본관'이 도출된다.
㉢ '~대구 캠퍼스'이면, 조건 2의 대우를 통해 '부산 코엑스'가 도출된다. '부산 코엑스'가 확정이므로 조건 3의 대우에 따라 '~본관'이 도출된다. 따라서 반드시 참이다.

Chapter 01 참 명제 추론

12 다음의 <조건>에 따라 주주총회를 진행한다. 이에 따를 때, 반드시 참인 것만을 <보기>에서 모두 고르면?

조건
- 회의실B나 회의실C에서 주주총회가 진행된다.
- 회의실C에서 주주총회가 진행되지 않으면, 회의실A와 회의실B에서 진행된다.
- 회의실B와 회의실C 모두에서 주주총회가 진행되는 것은 아니다.

보기
㉠ 회의실B에서 주주총회가 진행되면 회의실C에서도 진행된다.
㉡ 회의실C에서 주주총회가 진행되지 않으면, 회의실B에서 진행된다.
㉢ 회의실A에서 주주총회가 진행되지 않으면 회의실B에서도 진행되지 않는다.

① ㉠
② ㉠, ㉡
③ ㉡, ㉢
④ ㉠, ㉡, ㉢

정답 설명 ③ <조건>을 기호화하면 다음과 같다.

구분	명제	대우
조건 1	B ∨ C	-
조건 2	~C → A ∧ B	~A ∨ ~B → C
조건 3	B → ~C	C → ~B

㉡ '~C'이면, 조건 1을 통해 'B'가 도출된다. 따라서 반드시 참이다.
㉢ '~A'이면, 조건 2의 대우를 통해 'C'가 도출된다. 'C'가 확정이므로 조건 3의 대우를 통해 '~B'가 도출된다. 따라서 반드시 참이다.

오답 분석 ㉠ 조건 3은 '~(B ∧ C)'로 기호화하며 드모르간 법칙에 의해 '~B ∨ ~C'와 동치이다. 이는 'B → ~C'와 동치이기 때문에 반드시 거짓이다.

공무원 시험 전문 해커스공무원
gosi.Hackers.com

Chapter 02 결론 추론

> **대표 문제**

모순을 통한 '참' 결론 찾기

01 다음 진술들이 참일 때, 납품업체로 선정되는 생수는?

- 삼다수가 선정되면 에비앙이 선정된다.
- 백산수가 선정되면 에비앙은 선정되지 않고 아이시스는 선정된다.
- 삼다수가 선정되면 에비앙이 선정되지 않는다.
- 삼다수가 선정되지 않으면 백산수가 선정된다.

① 백산수, 아이시스
② 삼다수, 에비앙
③ 에비앙, 아이시스
④ 삼다수, 백산수

정답 설명 ① 제시된 명제를 기호화하면 다음과 같다.

구분	명제	대우
전제 1	삼다수 → 에비앙	~에비앙 → ~삼다수
전제 2	백산수 → ~에비앙 ∧ 아이시스	에비앙 ∨ ~아이시스 → ~백산수
전제 3	삼다수 → ~에비앙	에비앙 → ~삼다수
전제 4	~삼다수 → 백산수	~백산수 → 삼다수

전제 1과 전제 3은 모순이므로 '삼다수'는 거짓이다. 따라서 '~삼다수'이다. 이를 전제 4와 연결하면 '백산수'가 확정임을 알 수 있다. '백산수'가 확정되었으므로 전제 2에 따라 '~에비앙 ∧ 아이시스'가 확정임을 알 수 있다. 따라서 확정된 것들을 정리하면 '~삼다수, ~에비앙, 백산수, 아이시스'이므로, 납품업체로 선정되는 생수는 '백산수, 아이시스'임을 알 수 있다.

오답 분석 ② ③ ④ 전제 1과 전제 3이 모순이므로 삼다수는 납품업체로 선정되지 않고, 전제 4에 따라 백산수는 납품업체로 선정된다. '백산수'가 확정되었으므로 전제 2에 따라 '~에비앙, 아이시스'가 확정됨을 알 수 있다.

민숙쌤의 논리 비법

① 선언 명제로 연결된 두 명제의 공통 부분을 찾는다.

② (A ∧ B) ∨ (A ∧ C) → 그러므로 'A'이다.
   ⇨ 선언 명제로 연결된 두 명제의 공통된 부분은 확정 명제가 된다.

선언 명제로 연결된 두 명제에 공통 부분이 있을 때 결론 찾기

02 (가)~(다)를 전제로 할 때, 빈칸에 들어갈 결론으로 가장 적절한 것은? 2025년 국가직 9급

> (가) 인공일반지능이 만들어지거나 인공지능 산업이 쇠퇴한다.
> (나) 인공일반지능이 만들어지면 인간의 생활이 편리해지는 동시에 많은 사람이 직장을 잃는다.
> (다) 인공지능 산업이 쇠퇴하면 많은 사람이 직장을 잃는 동시에 세계 경제가 침체된다.
> 따라서 ☐☐☐☐☐.

① 세계 경제가 침체된다.
② 인간의 생활이 편리해진다.
③ 많은 사람이 직장을 잃는다.
④ 인간의 생활이 편리해지고 세계 경제가 침체된다.

정답 설명 ③ 제시된 명제를 기호화하면 다음과 같다.

구분	명제	대우
(가)	인공일반지능 ∨ 인공지능 산업 쇠퇴	-
(나)	인공일반지능 → 생활 편리 ∧ ~직장	~생활 편리 ∨ 직장 → ~인공일반지능
(다)	인공지능 산업 쇠퇴 → ~직장 ∧ 세계 경제 침체	직장 ∨ ~세계 경제 침체 → ~인공지능 산업 쇠퇴

(나)와 (다)를 (가)에 결합하면 '(생활 편리 ∧ ~직장) ∨ (~직장 ∧ 세계 경제 침체)'이고, 앞부분을 교환법칙에 의해 다시 정리하면 '(~직장 ∧ 생활 편리) ∨ (~직장 ∧ 세계 경제 침체)'이다. 이때 선언 명제로 연결된 두 명제에 공통된 부분은 확정이 되기 때문에 '~직장'이 결론으로 도출된다.

Chapter 02 결론 추론

확정 명제가 있을 때 결론 찾기 ①

03 다음 빈칸에 들어갈 말로 가장 적절한 것은?

> 주차구역 추가 추첨에서 2203호, 1501호, 2001호, 1802호의 당첨 확률과 관련하여 다음과 같은 사실들이 알려졌다.
> - 1501호의 당첨 확률이 70% 이상이라면 2203호의 당첨 확률은 90% 이상이다.
> - 1501호의 당첨 확률이 70% 이상이 아니라면 2001호의 당첨 확률은 60% 이상이다.
> - 2001호의 당첨 확률이 60% 이상이라면 1802호의 당첨 확률은 50% 미만이다.
> - 1802호의 당첨 확률은 80%이다.
>
> 이를 통해 _____ 임을 알 수 있게 되었다.

① 1501호의 당첨 확률이 70% 미만
② 2203호의 당첨 확률이 90% 이상
③ 2001호의 당첨 확률이 70% 이상
④ 2001호의 당첨 확률이 60% 이상

정답 설명 ② 제시된 명제를 기호화하면 다음과 같다.

구분	명제	대우
전제 1	1501호 [70% 이상] → 2203호 [90% 이상]	~2203호 [90% 이상] → ~1501호 [70% 이상]
전제 2	~1501호 [70% 이상] → 2001호 [60% 이상]	~2001호 [60% 이상] → 1501호 [70% 이상]
전제 3	2001호 [60% 이상] → 1802호 [50% 미만]	~1802호 [50% 미만] → ~2001호 [60% 이상]
전제 4	1802호 [80%]	-

전제 4에 의해 '1802호 [80%]'이 확정된다. 1802호가 80%이므로 전제 3의 대우에서 '~1802호 [50% 미만]'이 충족된다. 따라서 전제 3에 따라 '~2001호 [60% 이상]'이 성립한다. '~2001호 [60% 이상]'이므로 전제 2의 대우인 '~2001호 [60% 이상] → 1501호 [70% 이상]'이 성립하게 되어, '1501호 [70% 이상]'이 확정된다. 이를 전제 1에 대입하면 2203호 [90% 이상]임이 확정되므로 '2203호의 당첨 확률이 90% 이상'이 가장 적절함을 추론할 수 있다.

확정 명제가 있을 때 결론 찾기 ②

04 다음 빈칸에 들어갈 말로 가장 적절한 것은? 9급 출제기조 전환 2차 예시문제

갑, 을, 병, 정 네 학생의 수강 신청과 관련하여 다음과 같은 사실들이 알려졌다.
- 갑과 을 적어도 한 명은 <글쓰기>를 신청한다.
- 을이 <글쓰기>를 신청하면 병은 <말하기>와 <듣기>를 신청한다.
- 병이 <말하기>와 <듣기>를 신청하면 정은 <읽기>를 신청한다.
- 정은 <읽기>를 신청하지 않는다.

이를 통해 갑이 [   ]를 신청한다는 것을 알 수 있게 되었다.

① <말하기>   ② <듣기>
③ <읽기>   ④ <글쓰기>

정답 설명 ④ 제시된 명제를 기호화하면 다음과 같다.

구분	명제	대우
전제 1	갑 <글쓰기> ∨ 을 <글쓰기>	-
전제 2	을 <글쓰기> → 병 <말하기> ∧ 병 <듣기>	~병 <말하기> ∨ ~병 <듣기> → ~을 <글쓰기>
전제 3	병 <말하기> ∧ 병 <듣기> → 정 <읽기>	~정 <읽기> → ~병 <말하기> ∨ ~병 <듣기>
전제 4	~정 <읽기>	

전제 4에 의하면 '~정 <읽기>'가 확정이므로 전제 3의 대우에 따라 '~병 <말하기> ∨ ~병 <듣기>'가 성립한다. 이를 전제 2의 대우에 대입하면 '~을 <글쓰기>'가 확정된다. '~을 <글쓰기>'가 확정되므로 전제 1에서 선언지 제거에 의해 '갑 <글쓰기>'가 확정된다. 따라서 갑이 신청하는 것은 <글쓰기>임을 알 수 있다.

Chapter 02 결론 추론

선언 명제와 조건 명제가 복합된 형태일 때 결론 찾기

05 다음 글의 빈칸에 들어갈 말로 가장 적절한 것은?

> A, B, C, D, E 다섯 사람의 해외 출장 계획과 관련하여 아래와 같은 사실들이 알려졌다.
> - A는 이라크로 출장을 가지 않는다.
> - B가 러시아로 출장을 가면 A나 C는 이라크로 출장을 간다.
> - C가 이라크로 출장을 가면 A도 이라크로 출장을 간다.
> - D가 독일로 출장을 가면 B와 E는 러시아로 출장을 간다.
>
> 이를 통해 [   ]는 것을 알 수 있게 되었다.

① D는 독일로 출장을 가고, E는 러시아로 출장을 간다
② B는 러시아로 출장을 가지 않고, E는 러시아로 출장을 간다
③ B는 러시아로 출장을 가고, C는 이라크로 출장을 가지 않는다
④ C는 이라크로 출장을 가지 않고, D는 독일로 출장을 가지 않는다

정답 설명 ④ 제시된 진술을 기호화하면 다음과 같다.

구분	명제	대우
전제 1	~A 이라크	-
전제 2	B 러시아 → A 이라크 ∨ C 이라크	~A 이라크 ∧ ~C 이라크 → ~B 러시아
전제 3	C 이라크 → A 이라크	~A 이라크 → ~C 이라크
전제 4	D 독일 → B 러시아 ∧ E 러시아	~B 러시아 ∨ ~E 러시아 → ~D 독일

전제 1에 의해 '~A 이라크'가 확정되고, 이를 전제 3의 대우에 결합하면 '~C 이라크'도 확정된다. '~A 이라크 ~C 이라크'가 확정되었으므로 이를 전제 2의 대우에 결합하면 '~B 러시아'가 확정되며, '~B 러시아'를 전제 4의 대우에 결합하면 '~D 독일' 또한 확정된다. 즉, 제시된 진술을 통해 '~A 이라크, ~B 러시아, ~C 이라크, ~D 독일'이 확정된다. 따라서 빈칸에 들어갈 말로 적절한 것은 'C는 이라크로 출장을 가지 않고, D는 독일로 출장을 가지 않는다(~C 이라크, ~D 독일).'이다.

오답 분석 ① '~D 독일'이므로 D가 독일로 출장을 간다는 것은 거짓이다. 또한 E가 러시아로 출장을 가는지는 제시된 진술을 통해 확정할 수 없다.
② '~B 러시아'이므로 B가 러시아로 출장을 가지 않는다는 것은 참이다. 하지만 E가 러시아로 출장을 가는지는 제시된 진술을 통해 확정할 수 없다.
③ '~C 이라크'이므로 C가 이라크로 출장을 가지 않는다는 것은 참이다. 하지만 '~B 러시아'이므로 B가 러시아로 출장을 간다는 것은 거짓이다.

연습 문제

01 다음 진술들이 참일 때, 개업하는 업종은?

> 업종을 '빵집, 헬스장, 음식점, 서점'으로 개업하려 한다. 그러나 모두 할 수 있는 것은 아니고 다음의 조건에 따라서 결정된다.
> - 빵집으로 개업하면 헬스장도 개업한다.
> - 음식점으로 개업하면 헬스장과 서점으로 개업하지 않는다.
> - 빵집으로 개업하면 헬스장으로 개업하지 않는다.
> - 빵집으로 개업하지 않으면 음식점으로 개업한다.

① 음식점
② 빵집, 헬스장
③ 헬스장, 서점
④ 빵집

정답 설명 ① 제시된 명제를 기호화하면 다음과 같다.

구분	명제	대우
전제 1	빵집 → 헬스장	~헬스장 → ~빵집
전제 2	음식점 → ~헬스장 ∧ ~서점	헬스장 ∨ 서점 → ~음식점
전제 3	빵집 → ~헬스장	헬스장 → ~빵집
전제 4	~빵집 → 음식점	~음식점 → 빵집

전제 1과 전제 3은 모순이므로 '빵집'은 개업할 수 없다. 따라서 '~빵집'이다. 이를 전제 4와 연결하면 '음식점'이 확정임을 알 수 있다. '음식점'이 확정되었으므로 전제 2에 따라 '~헬스장 ∧ ~서점'이 확정임을 알 수 있다. 따라서 확정된 것들을 정리하면 '~빵집, 음식점, ~헬스장, ~서점'이므로 개업할 수 있는 업종은 '음식점' 뿐임을 알 수 있다.

오답 분석 ② ③ 전제 1과 전제 3이 모순이므로 빵집은 개업할 수 없고, 전제 4에 따라 음식점을 개업한다. 음식점을 개업하므로 전제 2에 따라 헬스장과 서점은 개업하지 않음을 알 수 있다.

④ 전제 1과 전제 3이 모순이므로 빵집은 개업하지 않음을 알 수 있다.

Chapter 02 결론 추론

02 다음 진술들이 참일 때, 등산할 수 있는 산은?

> 다음의 조건에 따라서 등산할 수 있는 산을 정하기로 했다.
> - 도봉산을 등산하면 수락산과 불암산은 등산하지 않는다.
> - 북한산을 등산하지 않으면 도봉산을 등산한다.
> - 북한산을 등산하면 수락산을 등산하지 않는다.
> - 북한산을 등산하면 수락산을 등산한다.

① 북한산
② 도봉산
③ 수락산, 불암산
④ 북한산, 수락산

정답 설명 ② 제시된 명제를 기호화하면 다음과 같다.

구분	명제	대우
전제 1	도봉산 → ~수락산 ∧ ~불암산	수락산 ∨ 불암산 → ~도봉산
전제 2	~북한산 → 도봉산	~도봉산 → 북한산
전제 3	북한산 → ~수락산	수락산 → ~북한산
전제 4	북한산 → 수락산	~수락산 → ~북한산

전제 3과 전제 4는 모순이므로 '북한산'은 등산을 하지 않는다. 따라서 '~북한산'이다. 이를 전제 2와 연결하면 '도봉산'이 확정임을 알 수 있다. '도봉산'이 확정되었으므로 전제 1에 따라 '~수락산 ∧ ~불암산'이 확정임을 알 수 있다. 따라서 확정된 것들을 정리하면 '~북한산, 도봉산, ~수락산, ~불암산'이므로 등산할 산은 '도봉산' 뿐임을 알 수 있다.

오답 분석 ① 전제 3과 전제 4가 모순이므로 북한산은 등산하지 않음을 알 수 있다.
③ ④ 전제 3과 전제 4가 모순이므로 북한산은 등산하지 않고, 전제 2에 따라 도봉산은 등산한다. 도봉산을 등산하므로 전제 1에 따라 수락산과 불암산을 등산하지 않음을 알 수 있다.

03 다음 진술들이 참일 때, 면접에 응시하는 사람은?

> 수험생인 '갑, 을, 병, 정'은 면접에 응시해야 한다. 그러나 모두가 응시하는 것은 아니고 다음의 조건에 따라서 면접에 응시하는 사람이 결정된다.
> - 갑이 응시하면 을이 응시한다.
> - 갑이 응시하지 않으면 병이 응시한다.
> - 갑이 응시하면 을이 응시하지 않는다.
> - 병이 응시하면 을과 정이 응시하지 않는다.

① 갑
② 갑, 을
③ 을, 정
④ 병

정답 설명 ④ 제시된 명제를 기호화하면 다음과 같다.

구분	명제	대우
전제 1	갑 → 을	~을 → ~갑
전제 2	~갑 → 병	~병 → 갑
전제 3	갑 → ~을	을 → ~갑
전제 4	병 → ~을 ∧ ~정	을 ∨ 정 → ~병

전제 1과 전제 3이 모순되므로, '갑'은 거짓이다. 따라서 '~갑'이다. '~갑'이 확정되었으므로 전제 2에 따라 '병'도 확정임을 알 수 있다. 이를 전제 4와 연결하면 '~을 ∧ ~정'이 확정임을 알 수 있다. 따라서 확정된 것들을 정리하면 '~갑, ~을, 병, ~정'이므로, 면접에 응시하는 사람은 '병' 뿐임을 알 수 있다.

오답 분석 ① 전제 1과 전제 3이 모순이므로 갑은 면접에 응시하지 않음을 알 수 있다.
② ③ 전제 1과 전제 3이 모순이므로 갑은 면접에 응시하지 않고, 전제 2에 따라 병은 면접에 응시한다. 또한 전제 4에 따라 을과 정은 면접에 응시하지 않음을 알 수 있다.

Chapter 02 결론 추론

04 (가)~(다)를 전제로 할 때, 빈칸에 들어갈 결론으로 가장 적절한 것은?

> (가) 전자책이 확산되거나 인쇄 출판이 쇠퇴한다.
> (나) 전자책이 확산되면 콘텐츠 산업이 증가하는 동시에 오프라인 서점 방문자가 감소한다.
> (다) 인쇄 출판이 쇠퇴하면 오프라인 서점 방문자가 감소하는 동시에 출판 시장이 침체된다.
> 따라서 ☐.

① 출판 시장이 침체된다.
② 콘텐츠 산업이 증가한다.
③ 오프라인 서점 방문자가 감소한다.
④ 콘텐츠 산업이 증가하고 출판 시장이 침체된다.

정답 설명 ③ 제시된 명제를 기호화하면 다음과 같다.

구분	명제	대우
(가)	전자책 ∨ 인쇄 출판 쇠퇴	-
(나)	전자책 → 콘텐츠 산업 증가 ∧ 오프라인 서점 방문자 감소	~콘텐츠 산업 증가 ∨ ~오프라인 서점 방문자 감소 → ~전자책
(다)	인쇄 출판 쇠퇴 → 오프라인 서점 방문자 감소 ∧ 출판 시장 침체	~오프라인 서점 방문자 감소 ∨ ~출판 시장 침체 → ~인쇄 출판 쇠퇴

(나)와 (다)를 (가)에 결합하면 '(콘텐츠 산업 증가 ∧ 오프라인 서점 방문자 감소) ∨ (오프라인 서점 방문자 감소 ∧ 출판 시장 침체)'이고, 앞부분을 교환법칙에 의해 다시 정리하면 '(오프라인 서점 방문자 감소 ∧ 콘텐츠 산업 증가) ∨ (오프라인 서점 방문자 감소 ∧ 출판 시장 침체)'이다. 이때 선언 명제로 연결된 두 명제에 공통된 부분은 확정이 되기 때문에 '오프라인 서점 방문자 감소'가 결론으로 도출된다.

05 (가)~(다)를 전제로 할 때, 빈칸에 들어갈 결론으로 가장 적절한 것은?

> (가) 반도체가 만들어지거나 농업이 쇠퇴한다.
> (나) 반도체가 만들어지면 산업이 증가하는 동시에 농촌 인구가 감소한다.
> (다) 농업이 쇠퇴하면 농촌 인구가 감소하는 동시에 우리 경제가 침체된다.
> 따라서 ▭

① 우리 경제가 침체된다.
② 산업이 증가한다.
③ 농촌 인구가 감소한다.
④ 산업이 증가하고 우리 경제가 침체된다.

정답 설명 ③ 제시된 명제를 기호화하면 다음과 같다.

구분	명제	대우
(가)	반도체 ∨ 농업 쇠퇴	-
(나)	반도체 → 산업 증가 ∧ 농촌 인구 감소	~산업 증가 ∨ ~농촌 인구 감소 → ~반도체
(다)	농업 쇠퇴 → 농촌 인구 감소 ∧ 경제 침체	~농촌 인구 감소 ∨ ~경제 침체 → ~농업 쇠퇴

(나)와 (다)를 (가)에 결합하면 '(산업 증가 ∧ 농촌 인구 감소) ∨ (농촌 인구 감소 ∧ 경제 침체)'이고, 앞부분을 교환법칙에 의해 다시 정리하면 '(농촌 인구 감소 ∧ 산업 증가) ∨ (농촌 인구 감소 ∧ 경제 침체)'가 된다. 이때 선언 명제로 연결된 두 명제에 공통된 부분은 확정이 되기 때문에 '농촌 인구 감소'가 결론으로 도출된다.

Chapter 02 결론 추론

06 다음 빈칸에 들어갈 말로 가장 적절한 것은?

- (가)와 (나) 중 적어도 한 명은 '수학 문제'를 만든다.
- (다)가 '과학 문제'와 '영어 문제'를 만들면 (라)는 '논술 문제'를 만든다.
- (나)가 '수학 문제'를 만들면 (다)는 '과학 문제'와 '영어 문제'를 만든다.
- (라)가 '논술 문제'를 만들지 않는다.

이를 통해 (가)가 '_____'를 만든다는 것을 알 수 있게 되었다.

① 과학 문제 ② 영어 문제
③ 논술 문제 ④ 수학 문제

정답 설명 ④ 제시된 명제를 기호화하면 다음과 같다.

구분	명제	대우
전제 1	(가) 수학 ∨ (나) 수학	-
전제 2	(다) 과학 ∧ (다) 영어 → (라) 논술	~(라) 논술 → ~(다) 과학 ∨ ~(다) 영어
전제 3	(나) 수학 → (다) 과학 ∧ (다) 영어	~(다) 과학 ∨ ~(다) 영어 → ~(나) 수학
전제 4	~(라) 논술	-

전제 4에 의하면 '~(라) 논술'이 확정이므로 전제 2의 대우에 따라 '~(다) 과학 ∨ ~(다) 영어'가 성립한다. 이를 전제 3의 대우에 대입하면 '~(나) 수학'이 확정된다. '~(나) 수학'이 확정되므로 전제 1에서 선언지 제거에 의해 '(가) 수학'이 확정된다. 따라서 (가)가 만드는 것은 '수학 문제'임을 알 수 있다.

07 다음 글의 빈칸에 들어갈 말로 가장 적절한 것은?

> A, B, C, D, E 다섯 사람의 해외 유학 계획과 관련하여 아래와 같은 사실들이 알려졌다.
> - A는 베트남으로 유학을 가지 않는다.
> - B가 캐나다로 유학을 가면 A나 C는 베트남으로 유학을 간다.
> - C가 베트남으로 유학을 가면 A도 베트남으로 유학을 간다.
> - D가 베이징으로 유학을 가면 B와 E는 캐나다로 유학을 간다.
> 이를 통해 ◯◯◯◯◯◯◯◯◯◯◯는 것을 알 수 있게 되었다.

① D는 베이징으로 유학을 가고, E는 캐나다로 유학을 간다
② B는 캐나다로 유학을 가지 않고, E는 캐나다로 유학을 간다
③ B는 캐나다로 유학을 가고, C는 베트남으로 유학을 가지 않는다
④ C는 베트남으로 유학을 가지 않고, D는 베이징으로 유학을 가지 않는다

정답 설명 ④ 제시된 명제를 기호화하면 다음과 같다.

구분	명제	대우
전제 1	~A 베트남	-
전제 2	B 캐나다 → A 베트남 ∨ C 베트남	~A 베트남 ∧ ~C 베트남 → ~B 캐나다
전제 3	C 베트남 → A 베트남	~A 베트남 → ~C 베트남
전제 4	D 베이징 → B 캐나다 ∧ E 캐나다	~B 캐나다 ∨ ~E 캐나다 → ~D 베이징

전제 1에 의해 '~A 베트남'이 확정되고, 이를 전제 3의 대우에 결합하면 '~C 베트남'도 확정된다. '~A 베트남, ~C 베트남'이 확정이므로 이를 전제 2의 대우에 결합하면 '~B 캐나다'가 확정된다. 전제 4는 '~B 캐나다'나 '~E 캐나다' 중 하나라도 확정되면 '~D 베이징'이 확정되는데, '~B 캐나다'가 확정되었으므로 '~D 베이징' 또한 확정된다. 즉, 제시된 진술을 통해 '~A 베트남, ~B 캐나다, ~C 베트남, ~D 베이징'이 확정된다. 따라서 빈칸에 들어갈 말로 적절한 것은 'C는 베트남으로 유학을 가지 않고, D는 베이징으로 유학을 가지 않는다(~C 베트남, ~D 베이징)'이다.

오답 분석 ① '~D 베이징'이므로 D가 베이징으로 유학을 간다는 것은 거짓이다. 또한 E가 캐나다로 유학을 가는지는 제시된 진술을 통해 확정할 수 없다.
② '~B 캐나다'이므로 B가 캐나다로 유학을 가지 않는다는 것은 참이다. 하지만 E가 캐나다로 유학을 가는지는 제시된 진술을 통해 확정할 수 없다.
③ '~C 베트남'이므로 C가 베트남으로 유학을 가지 않는다는 것은 참이다. 하지만 '~B 캐나다'이므로 B가 캐나다로 유학을 간다는 것은 거짓이다.

Chapter 02 결론 추론

08 국어 문제, 영어 문제, 행정법 문제, 논리 문제 네 개의 개편 여부를 두고, 정부가 다음과 같은 기본 방침을 정했다고 하자. 다음 빈칸에 들어갈 말로 가장 적절한 것은?

> - 국어 문제 개편을 추진한다면, 영어 문제 개편도 추진한다.
> - 행정법 문제 개편을 추진한다면, 논리 문제 개편도 추진한다.
> - 국어 문제 개편이나 행정법 문제 개편 가운데 적어도 하나는 추진한다.
> - 국어 문제 개편은 추진하지 않는다.
> 따라서 ☐☐☐☐☐☐☐☐☐☐☐☐☐.

① 행정법 문제 개편, 논리 문제 개편 두 개만 추진한다.
② 영어 문제 개편을 추진한다.
③ 영어 문제 개편을 추진하는지 알 수 없다.
④ 논리 문제 개편은 추진하지 않는다.

정답 설명 ③ 제시된 명제를 기호화하면 다음과 같다.

구분	명제	대우
전제 1	국어 문제 개편 → 영어 문제 개편	~영어 문제 개편 → ~국어 문제 개편
전제 2	행정법 문제 개편 → 논리 문제 개편	~논리 문제 개편 → ~행정법 문제 개편
전제 3	국어 문제 개편 ∨ 행정법 문제 개편	-
전제 4	~국어 문제 개편	-

전제 4에 따라 '~국어 문제 개편'은 확정이므로 전제 3인 '국어 문제 개편 ∨ 행정법 문제 개편'에서 '행정법 문제 개편'이 확정이다. '행정법 문제 개편'이 확정되었으므로 전제 2에 따라 '논리 문제 개편'도 확정이다. 이를 정리해 보면 '~국어 문제 개편, 행정법 문제 개편, 논리 문제 개편'이며, '영어 문제 개편'의 진위 여부를 판단할 수 없으므로 답은 ③이다.

오답 분석 ① 영어 문제 개편의 추진 여부를 알 수 없으므로 행정법과 논리 문제 개편만 추진하는지는 확정할 수 없다.
② 영어 문제 개편의 추진 여부에 대해서는 알 수 없다.
④ 전제 4에 따라 국어 문제 개편은 추진하지 않고 전제 3에 따라 행정법 문제 개편은 추진하며, 전제 2에 따라 논리 문제 개편도 추진한다.

09 다음 빈칸에 들어갈 말로 가장 적절한 것은?

> 첼시, 파리, 토트넘, 레알의 우승 횟수와 관련하여 다음과 같은 사실들이 알려졌다.
> - 파리의 우승 횟수가 3회 이상이라면 첼시의 우승 횟수는 5회 이상이다.
> - 파리의 우승 횟수가 3회 이상이 아니라면 토트넘의 우승 횟수는 1회 이상이다.
> - 토트넘의 우승 횟수가 1회 이상이라면 레알의 우승 횟수는 7회 미만이다.
> - 레알의 우승 횟수는 10회이다.
>
> 이를 통해 _____ 임을 알 수 있게 되었다.

① 토트넘의 우승 횟수가 1회 이상
② 첼시의 우승 횟수가 5회 이상
③ 파리의 우승 횟수가 3회 미만
④ 첼시의 우승 횟수가 5회 미만

정답 설명 ② 제시된 명제를 기호화하면 다음과 같다.

구분	명제	대우
전제 1	파리 [3회 이상] → 첼시 [5회 이상]	~첼시 [5회 이상] → ~파리 [3회 이상]
전제 2	~파리 [3회 이상] → 토트넘 [1회 이상]	~토트넘 [1회 이상] → 파리 [3회 이상]
전제 3	토트넘 [1회 이상] → 레알 [7회 미만]	~레알 [7회 미만] → ~토트넘 [1회 이상]
전제 4	레알 [10회]	-

전제 4에서 레알의 우승 횟수가 10회라고 하였으므로 '~레알 [7회 미만]'이 확정된다. 이를 전제 3의 대우에 대입하면 '~레알 [7회 미만] → ~토트넘 [1회 이상]'이 성립하므로 '~토트넘[1회 이상]'이 확정된다. '~토트넘 [1회 이상]'이 확정되므로 전제 2의 대우인 '~토트넘 [1회 이상] → 파리 [3회 이상]'이 성립하게 되어, '파리 [3회 이상]'이 확정된다. 이를 전제 1에 대입하면 첼시 [5회 이상]임이 확정되므로 '첼시의 우승 횟수가 5회 이상'이 가장 적절함을 추론할 수 있다.

Chapter 02 결론 추론

10 다음 빈칸에 들어갈 말로 가장 적절한 것은?

> 서초구청, 동작구청, 중랑구청, 영등포구청의 입상 횟수와 관련하여 다음과 같은 사실들이 알려졌다.
> - 동작구청의 입상 횟수가 3회 이상이라면 서초구청의 입상 횟수는 9회 이상이다.
> - 동작구청의 입상 횟수가 3회 이상이 아니라면 중랑구청의 입상 횟수는 1회 이상이다.
> - 중랑구청의 입상 횟수가 1회 이상이라면 영등포구청의 입상 횟수는 12회 미만이다.
> - 영등포구청의 입상 횟수는 19회이다.
>
> 이를 통해 [　　　　　　　　　　]임을 알 수 있게 되었다.

① 중랑구청의 입상 횟수가 1회 이상
② 동작구청의 입상 횟수가 3회 미만
③ 서초구청의 입상 횟수가 9회 이상
④ 동작구청의 입상 횟수가 2회 미만

정답 설명 ③ 제시된 명제를 기호화하면 다음과 같다.

구분	명제	대우
전제 1	동작구청 [3회 이상] → 서초구청 [9회 이상]	~서초구청 [9회 이상] → ~동작구청 [3회 이상]
전제 2	~동작구청 [3회 이상] → 중랑구청 [1회 이상]	~중랑구청 [1회 이상] → 동작구청 [3회 이상]
전제 3	중랑구청 [1회 이상] → 영등포구청 [12회 미만]	~영등포구청 [12회 미만] → ~중랑구청 [1회 이상]
전제 4	영등포구청 [19회]	-

전제 4에 의해 '~영등포구청 [12회 미만]'이 확정된다. 이를 전제 3의 대우에 대입하면 '~영등포구청 [12회 미만] → ~중랑구청 [1회 이상]'이 성립하므로 '~중랑구청[1회 이상]'이 확정된다. '~중랑구청 [1회 이상]'이 확정되므로 전제 2의 대우인 '~중랑구청 [1회 이상] → 동작구청 [3회 이상]'이 성립하게 되어, '동작구청[3회 이상]'이 확정된다. 이를 전제 1에 대입하면 서초구청 [9회 이상]'임이 확정되므로 '서초구청의 입상 횟수가 9회 이상'이 가장 적절함을 추론할 수 있다.

11 다음 빈칸에 들어갈 말로 가장 적절한 것은?

네 명의 지원서 작성과 관련하여 다음과 같은 사실들이 알려졌다.
- 홍해인은 '퀴즈그룹'을 쓰지 않는다.
- 백현우와 홍수철 적어도 한 명은 '퀴즈법무사'를 쓴다.
- 홍수철이 '퀴즈법무사'를 쓰면 구준표는 '신화그룹'과 '제국그룹'을 쓴다.
- 구준표가 '신화그룹'과 '제국그룹'을 쓰면 홍해인은 '퀴즈그룹'을 쓴다.

이를 통해 백현우가 [　　　　　　　　]을(를) 쓴다는 것을 알 수 있게 되었다.

① 신화그룹　　　　　　　② 제국그룹
③ 퀴즈그룹　　　　　　　④ 퀴즈법무사

정답 설명 ④ 제시된 명제를 기호화하면 다음과 같다.

구분	명제	대우
전제 1	~홍해인 퀴즈그룹	-
전제 2	백현우 퀴즈법무사 ∨ 홍수철 퀴즈법무사	-
전제 3	홍수철 퀴즈법무사 → 구준표 신화그룹 ∧ 구준표 제국그룹	~구준표 신화그룹 ∨ ~구준표 제국그룹 → ~홍수철 퀴즈법무사
전제 4	구준표 신화그룹 ∧ 구준표 제국그룹 → 홍해인 퀴즈그룹	~홍해인 퀴즈그룹 → ~구준표 신화그룹 ∨ ~구준표 제국그룹

전제 1에 의하면 '~홍해인 퀴즈그룹'이 확정이므로 전제 4의 대우에 따라 '~구준표 신화그룹 ∨ ~구준표 제국그룹'이 확정된다. '~구준표 신화그룹 ∨ ~구준표 제국그룹'이 확정되므로 전제 3의 대우에 따라 '~홍수철 퀴즈법무사'가 확정된다. '~홍수철 퀴즈법무사'가 확정되므로 전제 2에서 선언지 제거에 의해 '백현우 퀴즈법무사'가 성립한다. 따라서 백현우는 '퀴즈법무사'에 지원할 것임을 알 수 있다.

Chapter 02 결론 추론

12 다음 글의 빈칸에 들어갈 말로 가장 적절한 것은?

> - A는 사극에 출연을 하지 않는다.
> - B가 코미디극에 출연을 하면 A나 C는 사극에 출연을 한다.
> - C가 사극에 출연을 하면 A도 사극에 출연을 한다.
> - D가 뮤지컬에 출연을 하면 B와 E는 코미디극에 출연을 한다.
>
> 이를 통해 [　　　　　　　　　　　]는 것을 알 수 있게 되었다.

① D는 뮤지컬에 출연을 하고, E는 코미디극에 출연을 한다
② B는 코미디극에 출연을 하지 않고, E는 코미디극에 출연을 한다
③ B는 코미디극에 출연을 하고, C는 사극에 출연을 하지 않는다
④ C는 사극에 출연을 하지 않고, D는 뮤지컬에 출연을 하지 않는다

정답 설명 ④ 제시된 진술을 기호화하면 다음과 같다.

구분	명제	대우
전제 1	~A 사극	-
전제 2	B 코미디극 → A 사극 ∨ C 사극	~A 사극 ∧ ~C 사극 → ~B 코미디극
전제 3	C 사극 → A 사극	~A 사극 → ~C 사극
전제 4	D 뮤지컬 → B 코미디극 ∧ E 코미디극	~B 코미디극 ∨ ~E 코미디극 → ~D 뮤지컬

전제 1에 의해 '~A 사극'이 확정되고, 이를 전제 3의 대우에 결합하면 '~C 사극'도 확정된다. '~A 사극, ~C 사극'이 확정되었으므로 이를 전제 2의 대우에 결합하면 '~B 코미디극'이 확정되며, '~B 코미디극'을 전제 4의 대우에 결합하면 '~D 뮤지컬' 또한 확정된다. 즉, 제시된 진술을 통해 '~A 사극, ~B 코미디극, ~C 사극, ~D 뮤지컬'이 확정된다. 따라서 빈칸에 들어갈 말로 적절한 것은 'C는 사극에 출연을 하지 않고, D는 뮤지컬에 출연을 하지 않는다(~C 사극, ~D 뮤지컬).'이다.

오답 분석 ① '~D 뮤지컬'이므로 D가 뮤지컬에 출연을 한다는 것은 거짓이다. 또한 E가 코미디극에 출연을 하는지는 제시된 진술을 통해 확정할 수 없다.
② '~B 코미디극'이므로 B가 코미디극에 출연을 하지 않는다는 것은 참이다. 하지만 E가 코미디극에 출연을 하는지는 제시된 진술을 통해 확정할 수 없다.
③ '~C 사극'이므로 C가 사극에 출연을 하지 않는다는 것은 참이다. 하지만 '~B 코미디극'이므로 B가 코미디극에 출연을 한다는 것은 거짓이다.

13 다음 글의 빈칸에 들어갈 말로 가장 적절한 것은?

- A는 국내 학회에서 발표를 하지 않는다.
- B가 국제 학회에서 발표를 하면 A나 C는 국내 학회에서 발표를 한다.
- C가 국내 학회에서 발표를 하면 A도 국내 학회에서 발표를 한다.
- D가 공동연구에 참여하면 B와 E는 국제 학회에서 발표를 한다.

이를 통해 ☐는 것을 알 수 있게 되었다.

① D는 공동연구에 참여하고, E는 국제 학회에서 발표를 한다
② B는 국제 학회에서 발표를 하지 않고, E는 국제 학회에서 발표를 한다
③ C는 국내 학회에서 발표를 하지 않고, D는 공동연구에 참여하지 않는다
④ B는 국제 학회에서 발표를 하고, A는 국내 학회에서 발표를 하지 않는다

정답 설명 ③ 제시된 진술을 기호화하면 다음과 같다.

구분	명제	대우
전제 1	~A 국내 학회	-
전제 2	B 국제 학회 → A 국내 학회 ∨ C 국내 학회	~A 국내 학회 ∧ ~C 국내 학회 → ~B 국제 학회
전제 3	C 국내 학회 → A 국내 학회	~A 국내 학회 → ~C 국내 학회
전제 4	D 공동연구 → B 국제 학회 ∧ E 국제 학회	~B 국제 학회 ∨ ~E 국제 학회 → ~D 공동연구

전제 1에 의해 '~A 국내 학회'가 확정되고, 이를 전제 3의 대우에 결합하면 '~C 국내 학회'도 확정된다. '~A 국내 학회, ~C 국내 학회'가 확정되었으므로 이를 전제 2의 대우에 결합하면 '~B 국제 학회'가 확정되며, '~B 국제 학회'를 전제 4의 대우에 결합하면 '~D 공동연구' 또한 확정된다. 즉, 제시된 진술을 통해 '~A 국내 학회, ~B 국제 학회, ~C 국내 학회, ~D 공동연구'가 확정된다. 따라서 빈칸에 들어갈 말로 적절한 것은 'C는 국내 학회에서 발표를 하지 않고, D는 공동연구에 참여하지 않는다(~C 국내 학회, ~D 공동연구).'이다.

오답 분석 ① '~D 공동연구'이므로 D가 공동연구에 참여한다는 것은 거짓이다. 또한 E가 국제 학회에 발표를 하는지는 제시된 진술을 통해 확정할 수 없다.
② '~B 국제 학회'이므로 B가 국제 학회에 발표를 하지 않는다는 것은 참이다. 하지만 E가 국제 학회에 발표를 하는지는 제시된 진술을 통해 확정할 수 없다.
④ '~A 국내 학회'이므로 A가 국내 학회에 발표를 하지 않는다는 것은 참이다. 하지만 '~B 국제 학회'이므로 B가 국제 학회에 발표를 한다는 것은 거짓이다.

Chapter 02 결론 추론

14 다음 글의 빈칸에 들어갈 말로 가장 적절한 것은?

> 지민, 정국, 태형, 남준, 호석 다섯 선수의 경기 참가 계획과 관련하여 아래와 같은 사실들이 알려졌다.
> - 지민이는 핸드볼 경기에 참가하지 않는다.
> - 정국이 검도 경기에 참가하면 지민이나 태형이는 핸드볼 경기에 참가한다.
> - 태형이 핸드볼 경기에 참가를 하면 지민이도 핸드볼 경기에 참가한다.
> - 남준이 유도 경기에 참가를 하면 정국이와 호석이는 검도 경기에 참가를 한다.
> 이를 통해 _____는 것을 알 수 있게 되었다.

① 남준이는 유도 경기에 참가를 하고, 호석이는 검도 경기에 참가를 한다
② 정국이는 검도 경기에 참가를 하지 않고, 호석이는 검도 경기에 참가를 한다
③ 정국이는 검도 경기에 참가를 하고, 태형이는 핸드볼 경기에 참가를 하지 않는다
④ 태형이는 핸드볼 경기에 참가를 하지 않고, 남준이는 유도 경기에 참가를 하지 않는다

정답 설명 ④ 제시된 진술을 기호화하면 다음과 같다.

구분	명제	대우
전제 1	~지민 핸드볼	-
전제 2	정국 검도 → 지민 핸드볼 ∨ 태형 핸드볼	~지민 핸드볼 ∧ ~태형 핸드볼 → ~정국 검도
전제 3	태형 핸드볼 → 지민 핸드볼	~지민 핸드볼 → ~태형 핸드볼
전제 4	남준 유도 → 정국 검도 ∧ 호석 검도	~정국 검도 ∨ ~호석 검도 → ~남준 유도

전제 1에 의해 '~지민 핸드볼'이 확정되고, 이를 전제 3의 대우에 결합하면 '~태형 핸드볼'도 확정된다. '~지민 핸드볼, ~태형 핸드볼'이 확정되었으므로 이를 전제 2의 대우에 결합하면 '~정국 검도'가 확정되며, '~정국 검도'를 전제 4의 대우에 결합하면 '~남준 유도' 또한 확정된다. 즉, 제시된 진술을 통해 '~지민 핸드볼, ~정국 검도, ~태형 핸드볼, ~남준 유도'가 확정된다. 따라서 빈칸에 들어갈 말에 적절한 것은 '태형이는 핸드볼 경기에 참가를 하지 않고, 남준이는 유도 경기에 참가를 하지 않는다(~태형 핸드볼 경기, ~남준 유도 경기).'이다.

오답 분석 ① '~남준 유도'이므로 남준이가 유도 경기에 참가를 한다는 것은 거짓이다. 또한 호석이가 검도 경기에 참가를 하는지는 제시된 진술을 통해 확정할 수 없다.
② '~정국 검도'이므로 정국이가 검도 경기에 참가를 하지 않는다는 것은 참이다. 하지만 호석이가 검도 경기에 참가를 하는지는 제시된 진술을 통해 확정할 수 없다.
③ '~태형 핸드볼'이므로 태형이가 핸드볼 경기에 참가를 하지 않는다는 것은 참이다. 하지만 '~정국 검도'이므로 정국이가 검도 경기에 참가를 한다는 것은 거짓이다.

15 다음 글의 빈칸에 들어갈 말에 가장 적절한 것은?

> A, B, C, D, E 다섯 사람이 튀김을 하려고 하며, 그와 관련하여 아래와 같은 사실들이 알려졌다.
> - A는 고구마를 튀기지 않는다.
> - B가 감자를 튀기면 A나 C는 고구마를 튀긴다.
> - C가 고구마를 튀기면 A도 고구마를 튀긴다.
> - D가 계란을 튀기면 B와 E는 감자를 튀긴다.
>
> 이를 통해 ☐☐☐☐☐는 것을 알 수 있게 되었다.

① D는 계란을 튀기고, E는 감자를 튀긴다
② C는 고구마를 튀기지 않고, D는 계란을 튀기지 않는다
③ B는 감자를 튀기고, C는 고구마를 튀기지 않는다
④ B는 감자를 튀기지 않고, E는 감자를 튀긴다

정답 설명 ② 제시된 진술을 기호화하면 다음과 같다.

구분	명제	대우
전제 1	~A 고구마	-
전제 2	B 감자 → A 고구마 ∨ C 고구마	~A 고구마 ∧ ~C 고구마 → ~B 감자
전제 3	C 고구마 → A 고구마	~A 고구마 → ~C 고구마
전제 4	D 계란 → B 감자 ∧ E 감자	~B 감자 ∨ ~E 감자 → ~D 계란

전제 1에 의해 '~A 고구마'가 확정되고, 이를 전제 3의 대우에 결합하면 '~C 고구마'도 확정된다. '~A 고구마, ~C 고구마'가 확정되었으므로 이를 전제 2의 대우에 결합하면 '~B 감자'가 확정되며, '~B 감자'를 전제 4의 대우에 결합하면 '~D 계란' 또한 확정된다. 즉, 제시된 진술을 통해 '~A 고구마, ~B 감자, ~C 고구마, ~D 계란'이 확정된다. 따라서 빈칸에 들어갈 말에 적절한 것은 'C는 고구마를 튀기지 않고, D는 계란을 튀기지 않는다(~C 고구마, ~D 계란).'이다.

오답 분석 ① '~D 계란'이므로 D가 계란을 튀긴다는 것은 거짓이다. 또한 E가 감자를 튀기는지는 제시된 진술을 통해 확정할 수 없다.
③ '~C 고구마'이므로 C가 고구마를 튀기지 않는다는 것은 참이다. 하지만 '~B 감자'이므로 B가 감자를 튀긴다는 것은 거짓이다.
④ '~B 감자'이므로 B가 감자를 튀기지 않는다는 것은 참이다. 하지만 E가 감자를 튀기는지는 제시된 진술을 통해 확정할 수 없다.

Chapter 03 전제 추론

대표 문제

결론을 이끌어내기 위한 추가 전제 찾기

01 다음 대화의 빈칸에 들어갈 말로 가장 적절한 것은?　　　　　　　　　　　　　　　　　　　2025년 국가직 9급

> 갑: 설명회는 다음 달 셋째 주 목요일이나 넷째 주 목요일에 개최해야 합니다.
> 을: 설명회를 ☐
> 병: 설명회를 다음 달 셋째 주 목요일에 개최하면 홍보 포스터 제작을 이번 주 안에 완료해야 합니다.
> 정: 여러분의 의견대로 하자면, 반드시 이번 주 안에 홍보 포스터 제작을 완료해야 하겠군요.

① 다음 달 넷째 주 목요일에 개최해야 합니다.
② 다음 달 셋째 주 목요일에 개최할 수 없습니다.
③ 다음 달 넷째 주 목요일에 개최할 수 없습니다.
④ 다음 달 넷째 주 목요일에 개최하면, 이번 주 안에 홍보 포스터 제작을 완료하지 않아도 됩니다.

정답 설명　③ 제시된 명제를 기호화하면 다음과 같다.

구분	명제	대우
갑	다음 달 셋째 주 목요일 ∨ 다음 달 넷째 주 목요일	-
을		
병	다음 달 셋째 주 목요일 → 이번 주 홍보 포스터 제작	~이번 주 홍보 포스터 제작 → ~다음 달 셋째 주 목요일
정	이번 주 홍보 포스터 제작	-

'정'의 '이번 주 홍보 포스터 제작'을 확정하기 위해서는 '병'의 '다음 달 셋째 주 목요일'이 확정되어야 한다. 또한 '갑'의 명제를 통해 볼 때, 설명회는 다음 달 셋째 주 목요일이나 넷째 주 목요일에 개최되어야 하기 때문에, '을'이 설명회를 '다음 달 넷째 주 목요일'에는 개최할 수 없다는 조건을 추가적으로 제시한다면 결론이 확정될 수 있다. 그러므로 정답은 ③이다.

조건 명제를 선언 명제에 대입하여 추가해야 할 전제 찾기

02 다음 결론을 도출하기 위해 추가해야 할 전제는?

> - 온라인 쇼핑몰 고객 이탈률이 가속화되면, 매출이 감소하거나 운영 비용이 상승한다.
> - 운영 비용이 상승하면, 경영 악화를 가져오는 악순환을 초래한다.
> - _____
> 따라서 온라인 쇼핑몰 고객 이탈률이 가속화되면, 경영 악화를 가져오는 악순환을 초래한다.

① 온라인 쇼핑몰 고객 이탈률이 가속화된다.
② 매출이 감소하지 않는다.
③ 운영 비용이 상승한다.
④ 경영 악화를 가져오는 악순환을 초래한다.

정답 설명 ② 제시된 명제를 기호화하면 다음과 같다.

구분	명제
전제 1	온라인 쇼핑몰 고객 이탈률 가속화 → 매출 감소 ∨ 운영 비용 상승
전제 2	운영 비용 상승 → 경영 악화
추가	
결론	온라인 쇼핑몰 고객 이탈률 가속화 → 경영 악화

추가해야 하는 전제를 찾기 위해서는 결론의 앞쪽이나 뒤쪽과 동일하게 명제를 만들어야 한다. 전제 1의 '온라인 쇼핑몰 고객 이탈률 가속화 → 매출 감소 ∨ 운영 비용 상승'과 전제 2의 '운영 비용 상승 → 경영 악화'를 합치면 '온라인 쇼핑몰 고객 이탈률 가속화 → 매출 감소 ∨ 경영 악화'가 되어, 결론의 앞부분과 동일하게 된다. 전제 1, 2와 결론을 사용하여 정리하면 다음과 같다.

전제 1+2	온라인 쇼핑몰 고객 이탈률 가속화 → 매출 감소 ∨ 경영 악화
추가	
결론	온라인 쇼핑몰 고객 이탈률 가속화 → 경영 악화

전제 1+2에서 도출된 '온라인 쇼핑몰 고객 이탈률 가속화 → 매출 감소 ∨ 경영 악화'에서 결론인 '온라인 쇼핑몰 고객 이탈률 가속화 → 경영 악화'가 도출되기 위해서는 '매출 감소 ∨ 경영 악화'를 선언지 제거를 통해 '경영 악화'만 남을 수 있게 해야 한다. 따라서 '~매출 감소'가 전제로 포함되어야 하므로 '~매출 감소'를 표현하고 있는 ②가 가장 적절하다.

Chapter 03 전제 추론

전제를 통해 소결론을 이끌어내기 위한 추가 전제 찾기

03 다음 글의 밑줄 친 결론을 이끌어내기 위해 추가해야 할 전제만을 <보기>에서 모두 고르면?

- 부지런하고 체계적으로 일을 하는 직원은 모두 책임감이 있다.
- 과장은 모두 부지런하다.
- 회의에 집중하는 직원은 모두 성과가 좋다.
- 책임감이 있고 성과가 좋은 직원은 모두 모범적이다.

따라서 <u>과장은 모두 모범적이다.</u>

보기
ㄱ. 책임감이 있는 직원은 모두 모범적이다.
ㄴ. 과장은 모두 체계적으로 일을 한다.
ㄷ. 과장은 모두 회의에 집중한다.

① ㄱ
② ㄷ
③ ㄱ, ㄷ
④ ㄴ, ㄷ

정답 설명 ④ 제시된 진술들을 기호화하면 아래와 같다

구분	명제	대우
전제 1	부지런함 ∧ 체계적 → 책임감	~책임감 → ~부지런함 ∨ ~체계적
전제 2	과장 → 부지런함	~부지런함 → ~과장
전제 3	회의 집중 → 성과 좋음	~성과 좋음 → ~회의 집중
전제 4	책임감 ∧ 성과 좋음 → 모범적	~모범적 → ~책임감 ∨ ~성과 좋음
결론	과장 → 모범적	~모범적 → ~과장

결론은 '과장 → 모범적'이다. 이와 같은 결론을 이끌어내기 위해서는 전제 4의 '(책임감 ∧ 성과 좋음) → 모범적'을 충족해야 하므로 '책임감'과 '성과 좋음'이 필요함을 알 수 있다.
ㄴ. 전제 1의 '(부지런함 ∧ 체계적) → 책임감'을 통해 '책임감'은 '부지런함'과 '체계적'을 충족해야 함을 알 수 있으며, 전제 2를 통해 '과장'이 '부지런함'을 충족하고 있음을 알 수 있다. 따라서 '과장 → 체계적'이 추가되면 '과장 → 책임감'이 성립하게 된다.
ㄷ. 전제 3의 '회의 집중 → 성과 좋음'을 통해 '성과 좋음'은 '회의 집중'을 충족해야 함을 알 수 있다. 따라서 '과장 → 회의 집중'이 추가되면 '과장 → 성과 좋음'이 성립하게 된다.

오답 분석 ㄱ. '책임감 → 모범적'을 추가하더라도 '과장'이 '책임감'을 충족하지 못한다면 결론을 이끌어내지 못한다. 따라서 ㄱ은 추가할 전제로 적절하지 않다.

전제를 두 번 활용하여 전제 찾기

04 다음 글의 밑줄 친 결론을 이끌어내기 위해 추가해야 할 것은?

> - 출장이 잦은 회사원은 모두 만성 피로가 있다.
> - 회식이 잦은 회사원 중 일부는 불면증이 있다.
> 따라서 <u>회식이 잦은 회사원 중 일부는 만성 피로가 있다.</u>

① 불면증이 있는 회사원은 모두 회식이 잦다.
② 만성 피로가 없는 회사원은 모두 불면증이 없다.
③ 만성 피로가 있는 회사원 중 일부는 불면증이 있다.
④ 회식이 잦지 않은 회사원 중 일부는 불면증이 없다.

정답 설명 ② 제시된 명제를 기호화하면 다음과 같다.

구분	명제	대우
전제 1	출장 → 만성 피로	~만성 피로 → ~출장
전제 2	회식 ∧ 불면증	-
추가		
결론	회식 ∧ 만성 피로	-

추가해야 하는 전제를 찾기 위해서는 결론의 앞쪽이나 뒤쪽과 동일하게 명제를 만들어야 한다. 결론을 기준으로 할 때 전제 1이 결론과 뒷부분을 동일하게 배치할 수 있다. 이를 표로 정리하면 아래와 같다.

전제 1	출장 → 만성 피로
추가	
결론	회식 ∧ 만성 피로

따라서 '회식 ∧ 만성 피로'가 되기 위해서는 '출장'과 '회식'의 전제가 필요하다. 그런데 선지에는 '출장'과 '회식'이 포함된 명제가 없으므로 다른 전제를 찾아야 한다. 전제 2에 결론과 동일하게 '회식'의 명제가 나타나 있기 때문에, 이를 결과절에 공통적으로 동일하게 배치하면 다음과 같다.

전제 2	회식 ∧ 불면증
추가	
결론	회식 ∧ 만성 피로

공통된 결과절을 삭제하면 '불면증 → 만성 피로'의 전제가 필요하며, 그 대우도 참이므로 '만성 피로가 없는 회사원은 모두 불면증이 없다.'가 참이다.

Chapter 03 전제 추론

전건 분리의 원칙을 사용하여 전제 찾기

05 다음 글의 밑줄 친 결론을 이끌어내기 위해 추가해야 할 것은?

> - 인터넷 트래픽이 증가하면 서버 부하가 발생한다.
> - 서버 부하가 발생하거나 네트워크 대역폭이 감소하면 사용자 응답 속도가 저하된다.
> 따라서 <u>인터넷 트래픽이 증가하면 사용자 만족도가 저하될 것이다.</u>

① 사용자 응답 속도가 저하되면 사용자 만족도가 저하된다.
② 서버 부하가 발생하면 네트워크 대역폭이 감소한다.
③ 네트워크 대역폭이 감소하면 인터넷 트래픽이 증가한다.
④ 사용자 만족도가 저하되면 인터넷 트래픽이 증가하지 않는다.

정답 설명 ① 제시된 명제를 기호화하면 다음과 같다.

구분	명제	대우
전제 1	인터넷 트래픽 증가 → 서버 부하 발생	~서버 부하 발생 → ~인터넷 트래픽 증가
전제 2	서버 부하 발생 ∨ 네트워크 대역폭 감소 → 사용자 응답 속도 저하 = '(서버 부하 발생 → 사용자 응답 속도 저하) ∧ (네트워크 대역폭 감소 → 사용자 응답 속도 저하)'	~사용자 응답 속도 저하 → ~서버 부하 발생 ∧ ~네트워크 대역폭 감소
추가		
결론	인터넷 트래픽 증가 → 사용자 만족도 저하	~사용자 만족도 저하 → ~인터넷 트래픽 증가

전제 2는 전건 분리에 따라 '(서버 부하 발생 → 사용자 응답 속도 저하) ∧ (네트워크 대역폭 감소 → 사용자 응답 속도 저하)'와 논리적으로 동치이다. 따라서 전제 2와 전제 1을 결합하여 '인터넷 트래픽 증가 → 서버 부하 발생 → 사용자 응답 속도 저하'를 도출할 수 있다. 이에 따라 '인터넷 트래픽 증가 → 사용자 응답 속도 저하'를 확정할 수 있다. 결론을 이끌어내기 위해서는 '사용자 응답 속도 저하'와 '사용자 만족도 저하'를 연결하는 전제가 필요하다. 따라서 정답은 '사용자 응답 속도가 저하되면 사용자 만족도가 저하된다(사용자 응답 속도 저하 → 사용자 만족도 저하).'이다.

오답 분석 ② '서버 부하가 발생하면 네트워크 대역폭이 감소한다(서버 부하 발생 → 네트워크 대역폭 감소).'를 추가해도 결론을 도출할 수 없다.
③ '네트워크 대역폭이 감소하면 인터넷 트래픽이 증가한다(네트워크 대역폭 감소 → 인터넷 트래픽 증가).'를 추가해도 결론을 이끌어낼 수 없다.
④ '사용자 만족도가 저하되면 인터넷 트래픽이 증가하지 않는다(사용자 만족도 저하 → ~인터넷 트래픽 증가).'는 '인터넷 트래픽 증가 → ~사용자 만족도 저하'와 논리적으로 동치이다. '인터넷 트래픽 증가 → ~사용자 만족도 저하'가 전제로 추가되면 제시된 결론인 '인터넷 트래픽 증가 → 사용자 만족도 저하'가 성립하지 않으므로 결론을 도출할 수 없다.

연습 문제

01 다음 글의 밑줄 친 결론을 이끌어내기 위해 추가해야 할 것은?

> - 만약 교통 체증이 심각하다면, A국은 도로 건설비를 늘릴 것이다.
> - 그런데 A국이 할 수 있는 선택은 도로 건설비를 늘리지 않거나 대중교통 확충 정책을 시행하는 것이다.
> - 그러나 A국이 대중교통 확충 정책을 시행한다면, A국의 재정은 악화될 것이다.
> 그러므로 <u>A국의 재정은 결국 악화될 것이다.</u>

① 교통 체증이 심각하다.
② A국이 대중교통 확충 정책을 시행하지 않는다.
③ A국이 대중교통 확충 정책을 시행한다면, A국은 도로 건설비를 늘릴 것이다.
④ A국이 도로 건설비를 늘린다면, 교통 체증은 심각하지 않을 것이다.

정답 설명 ① 제시된 명제를 기호화하면 다음과 같다.

구분	명제	대우
전제 1	교통 체증 → 도로 건설비 늘림	~도로 건설비 늘림 → ~교통 체증
전제 2	~도로 건설비 늘림 ∨ 대중교통 확충 정책	-
전제 3	대중교통 확충 정책 → 재정 악화	~재정 악화 → ~대중교통 확충 정책
결론	재정 악화	

결론인 '재정 악화'가 확정되기 위해서는 전제 3의 '대중교통 확충 정책'을 만족해야 한다. 전제 2인 '~도로 건설비 늘림 ∨ 대중교통 확충 정책'에서 '대중교통 확충 정책'이 도출되기 위해서는 '도로 건설비 늘림'이 있어야 한다. '도로 건설비 늘림'이기 위해서는 전제 1의 '교통 체증'을 만족해야 하므로 결론을 위해 추가해야 할 것은 '교통 체증이 심각하다.'이다.

Chapter 03 전제 추론

02 다음 대화의 빈칸에 들어갈 말로 가장 적절한 것은?

> 갑: 해수욕장은 다음 주 수요일이나 이번 주 토요일에 개장해야 합니다.
> 을: 해수욕장을 ⬚
> 병: 해수욕장을 다음 주 수요일에 개장하면 안내 문자 발송을 사흘 안에 완료해야 합니다.
> 정: 여러분의 의견대로 하자면, 반드시 사흘 안에 안내 문자 발송을 완료해야 하겠군요.

① 이번 주 토요일에 개장해야 합니다.
② 다음 주 수요일에 개장할 수 없습니다.
③ 이번 주 토요일에 개장할 수 없습니다.
④ 이번 주 토요일에 개장하면, 사흘 안에 안내 문자 발송을 완료하지 않아도 됩니다.

정답 설명 ③ 제시된 명제를 기호화하면 다음과 같다.

구분	명제	대우
갑	다음 주 수요일 ∨ 이번 주 토요일	-
을		
병	다음 주 수요일 → 사흘 안에 안내 문자 발송	~사흘 안에 안내 문자 발송 → ~다음 주 수요일
정	사흘 안에 안내 문자 발송	-

'정'의 '사흘 안에 안내 문자 발송'을 확정하기 위해서는 '병'의 '다음 주 수요일'이 확정되어야 한다. '다음 주 수요일'이 확정되기 위해서는 '갑'의 '다음 주 수요일 ∨ 이번 주 토요일'에서 '~이번 주 토요일'이 추가되어야 한다. 따라서 답은 ③이다.

03 다음 밑줄 친 결론을 이끌어내기 위해 추가해야 할 전제는?

> 만약 원자재 가격이 상승한다면, A건설사의 자재비 지출은 늘어날 것이다. 그런데 A건설사 앞에 놓인 선택은 자재비 지출을 늘리지 않거나 저렴한 원자재로 변경하는 것이다. 그러나 A건설사가 저렴한 원자재로 변경한다면, A건설사의 매출은 반드시 하강한다. 그러므로 <u>A건설사의 매출은 하강하고 말 것이다.</u>

① 만약 A건설사의 자재비 지출이 늘어난다면, 원자재 가격은 상승하지 않을 것이다.
② A건설사의 자재비 지출이 늘어나지 않는다.
③ 만약 A건설사가 저렴한 원자재로 변경하지 않는다면, A건설사의 자재비 지출은 늘어나지 않을 것이다.
④ 원자재 가격이 상승한다.

정답 설명 ④ 제시된 명제를 기호화하면 다음과 같다.

구분	명제	대우
전제 1	원자재 가격 상승 → 자재비 지출 늘어남	~자재비 지출 늘어남 → ~원자재 가격 상승
전제 2	~자재비 지출 늘어남 ∨ 원자재 변경	-
전제 3	원자재 변경 → 매출 하강	~매출 하강 → ~원자재 변경
추가		
결론	매출 하강	-

결론인 '매출 하강'이 확정되기 위해서는 전제 3의 '원자재 변경'을 만족해야 한다. 전제 2인 '~자재비 지출 늘어남 ∨ 원자재 변경'에서 '원자재 변경'이 도출되기 위해서는 '자재비 지출 늘어남'이어야 한다. '자재비 지출 늘어남'이기 위해서는 전제 1의 '원자재 가격 상승'을 만족해야 하므로 추가해야 할 전제는 '원자재 가격이 상승한다.'이다.

Chapter 03 전제 추론

04 다음 결론을 도출하기 위해 추가해야 할 전제는?

- 지역 의료진이 부족해지면, 진료 효율 저하를 가져오는 악순환을 초래한다.
- 대형 병원으로 의료진이 집중되면, 대형 병원 진료 과부하가 발생하거나 지역 의료진이 부족해진다.
- ㅤ
- 따라서 대형 병원으로 의료진이 집중되면, 진료 효율 저하를 초래하는 악순환이 발생한다.

① 대형 병원으로 의료진이 집중된다.
② 진료 효율 저하를 가져오는 악순환이 발생한다.
③ 지역 의료진이 부족해진다.
④ 대형 병원 진료 과부하가 발생하지 않는다.

정답 설명 ④ 제시된 명제를 기호화하면 다음과 같다.

구분	명제	대우
전제 1	지역 의료진 부족 → 진료 효율 저하	~진료 효율 저하 → ~지역 의료진 부족
전제 2	대형 병원 의료진 집중 → 대형 병원 진료 과부하 ∨ 지역 의료진 부족	~대형 병원 진료 과부하 ∧ ~지역 의료진 부족 → ~대형 병원 의료진 집중
추가		
결론	대형 병원 의료진 집중 → 진료 효율 저하	~진료 효율 저하 → ~대형 병원 의료진 집중

추가해야 하는 전제를 찾기 위해서는 결론의 앞쪽이나 뒤쪽과 동일하게 명제를 만들어야 한다. 전제 2의 '대형 병원 의료진 집중 → 대형 병원 진료 과부하 ∨ 지역 의료진 부족'과 전제 1의 '지역 의료진 부족 → 진료 효율 저하'를 합치면 '대형 병원 의료진 집중 → 대형 병원 진료 과부하 ∨ 진료 효율 저하'가 되어, 결론의 앞부분과 동일하게 된다. 전제 1, 2와 결론을 사용하여 정리하면 다음과 같다.

전제 1+2	대형 병원 의료진 집중 → 대형 병원 진료 과부하 ∨ 진료 효율 저하
추가	
결론	대형 병원 의료진 집중 → 진료 효율 저하

전제 1+2에서 도출된 '대형 병원 의료진 집중 → 대형 병원 진료 과부하 ∨ 진료 효율 저하'에서 결론인 '대형 병원 의료진 집중 → 진료 효율 저하'가 도출되기 위해서는 '대형 병원 진료 과부하 ∨ 진료 효율 저하'를 선언지 제거를 통해 '진료 효율 저하'만 남을 수 있게 해야 한다. 따라서 '~대형 병원 진료 과부하'가 전제로 포함되어야 하므로 ④가 추가되어야 한다.

05 다음 결론을 도출하기 위해 추가해야 할 전제는?

> - 지방의 일자리가 부족해지면, 지방 인구 재감소를 가져오는 악순환을 초래한다.
> - 수도권으로 사람이 몰리게 되면, 수도권이 포화하거나 지방의 일자리가 부족해진다.
> -
> 따라서 수도권으로 사람이 몰리게 되면, 지방 인구 재감소를 가져오는 악순환을 초래한다.

① 수도권으로 사람이 몰리게 된다.
② 지방 인구 재감소를 가져오는 악순환을 초래한다.
③ 지방의 일자리가 부족해진다.
④ 수도권이 포화되지 않는다.

정답 설명   ④ 제시된 명제를 기호화하면 다음과 같다.

전제 1	지방 일자리 부족 → 지방 인구 재감소
전제 2	수도권 사람 몰림 → 수도권 포화 ∨ 지방 일자리 부족
추가	
결론	수도권 사람 몰림 → 지방 인구 재감소

추가해야 하는 전제를 찾기 위해서는 결론의 앞쪽이나 뒤쪽과 동일하게 명제를 만들어야 한다. 전제 2의 '수도권 사람 몰림 → 수도권 포화 ∨ 지방 일자리 부족'과 전제 1의 '지방 일자리 부족 → 지방 인구 재감소'를 합치면 '수도권 사람 몰림 → 수도권 포화 ∨ 지방 인구 재감소'가 되어, 결론의 앞부분과 동일하게 된다. 전제 1, 2와 결론을 사용하여 정리하면 다음과 같다.

전제 1+2	수도권 사람 몰림 → 수도권 포화 ∨ 지방 인구 재감소
추가	
결론	수도권 사람 몰림 → 지방 인구 재감소

전제 1+2에서 도출된 '수도권으로 사람 몰림 → 수도권 포화 ∨ 지방 인구 재감소'에서 결론인 '수도권 사람 몰림 → 지방 인구 재감소'가 도출되기 위해서는 '수도권 포화 ∨ 지방 인구 재감소'를 선언지 제거를 통해 '지방 인구 재감소'만 남을 수 있게 해야 한다. 따라서 '~수도권 포화'가 전제로 포함되어야 하므로 ④가 추가되어야 한다.

Chapter 03 전제 추론

06 다음 글의 결론을 이끌어내기 위해 추가해야 할 전제만을 <보기>에서 모두 고르면?

> - 부지런하고 깨끗하게 청소하는 사람은 모두 살림을 잘한다.
> - 엄마는 모두 부지런하다.
> - 정성껏 요리하는 사람은 모두 음식이 맛있다.
> - 살림을 잘하고 음식이 맛있는 사람은 모두 모범적이다.
>
> 따라서 엄마는 모두 모범적이다.

보기
ㄱ. 살림을 잘하는 사람은 모두 모범적이다.
ㄴ. 엄마는 모두 깨끗하게 청소를 하는 사람이다.
ㄷ. 엄마는 모두 정성껏 요리하는 사람이다.

① ㄱ　　　　　　　　　　　② ㄷ
③ ㄱ, ㄷ　　　　　　　　　④ ㄴ, ㄷ

정답 설명 ④ 제시된 진술들을 기호화하면 아래와 같다

구분	명제	대우
전제 1	부지런함 ∧ 깨끗 청소 → 살림 잘함	~살림 잘함 → ~부지런함 ∨ ~깨끗 청소
전제 2	엄마 → 부지런함	~부지런함 → ~엄마
전제 3	정성껏 요리 → 맛있음	~맛있음 → ~정성껏 요리
전제 4	살림 잘함 ∧ 맛있음 → 모범적	~모범적 → ~살림 잘함 ∨ ~맛있음
결론	엄마 → 모범적	~모범적 → ~엄마

결론은 '엄마 → 모범적'이다. 이와 같은 결론을 이끌어내기 위해서는 엄마가 전제 4의 '(살림 잘함 ∧ 맛있음) → 모범적'을 충족해야 하므로 '살림 잘함'과 '맛있음'이 필요함을 알 수 있다.
ㄴ. 전제 1의 '(부지런함 ∧ 깨끗 청소) → 살림 잘함'을 통해 '살림 잘함'은 '부지런함'과 '깨끗 청소'를 충족해야 함을 알 수 있으며, 전제 2를 통해 '엄마'가 '부지런함'을 충족하고 있음을 알 수 있다. 따라서 '엄마 → 깨끗 청소'가 추가되면 '엄마 → 살림 잘함'이 성립하게 된다.
ㄷ. 전제 3의 '정성껏 요리 → 맛있음'을 통해 '맛있음'은 '정성껏 요리'를 충족해야 함을 알 수 있다. 따라서 '엄마 → 정성껏 요리'가 추가되면 '엄마 → 맛있음'이 성립하게 된다.

오답 분석 ㄱ. '살림 잘함 → 모범적'을 추가하더라도 엄마가 '살림 잘함'을 충족하지 못한다면 결론을 이끌어내지 못한다. 따라서 ㄱ은 추가할 전제로 적절하지 않다.

07 다음 글의 결론을 이끌어내기 위해 추가해야 할 전제만을 <보기>에서 모두 고르면?

- 재미있고 조직적이며 홍보가 잘 된 축제엔 모두 피서객이 많다.
- 피서객 수가 많으며 목표 수익을 달성한 축제는 모두 성공한 축제라 할 수 있다.
- 축제 첫날 피서객이 5만 명 이상이면 목표 수익을 달성한다.
- 부산 여름 축제는 모두 홍보가 잘 되어 첫날 5만 명 이상의 피서객이 다녀갔다.

따라서 부산 여름 축제는 모두 성공한 축제이다.

보기
ㄱ. 부산 여름 축제는 모두 재미있다.
ㄴ. 부산 여름 축제는 모두 조직적이다.
ㄷ. 피서객이 많은 축제는 모두 성공한 축제이다.

① ㄱ
② ㄷ
③ ㄱ, ㄴ
④ ㄴ, ㄷ

정답 설명 ③ 제시된 진술들을 기호화하면 아래와 같다

구분	명제	대우
전제 1	재미 ∧ 조직적 ∧ 홍보 잘 됨 → 피서객 많음	~피서객 많음 → ~재미 ∨ ~조직적 ∨ ~홍보 잘 됨
전제 2	피서객 많음 ∧ 수익 달성 → 성공	~성공 → ~피서객 많음 ∨ ~수익 달성
전제 3	5만 명 이상 → 수익 달성	~수익 달성 → ~5만 명 이상
전제 4	부산 여름 축제 → 홍보 잘 됨 ∧ 5만 명 이상	~홍보 잘 됨 ∨ ~5만 명 이상 → ~부산 여름 축제
결론	부산 여름 축제 → 성공	~성공 → ~부산 여름 축제

결론은 '부산 여름 축제 → 성공'이다. 이와 같은 결론을 이끌어내기 위해서는 전제 2의 '피서객 많음 ∧ 수익 달성 → 성공'에 진술된 바와 같이 '피서객 많음 ∧ 수익 달성'을 충족해야 함을 알 수 있다. 전제 3을 통해 '수익 달성'을 위해서는 '5만 명 이상'이 있어야 하는데, 전제 4에서 '5만 명 이상'이 확정되었으므로 '수익 달성'을 충족하고 있음을 알 수 있다. 또한 전제 1의 '재미 ∧ 조직적 ∧ 홍보 잘 됨 → 피서객 많음'을 통해 '피서객 많음'은 '재미', '조직적', '홍보 잘 됨'을 충족해야 함을 알 수 있으며, 전제 4를 통해 '부산 여름 축제'가 '홍보 잘 됨'을 충족하고 있음을 알 수 있다. 따라서 '부산 여름 축제 → 재미 ∧ 조직적'이 추가되면 '부산 여름 축제 → 피서객 많음'이 성립하고 결론을 도출할 수 있으므로 답은 ③ 'ㄱ, ㄴ'이다.

Chapter 03 전제 추론

08 다음 글의 결론을 이끌어내기 위해 추가해야 할 전제만을 <보기>에서 모두 고르면?

> - 문제를 알고 그것을 해결에 옮기는 사람은 모두 능력이 있는 사람이다.
> - 참을성이 있는 사람은 모두 타인에게 모범이 된다.
> - 철수라면 문제를 알고 참을성이 있는 사람이다.
> - 능력이 있고 타인에게 모범이 되는 사람은 모두 선한 사람이다.
> 따라서 철수라면 선한 사람이다.

보기
ㄱ. 능력이 있는 사람은 모두 선한 사람이다.
ㄴ. 철수라면 타인에게 모범이 되는 사람이다.
ㄷ. 철수라면 문제를 해결에 옮기는 사람이다.

① ㄱ
② ㄷ
③ ㄱ, ㄴ
④ ㄴ, ㄷ

정답 설명 ② 제시된 진술을 기호화하면 다음과 같다.

구분	명제	대우
전제 1	문제 앎 ∧ 문제 해결 → 능력	~능력 → ~문제 앎 ∨ ~문제 해결
전제 2	참을성 → 타인 모범	~타인 모범 → ~참을성
전제 3	철수 → 문제 앎 ∧ 참을성	~문제 앎 ∨ ~참을성 → ~철수
전제 4	능력 ∧ 타인 모범 → 선함	~선함 → ~능력 ∨ ~타인 모범
결론	철수 → 선함	~선함 → ~철수

결론은 '철수 → 선함'이다. 이와 같은 결론을 이끌어내기 위해서는 전제 4 '(능력 ∧ 타인 모범) → 선함'을 통해 '철수'가 '능력'과 '타인 모범'을 모두 충족해야 함을 알 수 있다. 이때 전제 3 '철수 → (문제 앎 ∧ 참을성)'과 전제 2 '참을성 → 타인 모범'을 결합하면 '철수 → 참을성 → 타인 모범'이 도출된다. 즉, '철수'가 '타인 모범'은 충족하고 있으므로, '능력'을 충족하는지를 확인해야 한다. 전제 1 '(문제 앎 ∧ 문제 해결) → 능력'을 통해 '능력'은 '문제 앎'과 '문제 해결'을 충족해야 함을 알 수 있으며, 전제 3을 통해 철수가 '문제 앎'은 충족하고 있음을 알 수 있다. 따라서 '철수 → 문제 해결'이 추가되면 '철수 → 선함'이 성립하여 결론을 이끌어낼 수 있으므로 ㄷ의 '철수라면 문제를 해결에 옮기는 사람이다.'가 추가해야 할 전제로 적절하다.

오답 분석 ㄱ. '능력이 있는 사람은 모두 선한 사람이다(능력 → 선함).'이 추가되더라도 '철수'가 '능력'을 충족하지 못한다면 결론을 이끌어낼 수 없다. 따라서 ㄱ은 추가 전제로 적절하지 않다.
ㄴ. '철수라면 타인에게 모범이 되는 사람이다(철수 → 타인 모범).'는 전제 3과 전제 2를 결합하여 도출할 수 있는 내용이므로 이를 추가하더라도 결론을 이끌어낼 수 없다. 따라서 ㄴ은 추가할 전제로 적절하지 않다.

09 다음 글의 결론을 이끌어내기 위해 추가해야 할 전제만을 <보기>에서 모두 고르면?

- 책을 읽고 그 내용을 실천에 옮기는 사람은 모두 지적 성숙이 있는 사람이다.
- 집중력이 있는 사람은 모두 타인에게 본보기가 된다.
- 민수라면 책을 읽고 집중력이 있는 사람이다.
- 지적 성숙이 있고 타인에게 본보기가 되는 사람은 모두 훌륭한 사람이다.

따라서 민수라면 훌륭한 사람이다.

보기
ㄱ. 지적 성숙이 있는 사람은 모두 훌륭한 사람이다.
ㄴ. 민수라면 타인에게 본보기가 되는 사람이다.
ㄷ. 민수라면 책의 내용을 실천에 옮기는 사람이다.

① ㄱ
② ㄷ
③ ㄱ, ㄴ
④ ㄴ, ㄷ

정답 설명 ② 제시된 진술을 기호화하면 다음과 같다.

구분	명제	대우
전제 1	책 읽음 ∧ 실천 → 지적 성숙	~지적 성숙 → ~책 읽음 ∨ ~실천
전제 2	집중력 → 타인 본보기	~타인 본보기 → ~집중력
전제 3	민수 → 책 읽음 ∧ 집중력	~책 읽음 ∨ ~집중력 → ~민수
전제 4	지적 성숙 ∧ 타인 본보기 → 훌륭함	~훌륭함 → ~지적 성숙 ∨ ~타인 본보기
결론	민수 → 훌륭함	~훌륭함 → ~민수

결론은 '민수 → 훌륭함'이다. 이와 같은 결론을 이끌어내기 위해서는 전제 4 '(지적 성숙 ∧ 타인 본보기) → 훌륭함'을 통해 '민수'가 '지적 성숙'과 '타인 본보기'를 모두 충족해야 함을 알 수 있다. 이때 전제 3 '민수 → (책 읽음 ∧ 집중력)'과 전제 2 '집중력 → 타인 본보기'를 결합하면 '민수 → 집중력 → 타인 본보기'가 도출된다. 즉, '민수'가 '타인 본보기'는 충족하고 있으므로, '지적 성숙'을 충족하는지를 확인해야 한다. 전제 1 '(책 읽음 ∧ 책 실천) → 지적 성숙'을 통해 '지적 성숙'은 '책 읽음'과 '실천'을 충족해야 함을 알 수 있으며, 전제 3을 통해 민수가 '책 읽음'은 충족하고 있음을 알 수 있다. 따라서 '민수 → 실천'이 추가되면 '민수 → 훌륭함'이 성립하여 결론을 이끌어낼 수 있으므로 답은 ㄷ의 '민수라면 책의 내용을 실천에 옮기는 사람이다.'이다.

오답 분석 ㄱ. '지적 성숙이 있는 사람은 모두 훌륭한 사람이다(지적 성숙 → 훌륭함).'가 추가되더라도 '민수'가 '지적 성숙'을 충족하지 못한다면 결론을 이끌어낼 수 없다. 따라서 ㄱ은 추가할 전제로 적절하지 않다.

ㄴ. '민수라면 타인에게 본보기가 되는 사람이다(민수 → 타인 본보기).'는 전제 3과 전제 2를 결합하여 도출할 수 있는 내용이므로 이를 추가하더라도 결론을 이끌어낼 수 없다. 따라서 ㄴ은 추가할 전제로 적절하지 않다.

Chapter 03 전제 추론

10 다음 글의 결론을 이끌어내기 위해 추가해야 할 전제만을 <보기>에서 모두 고르면?

- 꼼꼼하고 전략적으로 게임을 하는 프로는 모두 성실하다.
- A라면 꼼꼼하다.
- 경기에 집중하는 프로는 모두 성과가 좋다.
- 성실하고 성과가 좋은 프로는 모두 모범적이다.

따라서 A라면 모범적이다.

보기
ㄱ. 성실한 프로는 모두 모범적이다.
ㄴ. A라면 전략적으로 게임을 한다.
ㄷ. A라면 경기에 집중한다.

① ㄱ　　　　　　　　　② ㄷ
③ ㄱ, ㄷ　　　　　　　④ ㄴ, ㄷ

정답 설명 ④ 제시된 진술들을 기호화하면 아래와 같다.

구분	명제	대우
전제 1	꼼꼼함 ∧ 전략적 → 성실	~성실함 → ~꼼꼼함 ∨ ~전략적
전제 2	A → 꼼꼼함	~꼼꼼함 → ~A
전제 3	경기 집중 → 성과 좋음	~성과 좋음 → ~경기 집중
전제 4	성실 ∧ 성과 좋음 → 모범적	~모범적 → ~성실 ∨ ~성과 좋음
결론	A → 모범적	~모범적 → ~A

결론은 'A → 모범적'이다. 이와 같은 결론을 이끌어내기 위해서는 전제 4의 '(성실 ∧ 성과 좋음) → 모범적'을 통해 A가 '모범적'의 전제인 '성실'과 '성과 좋음'을 충족해야 함을 알 수 있다.

ㄴ. 전제 1의 '(꼼꼼함 ∧ 전략적) → 성실'을 통해 '성실'은 '꼼꼼함'과 '전략적'을 충족해야 함을 알 수 있으며, 전제 2를 통해 A가 '꼼꼼함'을 충족하고 있음을 알 수 있다. 따라서 'A → 전략적'이 추가되면 'A → 성실'이 성립하게 된다.

ㄷ. 전제 3의 '경기 집중 → 성과 좋음'을 통해 '성과 좋음'은 '경기 집중'을 충족해야 함을 알 수 있다. 따라서 'A → 경기 집중'이 추가되면 'A → 성과 좋음'이 성립하게 된다.

오답 분석 ㄱ. '성실 → 모범적'을 추가하더라도 '성실'을 충족하지 못한다면 결론을 이끌어내지 못한다. 따라서 ㄱ은 추가할 전제로 적절하지 않다.

11 다음 글의 밑줄 친 결론을 이끌어내기 위해 추가해야 할 것은?

> - 폭염이 심한 지역 중 일부는 대형 공장이 있다.
> - 폭설이 잦은 지역은 모두 제설 방침이 있다.
> 따라서 폭염이 심한 지역 중 일부는 제설 방침이 있다.

① 대형 공장이 있는 지역은 모두 폭염이 심하다.
② 폭설이 잦은 지역은 모두 폭염이 심하다.
③ 제설 방침이 있는 지역 중 일부는 대형 공장이 있다.
④ 폭염이 심하지 않은 지역 중 일부는 대형 공장이 없다.

정답 설명 ② 제시된 명제를 기호화하면 다음과 같다.

구분	명제	대우
전제 1	폭염 ∧ 대형 공장	-
전제 2	폭설 → 제설 방침	~제설 방침 → ~폭설
추가		
결론	폭염 ∧ 제설 방침	-

결론에 제시된 것과 동일하게 만들 수 있는 단어가 여러 개일 경우, 앞을 동일하게 만들어 전제를 찾는 경우를 먼저 생각하는 것이 좋다. 전제 1을 기준으로 할 때 결론과 앞부분을 동일하게 배치할 수 있다. 이를 표로 정리하면 아래와 같다.

전제 1	폭염 ∧ 대형 공장
추가	
결론	폭염 ∧ 제설 방침

조건절의 앞부분이 같기 때문에 전제 1과 결론의 '폭염'을 삭제하면 '대형 공장 → 제설 방침'이 제시된다. 그러나 선지의 내용에 없기 때문에, 더 적용할 내용을 찾아야 한다. 전제 2와 결론을 보면 뒤 결론절의 '제설 방침'이 같으므로 이를 정리하면 다음과 같다.

전제 2	폭설 → 제설 방침
추가	
결론	폭염 ∧ 제설 방침

전제 2와 추가된 전제는 뒷부분이 동일하기 때문에 뒤를 삭제하고, 전제와 결론이 '모두'와 '어떤, 일부'로 일치하지 않으므로 '폭설 → 폭염, 폭염 → 폭설, 폭설 ∧ 폭염, 폭염 ∧ 폭설'이 모두 가능하다. 따라서 '폭설 → 폭염'에 해당하는 '폭설이 잦은 지역은 모두 폭염이 심하다.'가 가장 적절하다.

Chapter 03 전제 추론

12 다음 글의 밑줄 친 결론을 이끌어내기 위해 추가해야 할 것은?

> - 출판사가 많은 지역은 모두 대형 창고가 있다.
> - 공업사가 많은 지역 중 일부는 트럭이 있다.
>
> 따라서 공업사가 많은 지역 중 일부는 대형 창고가 있다.

① 트럭이 있는 지역은 모두 공업사가 많다.
② 대형 창고가 없는 지역은 모두 트럭이 없다.
③ 대형 창고가 있는 지역 중 일부는 트럭이 있다.
④ 공업사가 많지 않은 지역 중 일부는 트럭이 없다.

정답 설명 ② 제시된 명제를 기호화하면 다음과 같다.

구분	명제	대우
전제1	출판사 → 대형 창고	~대형 창고 → ~출판사
전제2	공업사 ∧ 트럭	-
추가		
결론	공업사 ∧ 대형 창고	-

추가해야 하는 전제를 찾기 위해서는 결론의 앞쪽이나 뒤쪽과 동일하게 명제를 만들어야 한다. 결론을 기준으로 할 때 전제 1이 결론과 뒷부분을 동일하게 배치할 수 있다. 이를 표로 정리하면 아래와 같다.

전제1	출판사 → 대형 창고
추가	
결론	공업사 ∧ 대형 창고

따라서 '공업사 ∧ 대형 창고'가 되기 위해서는 '출판사'와 '공업사'의 전제가 필요하다. 그런데 선지에는 이러한 전제가 없으므로 다른 전제를 찾아야 한다. 전제 2에 결론과 동일하게 '공업사'의 명제가 나타나 있기 때문에, 이를 공통적으로 동일하게 배치하면 다음과 같다.

전제2	공업사 ∧ 트럭
추가	
결론	공업사 ∧ 대형 창고

공통된 '공업사'를 삭제하면 '트럭 → 대형 창고'의 전제가 필요하며, 그 대우도 참이므로 '대형 창고가 없는 지역은 모두 트럭이 없다.'가 가장 적절하다.

13 다음 글의 밑줄 친 결론을 이끌어내기 위해 추가해야 할 것은?

> • 발표를 하지 않은 어떤 사람은 과제를 한다.
> • 매일 쪽지시험을 보는 어떤 사람은 발표를 하지 않은 것은 아니다.
> 따라서 <u>과제를 하는 어떤 사람은 매일 쪽지시험을 본다.</u>

① 발표를 한 모든 사람은 과제를 한다.
② 발표를 한 모든 사람은 매일 쪽지시험을 본다.
③ 매일 쪽지시험을 보는 어떤 사람은 발표를 하지 않는다.
④ 과제를 하지 않지만 매일 쪽지시험을 보지 않는 모든 사람은 발표를 하지 않는다.

정답 설명 ① 제시된 명제를 기호화하면 다음과 같다.

구분	명제
전제 1	~발표 ∧ 과제
전제 2	쪽지시험 ∧ 발표
추가	
결론	과제 ∧ 쪽지시험

이중부정은 긍정의 표현과 같은 표현이므로 전제 2는 '매일 쪽지시험을 보는 어떤 사람은 발표를 한다.'와 동일한 의미로 이를 기호화하면 '쪽지시험 ∧ 발표'가 된다. 추가해야 하는 전제를 찾기 위해서는 결론의 앞쪽이나 뒤쪽과 동일하게 명제를 만들어야 한다. 결론을 기준으로 할 때 전제 1의 교환법칙이 결론과 앞부분을 동일하게 배치할 수 있다. 이를 표로 정리하면 아래와 같다.

전제 1	과제 ∧ ~발표
추가	
결론	과제 ∧ 쪽지시험

따라서 '과제 ∧ 쪽지시험'이 되기 위해서는 '~발표 → 쪽지시험'의 전제가 필요하다. 그런데 선지에는 '~발표 → 쪽지시험'이 없다. 그렇다면 다른 전제를 찾아야 한다. 전제 2에 결론과 동일하게 '쪽지시험'의 명제가 나타나 있기 때문에, 이를 결과절에 공통적으로 동일하게 배치할 수 있다.

전제 2	발표 ∧ 쪽지시험
추가	
결론	과제 ∧ 쪽지시험

공통된 결과절을 삭제하면 '발표 → 과제'의 전제가 필요함을 확인할 수 있다.

Chapter 03 전제 추론

14 다음 글의 밑줄 친 결론을 이끌어내기 위해 추가해야 할 것은?

> - 천둥이 치지 않은 어떤 날은 폭우가 온다.
> - 독서를 하는 날 중에 천둥이 치지 않은 날도 있다.
> 따라서 <u>폭우가 오는 어떤 날은 독서를 한다.</u>

① 천둥이 치는 모든 날은 폭우가 온다.
② 폭우가 오지 않는 모든 날은 천둥이 친다.
③ 매일 독서를 하는 어떤 날은 천둥이 치지 않는다.
④ 폭우가 오지 않지만 독서를 하지 않는 모든 날은 천둥이 치지 않는다.

정답 설명 ② 제시된 명제를 기호화하면 다음과 같다.

구분	명제
전제 1	~천둥 ∧ 폭우
전제 2	독서 ∧ ~천둥
추가	
결론	폭우 ∧ 독서

'A 중(경우)에 B가 있다.'의 경우 'A 중에서 일부는 B이다.'가 된다. 그러므로 전제 2는 '독서를 하는 날 중 일부는 천둥이 치지 않는다.'가 되며 이를 기호화하면 '독서 ∧ ~천둥'이 된다. 추가해야 하는 전제를 찾기 위해서는 결론의 앞쪽이나 뒤쪽과 동일하게 명제를 만들어야 한다. 결론을 기준으로 할 때 전제 1의 교환법칙이 결론과 앞부분을 동일하게 배치할 수 있다. 이를 표로 정리하면 아래와 같다.

전제 1	폭우 ∧ ~천둥
추가	
결론	폭우 ∧ 독서

따라서 '폭우 ∧ 독서'가 되기 위해서는 '~천둥 → 독서'의 전제가 필요하다. 그런데 선지에는 '~천둥 → 독서'가 없으므로 다른 전제로 답을 찾아야 한다. 전제 2에 결론과 동일하게 '독서'의 명제가 나타나 있기 때문에, 이를 결과절에 공통적으로 동일하게 배치할 수 있다.

전제 2	~천둥 ∧ 독서
추가	
결론	폭우 ∧ 독서

공통된 결과절을 삭제하면 '~천둥 → 폭우'의 전제가 필요하며, 이에 대한 대우도 참이므로 결론에 들어갈 말로 적절한 것은 '~폭우 → 천둥'이다.

15 다음 글의 밑줄 친 결론을 이끌어내기 위해 추가해야 할 것은?

- 도깨비가 오지 않은 어떤 날은 칠성신이 온다.
- 삼신할매가 오는 어떤 날에 도깨비가 오지 않은 것은 아니다.

따라서 칠성신이 오는 어떤 날은 삼신할매가 온다.

① 도깨비가 오는 모든 날은 칠성신이 온다.
② 도깨비가 오는 모든 날은 매일 삼신할매가 온다.
③ 삼신할매가 오는 어떤 날은 도깨비가 오지 않는다.
④ 칠성신이 오지 않고 삼신할매가 오지 않는 모든 날은 도깨비가 오지 않는다.

정답 설명 ① 제시된 명제를 기호화하면 다음과 같다.

구분	명제
전제 1	~도깨비 ∧ 칠성신
전제 2	삼신할매 ∧ 도깨비
추가	
결론	칠성신 ∧ 삼시할매

이중부정은 긍정의 표현과 같은 표현이므로 전제 2는 '삼신할매가 오는 어떤 날은 도깨비가 온다.'와 동일한 의미로 이를 기호화하면 '삼신할매 ∧ 도깨비'가 된다. 추가해야 하는 전제를 찾기 위해서는 결론의 앞쪽이나 뒤쪽과 동일하게 명제를 만들어야 한다. 결론을 기준으로 할 때 전제 1의 교환법칙이 결론과 앞부분을 동일하게 배치할 수 있다. 이를 표로 정리하면 아래와 같다.

전제 1	칠성신 ∧ ~도깨비
추가	
결론	칠성신 ∧ 삼신할매

따라서 '칠성신 ∧ 삼신할매'가 되기 위해서는 '~도깨비 → 삼신할매'의 전제가 필요하다. 그런데 선지에는 '~도깨비 → 삼신할매'가 없으므로 다른 전제를 찾아야 한다. 전제 2에 결론과 동일하게 '삼신할매'가 나타나 있기 때문에, 이를 결과절에 공통적으로 동일하게 배치할 수 있다.

전제 2	도깨비 ∧ 삼신할매
추가	
결론	칠성신 ∧ 삼신할매

공통된 결과절을 삭제하면 '도깨비 → 칠성신'의 전제가 필요함을 확인할 수 있으므로 답은 ①이다.

Chapter 03 전제 추론

16 다음 글의 밑줄 친 결론을 이끌어내기 위해 추가해야 할 것은?

- 강풍이 불지 않은 어떤 날은 정전이 발생한다.
- 아침 운동을 하는 날 중에 강풍이 부는 경우는 없다.

따라서 <u>정전이 발생하는 어떤 날은 아침 운동을 하지 않는다.</u>

① 아침 운동을 하는 어떤 날은 강풍이 불지 않는다.
② 강풍이 부는 모든 날은 정전이 발생한다.
③ 정전이 발생한 모든 날은 강풍이 불지 않는다.
④ 정전이 발생하지 않는 모든 날은 강풍이 분다.

정답 설명 ② 제시된 명제를 기호화하면 다음과 같다.

구분	명제	대우
전제 1	~강풍 ∧ 정전	-
전제 2	아침 운동 → ~강풍	강풍 → ~아침 운동
추가		
결론	정전 ∧ ~아침 운동	-

'A 중에 B는 없다.'는 'A는 모두 B가 아니다.'가 되므로 전제 2는 '아침 운동을 하는 날은 모두 강풍이 불지 않는다.'와 동일한 의미로, 이를 기호화하면 '아침 운동 → ~강풍'이 된다. 추가해야 하는 전제를 찾기 위해서는 결론의 앞쪽이나 뒤쪽과 동일하게 명제를 만들어야 한다. 결론을 기준으로 할 때 전제 1의 교환법칙이 결론과 앞부분을 동일하게 배치할 수 있다. 이를 표로 정리하면 아래와 같다.

전제 1	정전 ∧ ~강풍
추가	
결론	정전 ∧ ~아침 운동

따라서 '정전 ∧ ~아침 운동'이 되기 위해서는 '~강풍 → ~아침 운동'의 전제가 필요하다. 그런데 선지에는 '~강풍 → ~아침 운동' 혹은 그 대우인 '아침 운동 → 강풍'이 없으므로 다른 전제를 찾아야 한다. 전제 2의 대우에 결론과 동일하게 '~아침 운동'의 명제가 나타나 있기 때문에, 이를 결과절에 공통적으로 동일하게 배치할 수 있다.

전제 2	강풍 → ~아침 운동
추가	
결론	정전 ∧ ~아침 운동

전제와 결론이 '모두'와 '어떤, 일부'로 일치하지 않으므로 '강풍 → 정전, 정전 → 강풍, 강풍 ∧ 정전, 정전 ∧ 강풍' 모두 가능하다. 따라서 '강풍 → 정전'에 해당하는 ②가 가장 적절하다.

17 다음 글의 밑줄 친 결론을 이끌어내기 위해 추가해야 할 것은?

> • 안개가 끼지 않은 날 중에 숲을 탐사하는 날도 있다.
> • 생태 사진을 찍는 어떤 날에 안개가 끼지 않은 것은 아니다.
> 따라서 숲을 탐사하는 어떤 날은 생태 사진을 찍는다.

① 숲을 탐사하지 않지만 생태 사진을 찍지 않는 모든 날은 안개가 끼지 않는다.

② 안개가 끼는 모든 날은 생태 사진을 찍는다.

③ 생태 사진을 찍는 어떤 날은 안개가 끼지 않는다.

④ 안개가 끼는 모든 날은 숲을 탐사한다.

정답 설명 ④ 제시된 명제를 기호화하면 다음과 같다.

구분	명제
전제 1	~안개 낌 ∧ 숲 탐사
전제 2	생태 사진 ∧ 안개 낌
추가	
결론	숲 탐사 ∧ 생태 사진

'A 중에 B가 있다.'의 경우 'A 중에서 일부는 B이다.'가 된다. 그러므로 전제 1은 '안개가 끼지 않는 날 중에 어떤 날(일부)은 숲을 탐사하는 날이다.'와 동일한 의미로 이를 기호화하면 '~안개 낌 ∧ 숲 탐사'가 된다. 추가해야 하는 전제를 찾기 위해서는 결론의 앞쪽이나 뒤쪽과 동일하게 명제를 만들어야 한다. 결론을 기준으로 할 때 전제 1의 교환법칙이 결론과 앞부분을 동일하게 배치할 수 있다. 이를 표로 정리하면 아래와 같다.

전제 1	숲 탐사 ∧ ~안개 낌
추가	
결론	숲 탐사 ∧ 생태 사진

따라서 '숲 탐사 ∧ 생태 사진'이 되기 위해서는 '~안개 낌 → 생태 사진'의 전제가 필요하다. 그런데 선지에는 '~안개 낌 → 생태 사진'이 없으므로 다른 전제를 찾아야 한다. 전제 2에 결론과 동일하게 '생태 사진'의 명제가 나타나 있기 때문에, 이를 결과절에 공통적으로 동일하게 배치할 수 있다.

전제 2	안개 낌 ∧ 생태 사진
추가	
결론	숲 탐사 ∧ 생태 사진

공통된 결과절을 삭제하면 '안개 낌 → 숲 탐사'의 전제가 필요함을 확인할 수 있으므로 답은 ④이다.

Chapter 03 전제 추론

18 다음 글의 밑줄 친 결론을 이끌어내기 위해 추가해야 할 것은?

> - 스마트폰 사용 시간이 늘어나면 프로세서 온도가 상승한다.
> - 프로세서 온도가 상승하거나 앱 실행이 많아지면 배터리 소모가 빨라진다.
>
> 따라서 <u>스마트폰 사용 시간이 늘어나면 배터리 수명이 줄어들 것이다.</u>

① 배터리 소모가 빨라지면 배터리 수명이 줄어든다.
② 프로세서 온도가 상승하면 앱 실행이 많아진다.
③ 앱 실행이 많아지면 스마트폰 사용 시간이 늘어난다.
④ 배터리 수명이 줄어들면 스마트폰 사용 시간이 늘어나지 않는다.

정답 설명 ① 제시된 명제를 기호화하면 다음과 같다.

구분	명제	대우
전제 1	스마트폰 사용 시간 증가 → 프로세서 온도 상승	~프로세서 온도 상승 → ~스마트폰 사용 시간 증가
전제 2	프로세서 온도 상승 ∨ 앱 실행 많음 → 배터리 소모 빨라짐 = (프로세서 온도 상승 → 배터리 소모 빨라짐) ∧ (앱 실행 많음 → 배터리 소모 빨라짐)	~배터리 소모 빨라짐 → ~프로세서 온도 상승 ∧ ~앱 실행 많음
추가		
결론	스마트폰 사용 시간 증가 → 배터리 수명 감소	~배터리 수명 감소 → ~스마트폰 사용 시간 증가

전제 2는 전건 분리에 따라 '(프로세서 온도 상승 → 배터리 소모 빨라짐) ∧ (앱 실행 많음 → 배터리 소모 빨라짐)'과 논리적으로 동치이다. 따라서 전제 2와 전제 1을 결합하여 '스마트폰 사용 시간 증가 → 프로세서 온도 상승 → 배터리 소모 빨라짐'을 도출할 수 있다. 따라서 '스마트폰 사용 시간 증가 → 배터리 소모 빨라짐'을 확정할 수 있다. 결론을 완성하려면 '배터리 소모 빨라짐'과 '배터리 수명 감소'를 연결하는 명제가 필요하다. 따라서 정답은 ① '배터리 소모가 빨라지면 배터리 수명이 줄어든다(배터리 소모 빨라짐 → 배터리 수명 감소).'이다.

오답 분석 ② '프로세서 온도가 상승하면 앱 실행이 많아진다(프로세서 온도 상승 → 앱 실행 많음).'를 추가해도 결론을 이끌어낼 수 없다.
③ '앱 실행이 많아지면 스마트폰 사용 시간이 늘어난다(앱 실행 많음 → 스마트폰 사용 시간 증가).'를 추가해도 결론과 연결되지 않는다.
④ '배터리 수명이 줄어들면 스마트폰 사용 시간이 늘어나지 않는다(배터리 수명 감소 → ~스마트폰 사용 시간 증가).'는 '스마트폰 사용 시간 증가 → ~배터리 수명 감소'와 논리적으로 동치이다. 이 명제를 추가하면 제시된 결론 '스마트폰 사용 시간 증가 → 배터리 수명 감소'가 성립하지 않으므로 결론을 도출할 수 없다.

19 다음 글의 밑줄 친 결론을 이끌어내기 위해 추가해야 할 것은?

> - 햇빛 노출 시간이 늘어나면 광합성 속도가 증가한다.
> - 광합성 속도가 증가하거나 토양 수분이 부족하면 식물의 성장 속도가 느려진다.
> 따라서 햇빛 노출 시간이 늘어나면 식물의 생장 기간이 감소할 것이다.

① 식물 성장 속도가 느려지면 식물의 생장 기간이 감소한다.
② 광합성 속도가 증가하면 토양 수분이 부족해진다.
③ 토양 수분이 부족하면 햇빛 노출 시간이 늘어난다.
④ 식물의 생장 기간이 감소하면 햇빛 노출 시간이 늘어나지 않는다.

정답 설명 ① 제시된 명제를 기호화하면 다음과 같다.

구분	명제	대우
전제 1	햇빛 노출 시간 증가 → 광합성 속도 증가	~광합성 속도 증가 → ~햇빛 노출 시간 증가
전제 2	광합성 속도 증가 ∨ 토양 수분 부족 → 식물 성장 속도 저하 = (광합성 속도 증가 → 식물 성장 속도 저하) ∧ (토양 수분 부족 → 식물 성장 속도 저하)	~식물의 성장 속도 저하 → ~광합성 속도 증가 ∧ ~토양 수분 부족
추가		
결론	햇빛 노출 시간 증가 → 식물 생장 기간 감소	~식물 생장 감소 → ~햇빛 노출 시간 증가

전제 2는 전건 분리에 따라 '(광합성 속도 증가 → 식물 성장 속도 저하) ∧ (토양 수분 부족 → 식물 성장 속도 저하)'와 동치이다. 따라서 전제 2와 전제 1을 결합하면 '햇빛 노출 시간 증가 → 광합성 속도 증가 → 식물 성장 속도 저하'를 도출할 수 있다. 따라서 '햇빛 노출 시간 증가 → 식물 성장 속도 저하'를 확정할 수 있다. 결론을 완성하기 위해서는 '식물 성장 속도 저하'와 '식물 생장 기간 감소'를 연결하는 명제가 필요하다. 정답은 '식물 성장 속도가 느려지면 식물의 생장 기간이 감소한다(식물 성장 속도 저하 → 식물 생장 기간 감소).'이다.

오답 분석 ② '광합성 속도가 증가하면 식물의 토양 수분이 부족하다(광합성 속도 증가 → 토양 수분 부족).'를 추가해도 결론을 도출할 수 없다.
③ '토양 수분이 부족하면 햇빛 노출 시간이 늘어난다(토양 수분 부족 → 햇빛 노출 시간 증가).'를 추가해도 결론을 이끌어낼 수 없다.
④ '식물의 생장 기간이 감소하면 햇빛 노출 시간이 증가하지 않는다(식물 생장 기간 감소 → ~햇빛 노출 시간 증가).'는 '햇빛 노출 시간 증가 → ~식물 생장 기간 감소'와 논리적으로 동치이다. '햇빛 노출 시간 증가 → ~식물 생장 기간 감소'가 전제로 추가되면 제시된 결론인 '햇빛 노출 시간 증가 → 식물 생장 기간 감소'가 성립하지 않으므로 결론을 도출할 수 없다.

Chapter 03 전제 추론

20 다음 글의 밑줄 친 결론을 이끌어내기 위해 추가해야 할 것은?

> - 공부 시간이 많아지면 집중력이 좋아진다.
> - 집중력이 좋아지거나 문제 풀이 연습이 적으면 시험 점수가 낮아진다.
> 따라서 <u>공부 시간이 많아지면 성적이 떨어질 것이다.</u>

① 시험 점수가 낮아지면 성적이 떨어진다.
② 집중력이 좋아지면 문제 풀이 연습이 적어진다.
③ 문제 풀이 연습이 적으면 공부 시간이 많아진다.
④ 성적이 떨어지면 공부 시간이 많아지지 않는다.

정답 설명 ① 제시된 명제를 기호화하면 다음과 같다.

구분	명제	대우
전제 1	공부 시간 증가 → 집중력 좋아짐	~집중력 좋아짐 → ~공부 시간 증가
전제 2	집중력 좋아짐 ∨ 문제 풀이 연습 적음 → 시험 점수 낮아짐 = (집중력 좋아짐 → 시험 점수 낮아짐) ∧ (문제 풀이 연습 적음 → 시험 점수 낮아짐)	~시험 점수 낮아짐 → ~집중력 좋아짐 ∧ ~문제 풀이 연습 적음
추가		
결론	공부 시간 증가 → 성적 떨어짐	~성적 떨어짐 → ~공부 시간 증가

전제 2는 전건 분리에 따라 '(집중력 좋아짐 → 시험 점수 낮아짐) ∧ (문제 풀이 연습 적음 → 시험 점수 낮아짐)'과 논리적으로 동치이다. 따라서 전제 2와 전제 1을 결합하여 '공부 시간 증가 → 집중력 좋아짐 → 시험 점수 낮아짐'을 도출할 수 있다. 이에 따라 '공부 시간 증가 → 시험 점수 낮아짐'을 확정할 수 있다. 이때 결론을 이끌어내기 위해서는 '시험 점수 낮아짐'과 '성적 떨어짐'을 연결하는 전제가 필요하다. 따라서 정답은 '시험 점수가 낮아지면 성적이 떨어진다(시험 점수 낮아짐 → 성적 떨어짐).'이다.

오답 분석 ② '집중력이 좋아지면 문제 풀이 연습이 적어진다(집중력 좋아짐 → 문제 풀이 연습 적음).'를 추가해도 결론을 도출할 수 없다.
③ '문제 풀이 연습이 적으면 공부 시간이 많아진다(문제 풀이 연습 적음 → 공부 시간 증가).'를 추가해도 결론을 이끌어내지 못한다.
④ '성적이 떨어지면 공부 시간이 많아지지 않는다(성적 떨어짐 → ~공부 시간 증가).'는 '공부 시간 증가 → ~성적 떨어짐'과 논리적으로 동치이다. '공부 시간 증가 → ~성적 떨어짐'이 전제로 추가되면 제시된 결론인 '공부 시간 증가 → 성적 떨어짐'이 성립하지 않으므로 결론을 도출할 수 없다.

공무원 시험 전문 해커스공무원
gosi.Hackers.com

실전 학습 문제

01 다음 글의 빈칸에 들어갈 말로 가장 적절한 것은?

> A, B, C, D, E 다섯 사람의 학교 행사 참석 계획과 관련하여 아래와 같은 사실들이 알려졌다.
> - A는 과학 행사에 참석하지 않는다.
> - B가 체육 행사에 참석하면 A나 C는 과학 행사에 참석한다.
> - C가 과학 행사에 참석을 하면 A도 과학 행사에 참석한다.
> - D가 음악 행사에 참석을 하면 B와 E는 체육 행사에 참석을 한다.
>
> 이를 통해 ┌──────────┐는 것을 알 수 있게 되었다.

① D는 음악 행사에 참석을 하고, E는 체육 행사에 참석을 한다
② B는 체육 행사에 참석을 하지 않고, E는 체육 행사에 참석을 한다
③ B는 체육 행사에 참석을 하고, C는 과학 행사에 참석을 하지 않는다
④ C는 과학 행사에 참석을 하지 않고, D는 음악 행사에 참석을 하지 않는다

정답 설명 ④ 제시된 진술을 기호화하면 다음과 같다.

구분	명제	대우
전제 1	~A 과학 행사	
전제 2	B 체육 행사 → (A 과학 행사 ∨ C 과학 행사)	(~A 과학 행사 ∧ ~C 과학 행사) → ~B 체육 행사
전제 3	C 과학 행사 → A 과학 행사	~A 과학 행사 → ~C 과학 행사
전제 4	D 음악 행사 → (B 체육 행사 ∧ E 체육 행사)	(~B 체육 행사 ∨ ~E 체육 행사) → ~D 음악 행사

전제 1에 의해 '~A 과학 행사'가 확정되고, 이를 전제 3의 대우에 결합하면 '~C 과학 행사'도 확정된다. '~A 과학 행사, ~C 과학 행사'가 확정되었으므로 이를 전제 2의 대우에 결합하면 '~B 체육 행사'가 확정되며, '~B 체육 행사'를 전제 4의 대우에 결합하면 '~D 음악 행사' 또한 확정된다. 즉, 제시된 진술을 통해 '~A 과학 행사, ~B 체육 행사, ~C 과학 행사, ~D 음악 행사'가 확정된다. 따라서 빈칸에 들어갈 말에 적절한 것은 'C는 과학 행사에 참석을 하지 않고, D는 음악 행사에 참석을 하지 않는다(~C 과학 행사, ~D 음악 행사).'이다.

오답 분석 ① '~D 음악 행사'이므로 D가 음악 행사에 참석을 한다는 것은 거짓이다. 또한 E가 체육 행사에 참석을 하는지는 제시된 진술을 통해 확정할 수 없다.
② '~B 체육 행사'이므로 B가 체육 행사에 참석을 하지 않는다는 것은 참이다. 하지만 E가 체육 행사에 참석을 하는지는 제시된 진술을 통해 확정할 수 없다.
③ '~C 과학 행사'이므로 C가 과학 행사에 참석을 하지 않는다는 것은 참이다. 하지만 '~B 체육 행사'이므로 B가 체육 행사에 참석을 한다는 것은 거짓이다.

02 다음 진술들이 참일 때, 확정적으로 하는 것을 모두 고른 것은?

- 자전거를 타면 조깅과 러닝은 하지 않는다.
- 테니스를 하지 않으면 자전거를 탄다.
- 테니스를 하면 조깅을 하지 않는다.
- 테니스를 하면 조깅을 한다.

① 테니스
② 자전거
③ 조깅, 러닝
④ 테니스, 조깅

정답 설명 ② 제시된 명제를 기호화하면 다음과 같다.

구분	명제	대우
전제 1	자전거 → ~조깅 ∧ ~러닝	조깅 ∨ 러닝 → ~자전거
전제 2	~테니스 → 자전거	~자전거 → 테니스
전제 3	테니스 → ~조깅	조깅 → ~테니스
전제 4	테니스 → 조깅	~조깅 → ~테니스

전제 4와 전제 3은 모순이므로 '테니스'는 하지 않는다. 따라서 '~테니스'이다. 이를 전제 2와 연결하면 '자전거'가 확정임을 알 수 있다. '자전거'가 확정되었으므로 전제 1에 따라 '~조깅 ∧ ~러닝'이 확정임을 알 수 있다. 따라서 확정된 것들을 정리하면 '~테니스, 자전거, ~조깅, ~러닝'이므로 '자전거'만 참임을 알 수 있다.

오답 분석 ① 전제 4와 전제 3이 모순이므로 테니스는 하지 않음을 알 수 있다.
③ ④ 전제 4와 전제 3이 모순이므로 테니스는 하지 않고, 전제 2에 따라 자전거를 탄다. 자전거를 타므로 전제 1에 따라 조깅과 러닝을 하지 않음을 알 수 있다.

실전 학습 문제

03 (가)~(다)를 전제로 할 때, 빈칸에 들어갈 결론으로 가장 적절한 것은?

> (가) 대형제과점이 만들어지거나 동네빵집이 쇠퇴한다.
> (나) 대형제과점이 만들어지면 가격이 저렴해지는 동시에 공기가 오염된다.
> (다) 동네빵집이 쇠퇴하면 공기가 오염되는 동시에 동네빵집의 폐업이 증가한다.
> 따라서 ▢

① 동네빵집의 폐업이 증가한다.
② 가격이 저렴해진다.
③ 공기가 오염된다.
④ 가격이 저렴해지고 동네빵집의 폐업이 증가한다.

정답 설명 ③ 제시된 명제를 기호화하면 다음과 같다.

구분	명제	대우
(가)	대형제과점 ∨ 동네빵집 쇠퇴	-
(나)	대형제과점 → 가격 저렴 ∧ 공기 오염	~가격 저렴 ∨ ~공기 오염 → ~대형제과점
(다)	동네빵집 쇠퇴 → 공기 오염 ∧ 동네빵집 폐업 증가	~공기 오염 ∨ ~동네빵집 폐업 증가 → ~동네빵집 쇠퇴

(나)와 (다)를 (가)에 결합하면 '(가격 저렴 ∧ 공기 오염) ∨ (공기 오염 ∧ 동네빵집 폐업 증가)'이고, 앞부분을 교환법칙에 의해 다시 정리하면 '(공기 오염 ∧ 가격 저렴) ∨ (공기 오염 ∧ 동네빵집 폐업 증가)'이다. 이때 선언 명제로 연결된 두 명제에 공통된 부분은 확정이 되기 때문에 '공기 오염'이 결론으로 도출된다.

04 다음 진술이 모두 참일 때 반드시 참인 것은?

> - 매일 연습하는 모든 사람은 악기를 잘 다룬다.
> - 악기를 다루지 못하는 어떤 사람은 연주를 한다.
> - 연주를 하지 않는 어떤 사람은 악기를 다룰 수 있다.

① 매일 연습하지 않은 어떤 사람은 연주를 한다.
② 매일 연습하지 않은 모든 사람은 연주를 한다.
③ 악기를 다룰 수 있는 모든 사람은 연주를 하지 않는다.
④ 연주를 하지 않는 어떤 사람은 매일 연습을 하는 사람이다.

정답 설명 ① 제시된 명제를 기호화하면 다음과 같다.

구분	명제	대우
전제 1	매일 연습 → 악기	~악기 → ~매일 연습
전제 2	~악기 ∧ 연주	-
전제 3	~연주 ∧ 악기	-

전제 1의 대우 '~악기 → ~매일 연습'과 전제 2를 통해 '~매일 연습 ∧ 연주'를 도출할 수 있다. 따라서 제시된 진술이 모두 참일 때 반드시 참인 것은 '매일 연습을 하지 않은 어떤 사람은 연주를 한다(~매일 연습 ∧ 연주).'이다.

오답 분석 ② 전제 1의 대우와 전제 2를 통해 '~매일 연습 ∧ 연주'는 도출할 수 있으나, '매일 연습을 하지 않은 모든 사람은 연주를 한다(~매일 연습 → 연주).'는 제시된 진술을 통해 알 수 없다.
③ 전제 3을 통해 '~연주 ∧ 악기'는 알 수 있으나, '악기를 다룰 수 있는 사람이 모두 연주를 하지 않는지는 제시된 진술을 통해 알 수 없다.
④ 전제 1의 대우와 전제 2를 통해 '~매일 연습 ∧ 연주'는 도출할 수 있으나, '연주를 하지 않는 어떤 사람은 매일 연습을 하는 사람이다(~연주 ∧ 매일 연습).'는 제시된 진술을 통해 알 수 없다.

실전 학습 문제

05 다음 대화의 빈칸에 들어갈 말로 가장 적절한 것은?

> 갑: 수영장은 8월 15일이나 16일에 휴업해야 합니다.
> 을: 수영장을 ☐
> 병: 수영장을 8월 15일에 휴업하면 행사 취소 안내를 이번 주 안에 완료해야 합니다.
> 정: 여러분의 의견대로 하자면, 반드시 이번 주 안에 행사 취소 안내를 완료해야 하겠군요.

① 8월 16일에 휴업해야 합니다.
② 8월 15일에 휴업할 수 없습니다.
③ 8월 16일에 휴업할 수 없습니다.
④ 8월 16일에 휴업하면, 이번 주 안에 행사 취소 안내를 완료하지 않아도 됩니다.

정답 설명 ③ 제시된 명제를 기호화하면 다음과 같다.

구분	명제	대우
갑	8월 15일 ∨ 8월 16일	-
을		
병	8월 15일 → 이번 주 행사 취소 안내	~이번 주 행사 취소 안내 → ~8월 15일
정	이번 주 행사 취소 안내	-

'정'의 명제 '이번 주 행사 취소 안내'를 확정하기 위해서는 '병'의 '8월 15일'이 되어야 한다. 또한 '갑'의 명제를 통해 볼 때, 수영장은 8월 15일이나 16일날 휴업해야 하기 때문에, '을'이 수영장을 '8월 16일'에는 휴업할 수 없다는 조건을 추가적으로 제시한다면 결론이 확정될 수 있다. 그러므로 정답은 ③이다.

06 다음의 <조건>에 따라 엑스포를 진행한다. 이에 따를 때, 반드시 참인 것만을 <보기>에서 모두 고르면?

조건
- 청주나 전주에서 엑스포가 진행된다.
- 전주에서 엑스포가 진행되지 않으면, 광주와 청주에서 진행된다.
- 청주와 전주 모두에서 엑스포가 진행되는 것은 아니다.

보기
㉠ 청주에서 엑스포가 진행되면 전주에서는 진행되지 않는다.
㉡ 청주에서 엑스포가 진행되지 않으면, 전주에서 진행된다.
㉢ 광주에서 엑스포가 진행되지 않으면 청주에서도 진행되지 않는다.

① ㉠
② ㉠, ㉡
③ ㉡, ㉢
④ ㉠, ㉡, ㉢

정답 설명 ④ <조건>을 기호화하면 다음과 같다.

구분	명제	대우
조건 1	청주 ∨ 전주	-
조건 2	~전주 → 광주 ∧ 청주	~광주 ∨ ~청주 → 전주
조건 3	청주 → ~전주	전주 → ~청주

㉠ 조건 3은 '~(청주 ∧ 전주)'로 기호화하며 드모르간 법칙에 의해 '~청주 ∨ ~전주'와 동치이다. 이는 '청주 → ~전주'와 동치이기 때문에 반드시 참이다.

㉡ '~청주'이면, 조건 1을 통해 선언지 제거에 의해 '전주'가 도출된다. 따라서 반드시 참이다.

㉢ '~광주'이면, 조건 2의 대우를 통해 '전주'가 도출된다. '전주'이므로 조건 3에 따라 '~청주'가 도출된다. 따라서 반드시 참이다.

실전 학습 문제

07 다음 글의 밑줄 친 결론을 이끌어 내기 위해 추가해야 할 것은?

- 음식량이 많은 식당 중 일부는 셀프 시스템이 있다.
- 손님이 많은 식당은 모두 추천 메뉴가 있다.
  따라서 음식량이 많은 식당 중 일부는 추천 메뉴가 있다.

① 셀프 시스템이 있는 식당은 모두 음식량이 많다.
② 손님이 많지 않은 식당은 모두 음식량이 많지 않다.
③ 추천 메뉴가 있는 식당 중 일부는 셀프 시스템이 있다.
④ 음식량이 많지 않은 식당 중 일부는 셀프 시스템이 없다.

정답 설명 ② 제시된 명제를 기호화하면 다음과 같다.

구분	명제	대우
전제 1	음식량 ∧ 셀프 시스템	-
전제 2	손님 → 추천 메뉴	~추천 메뉴 → ~손님
추가		
결론	음식량 ∧ 추천 메뉴	-

결론에 제시된 것과 동일하게 만들 수 있는 단어가 여러 개일 경우, 앞을 동일하게 만들어 전제를 찾는 경우를 먼저 생각하는 것이 좋다. 전제 1을 기준으로 할 때 결론의 교환법칙이 전제 1과 앞부분을 동일하게 배치할 수 있다. 이를 표로 정리하면 아래와 같다.

전제 1	음식량 ∧ 셀프 시스템
추가	
결론	음식량 ∧ 추천 메뉴

조건절의 앞부분이 같기 때문에 전제 1과 결론의 '음식량'을 삭제하면 '셀프 시스템 → 추천 메뉴'가 제시된다. 그러나 선지의 내용에 없기 때문에, 더 적용할 내용을 찾아야 한다. 전제 2와 결론을 보면 뒤 결론절의 추천 메뉴가 같다.

전제 2	손님 → 추천 메뉴
추가	
결론	음식량 ∧ 추천 메뉴

전제 2와 결론은 뒷부분이 동일하고, '모든, 어떤' 순서이기 때문에, '손님 → 음식량, 음식량 → 손님, 손님 ∧ 음식량, 음식량 ∧ 손님' 모두 가능하다. 이의 대우도 참이므로 '~손님 → ~음식량'인 '손님이 많지 않은 식당은 모두 음식량이 많지 않다.'가 참이다.

08 다음 글의 밑줄 친 결론을 이끌어 내기 위해 추가해야 할 것은?

> 전기차 배터리 용량이 커지면 배터리 온도가 상승한다. 배터리 온도가 상승하거나 충전 속도가 느려지면 충전 효율이 떨어진다. 따라서 전기차 배터리 용량이 커지면 전기차 주행 거리가 감소할 것이다.

① 충전 효율이 떨어지면 전기차 주행 거리가 줄어든다.
② 배터리 온도가 상승하면 충전 속도가 느려진다.
③ 충전 속도가 느려지면 전기차 배터리 용량이 커진다.
④ 전기차 주행 거리가 줄어들면 배터리 용량이 커지지 않는다.

정답 설명 ① 제시된 전제를 기호화하면 다음과 같다.

구분	명제	대우
전제 1	배터리 용량 증가 → 배터리 온도 상승	~배터리 온도 상승 → ~배터리 용량 증가
전제 2	배터리 온도 상승 ∨ 충전 속도 느림 → 충전 효율 저하 = (배터리 온도 상승 → 충전 효율 저하) ∧ (충전 속도 느림 → 충전 효율 저하)	~충전 효율 저하 → ~배터리 온도 상승 ∧ ~충전 속도 느림
추가		
결론	배터리 용량 증가 → 전기차 주행 거리 감소	~전기차 주행 거리 감소 → ~배터리 용량 증가

전제 2는 전건 분리에 따라 '(배터리 온도 상승 → 충전 효율 저하) ∧ (충전 속도 느림 → 충전 효율 저하)'와 논리적으로 동치이다. 따라서 전제 2와 전제 1을 결합하여 '배터리 용량 증가 → 배터리 온도 상승 → 충전 효율 저하'를 도출할 수 있으므로 '배터리 용량 증가 → 충전 효율 저하'를 확정할 수 있다. 결론을 완성하려면 '충전 효율 저하'와 '전기차 주행 거리 감소'를 연결하는 명제가 필요하다. 따라서 정답은 ① '충전 효율이 떨어지면 전기차 주행 거리가 줄어든다(충전 효율 저하 → 주행 거리 감소)'이다.

오답 분석 ② '배터리 온도가 상승하면 충전 속도가 느려진다(배터리 온도 상승 → 충전 속도 느림).'를 추가해도 결론을 도출할 수 없다.
③ '충전 속도가 느려지면 배터리 용량이 커진다(충전 속도 느림 → 배터리 용량 증가).'를 추가해도 결론을 이끌어 낼 수 없다.
④ '전기차 주행 거리가 줄어들면 배터리 용량이 커지지 않는다(주행 거리 감소 → ~배터리 용량 증가).'는 '배터리 용량 증가 → ~주행 거리 감소'와 논리적으로 동치이다. '배터리 용량 증가 → ~주행 거리 감소'가 전제로 추가되면 제시된 결론인 '배터리 용량 증가 → 주행 거리 감소'가 성립하지 않으므로 결론을 도출할 수 없다.

실전 학습 문제

09 다음 글의 밑줄 친 결론을 이끌어내기 위해 추가해야 할 것은?

- 소음이 없는 어떤 날은 오케스트라 공연이 열린다.
- 클래식 음악을 듣는 어떤 날에 소음이 없었던 것은 아니다.
- 따라서 <u>오케스트라 공연이 있는 어떤 날은 클래식 음악을 듣는다.</u>

① 클래식 음악을 듣는 어떤 날은 소음이 있지 않다.
② 소음이 있는 모든 날은 클래식 음악을 듣는다.
③ 소음이 있는 모든 날은 오케스트라 공연이 열린다.
④ 오케스트라 공연이 열리지 않지만 클래식 음악을 듣지 않는 모든 날은 소음이 있지 않다.

정답 설명 ③ 제시된 명제를 기호화하면 다음과 같다.

구분	명제
전제 1	~소음 ∧ 오케스트라 공연
전제 2	클래식 음악 ∧ 소음
추가	
결론	오케스트라 공연 ∧ 클래식 음악

이중부정은 긍정의 표현과 같은 표현이므로 전제 2는 '클래식 음악을 듣는 어떤 날은 소음이 있다.'와 동일한 의미로 이를 기호화하면 '클래식 음악 ∧ 소음'이 된다. 추가해야 하는 전제를 찾기 위해서는 결론의 앞쪽이나 뒤쪽과 동일하게 명제를 만들어야 한다. 결론을 기준으로 할 때 전제 1을 교환법칙에 의해 결론과 앞부분을 동일하게 배치할 수 있다. 이를 표로 정리하면 아래와 같다.

전제 1	오케스트라 공연 ∧ ~소음
추가	
결론	오케스트라 공연 ∧ 클래식 음악

따라서 '오케스트라 공연 ∧ 클래식 음악'이 되기 위해서는 '~소음 → 클래식 음악'의 전제가 필요하다. 그런데 선지에는 '~소음 → 클래식 음악'이 없으므로 다른 전제를 찾아야 한다. 전제 2에 결론과 동일하게 '클래식 음악'이 나타나 있기 때문에, 이를 결과절에 공통적으로 동일하게 배치하면 다음과 같다.

전제 2	소음 ∧ 클래식 음악
추가	
결론	오케스트라 공연 ∧ 클래식 음악

공통된 결과절을 삭제하면 '소음 → 오케스트라 공연'의 전제가 필요함을 확인할 수 있으므로 답은 ③이다.

10 다음 빈칸에 들어갈 말로 가장 적절한 것은?

> 찬희, 명수, 기범, 민재의 도착 소요 시간과 관련하여 다음과 같은 사실들이 알려졌다.
> - 명수의 도착 소요 시간이 1일 이상이라면 찬희의 도착 소요 시간은 3일 이상이다.
> - 명수의 도착 소요 시간이 1일 이상이 아니라면 기범의 도착 소요 시간은 5일 이상이다.
> - 기범의 도착 소요 시간이 5일 이상이라면 민재의 도착 소요 시간은 4일 미만이다.
> - 민재의 도착 소요 시간은 7일이다.
> 이를 통해 _____ 임을 알 수 있게 되었다.

① 명수의 도착 소요 시간이 1일 미만
② 찬희의 도착 소요 시간이 3일 이상
③ 기범의 도착 소요 시간이 5일 이상
④ 기범의 도착 소요 시간이 6일 이상

정답 설명 ② 제시된 명제를 기호화하면 다음과 같다.

구분	명제	대우
전제 1	명수 [1일 이상] → 찬희 [3일 이상]	~찬희 [3일 이상] → ~명수 [1일 이상]
전제 2	~명수 [1일 이상] → 기범 [5일 이상]	~기범 [5일 이상] → 명수 [1일 이상]
전제 3	기범 [5일 이상] → 민재 [4일 미만]	~민재 [4일 미만] → ~기범 [5일 이상]
전제 4	민재 [7일]	-

전제 4에 의해 '~민재 [4일 미만]'이 확정된다. 이를 전제 3의 대우에 대입하면 '~민재 [4일 미만] → ~기범 [5일 이상]'이 성립하므로 '~기범 [5일 이상]'이 확정된다. '~기범 [5일 이상]'이 확정되므로 전제 2의 대우인 '~기범 [5일 이상] → 명수 [1일 이상]'이 성립하게 되어, '명수 [1일 이상]'이 확정된다. 이를 전제 1에 대입하면 찬희 [3일 이상]임이 확정되므로 '찬희의 도착 소요 시간이 3일 이상'이 가장 적절함을 추론할 수 있다.

공무원 시험 전문 해커스공무원

gosi.Hackers.com

해커스공무원 신민숙 쉬운국어 **논리 강화 200제**

PART 4 논증

Chapter 01 논증의 강화와 약화

실전 학습 문제

Chapter 01 논증의 강화와 약화

대표 문제

다음 글에 대한 분석으로 적절한 것을 <보기>에서 모두 고른 것은?

> 1979년 이란 제국에서 발생한 이란 이슬람 혁명(이하 '혁명')으로 절대 왕정이 무너지고 이슬람 종교 지도자(호메이니)가 최고 권력을 가지게 되었다. 이 혁명의 원인에 대해 여러 학자들은 다양한 관점을 제시하고 있다. 주요 학자들의 입장을 정리하면 다음과 같다.
> **갑**: 혁명은 상류층과 하류층의 불만이 결합한 사회적 운동이다. 혁명의 원인은 경제적 불평등과 사회적 불만이라는 것이다. 특히 1970년대 이란에서 발생한 급격한 경제 침체와 도시화가 많은 문제를 동반했으며, 이는 상대적으로 도시의 하층민에게 생활 수준에 대한 큰 불만을 불러일으켰다.
> **을**: 1970년대 후반 이란에서 발생한 종교적 정체성의 부각이 혁명의 중요한 원인이며, 이슬람 혁명이 '서구적 근대화'에 대한 저항의 일환으로 발생했다. 특히 호메이니의 철학과 이슬람 신학이 혁명의 사상적 기반을 제공했다.
> **병**: 이슬람 혁명은 이란에서의 정치적 불만과 함께, 중동 전반에서 이슬람교의 정치적 역할에 대한 재평가와 관련이 있다. 이슬람교가 정치의 영역으로 진출할 당위성을 확보한 것이다. 호메이니의 이슬람 정치 철학이 이 혁명의 핵심이었으며, 이를 통해 이란과 중동의 민족주의적, 종교적 자아가 강화되었다.

보기
ㄱ. 1970년대 이란은 석유 수출에 따른 경제적 번영을 경험하여 특히 도시 지역에서는 하층민의 생활 수준과 만족도가 향상되었다면 갑의 견해는 약화된다.
ㄴ. 왕의 독재에 반대하는 많은 학생들과 지식인들은 종교적 신념보다는 정치적 자유와 민주주의를 추구하였다면 을의 견해는 약화된다.
ㄷ. 이란 혁명으로 다른 중동 국가들은 신권보다는 왕권을 강화하기 위한 모습을 보였다면 병의 견해는 강화되지 않는다.

① ㄱ
② ㄱ, ㄷ
③ ㄴ, ㄷ
④ ㄱ, ㄴ, ㄷ

정답 설명 ④ ㄱ. 갑은 1970년대 이란 도시 하층민들은 생활 수준에 큰 불만을 가졌다고 보았다. 따라서 석유 수출에 따른 경제적 번영을 경험하여 특히 도시 지역에서 하층민의 생활 수준이 향상되었다면 갑의 견해는 약화된다.
ㄴ. 을은 호메이니의 철학과 이슬람 신학이 혁명을 추동하였다고 본다. 그러나 왕의 독재에 반대하는 많은 학생들과 지식인들은 이슬람이라는 종교적 가치보다는 서구적 근대화의 일종인 정치적 자유와 민주주의를 추구하였다면 을의 견해는 약화된다.
ㄷ. 병은 혁명으로써 이슬람교가 정치의 영역으로 진출할 당위성을 확보한 것이라고 보았다. 즉 이슬람이 정치에 진출하는 경향이 강화되었다는 것이다. 따라서 이란 혁명으로 다른 중동 국가들이 신권(신, 종교 중심)보다는 왕권을 강화하기 위한 모습을 보였다면 병의 견해는 강화되지 않고 약화된다.

연습 문제

01 다음 글에 대한 분석으로 적절한 것을 <보기>에서 모두 고른 것은?

> 갑: 사회마다 필연적으로 존재하는 사회 갈등의 본질은 경제적 불평등에서 발생하는 계급 갈등이다. 귀족과 평민을 구분짓는 신분제는 사라졌으나, 사회는 생산 수단을 독점하는 자본가 계급과 노동력만을 제공하는 노동자 계급 간의 불평등 구조에 의해 끊임없는 갈등을 겪는다. 사회 갈등은 이러한 계급 간의 이해관계 충돌에서 비롯되는데, 이는 노동자 계급투쟁을 통해 해소되어 무계급 사회로 이어진다.
> 을: 사회는 외부적 요인으로 인해 일시적으로 갈등이 유발될 수 있지만, 사회적 규범과 도덕을 통해 곧 안정을 유지하게 된다. 즉, 외부적 요인으로 인해 발생하는 사회 갈등은 사회적 통합의 장애 요소로 작용할 수 있지만, 영구적인 혼란을 일으키는 요소는 아니다.
> 병: 사회 갈등은 사회 변화의 자연스러운 요소이다. 특히 권력과 지위 불평등이 사회 갈등의 중심 요소이며, 권력을 가진 집단과 권력을 얻고자 하는 집단 간의 물리적 충돌이 불가피하다.

보기
ㄱ. 자본가에 대한 노동 쟁의가 무산되고 노동자들은 더욱 자본가에 예속되어 새로운 신분제가 고착화되었다면 갑의 견해는 약화된다.
ㄴ. 면세 혜택을 받는 극소수가 나라의 부 대부분을 차지하고 있어 사회적 갈등이 심각하던 혁명 이전 A국의 사례는 을의 입장을 강화한다.
ㄷ. 평화적인 방법으로 기존 권력 집단에서 새로운 집단으로의 권력 이양이 일어난 B국의 사례는 병의 입장을 약화한다.

① ㄱ
② ㄱ, ㄷ
③ ㄴ, ㄷ
④ ㄱ, ㄴ, ㄷ

정답 설명 ② ㄱ. 갑은 갈등은 노동자 계급투쟁을 통해 해소되어 무계급 사회로 이어진다고 보았다. 자본가에 대한 노동 쟁의가 무산되고 노동자들은 더욱 자본가에 예속되어 새로운 신분제가 고착화되었다면 계급투쟁의 성공 가능성을 부정하는 상황이므로 갑의 견해는 약화된다.
ㄷ. 병은 권력을 가진 집단과 권력을 얻고자 하는 집단 간의 충돌이 불가피하다고 보았다. 따라서 평화적인 방법으로 기존 권력 집단에서 새로운 집단으로의 권력 이양이 일어난 B국의 사례는 병의 입장을 약화한다.

오답 분석 ㄴ. 을은 갈등은 외부적 요인에 의해 일시적으로 발생한다고 보았다. 따라서 면세 혜택을 받는 극소수가 나라의 부 대부분을 차지하고 있어 사회적 갈등(내부적 갈등)이 심각하던 혁명 이전 A국의 사례는 을의 입장을 약화한다.

Chapter 01 논증의 강화와 약화

02 다음 글에 대한 분석으로 적절한 것을 <보기>에서 모두 고른 것은?

> 갑: 태아가 자궁 내에서 경험하는 영양 상태가 생리적 발달에 미치는 영향은 타 요인들에 비해 월등히 높다. 임신 중 모체의 영양 부족으로 저체중 상태로 태어난 인간은 성인기 만성질환에 걸릴 확률이 그렇지 않은 인간보다 유의미한 수준으로 높다.
> 을: 성인기 질환의 원인을 단일 요인으로 귀착해서는 안 된다. 유전적 요인, 환경적 요인, 생활 습관 등의 복합적 요소가 발병에 영향을 미친다.
> 병: 임신 초기 단계에서 모체(母體)가 경험하는 정신적 스트레스가 후에 만성질환으로 이어질 수 있다. 출생 이후 생애 초기의 경험 역시 만성질환의 발병에 기여할 수 있다. 가령 시끄러운 환경에 지속적으로 노출된 태아는 이후 만성적인 치매에 걸릴 확률이 유의미한 수준으로 증가한다.

보기
ㄱ. 태아가 자궁 내에서 영양이 부족할 경우 인슐린 저항성이 증가하여 당뇨병 발병의 위험을 높이는 가장 큰 메커니즘으로 작용할 수 있다면 갑의 견해는 강화된다.
ㄴ. 만성 염증성 탈수초성 다발신경병증은 특정 유전자의 존재 여부에 따라 발병 여부가 결정된다는 연구 결과는 을의 견해를 강화한다.
ㄷ. 모체의 간염 바이러스 감염으로 인해 태아 역시 태어날 때부터 간염에 감염된 상태로 태어났다면 병의 견해는 강화된다.

① ㄱ
② ㄱ, ㄷ
③ ㄴ, ㄷ
④ ㄱ, ㄴ, ㄷ

정답 설명 ① ㄱ. 갑은 임신 중 모체의 영양 부족으로 저체중 상태로 태어난 인간은 성인기 만성질환에 걸릴 확률이 그렇지 않은 인간보다 유의미한 수준으로 높다고 보았다. 따라서 태아가 자궁 내에서 영양이 부족할 경우 인슐린 저항성이 증가하여 당뇨병 발병의 위험을 높이는 가장 큰 메커니즘으로 작용할 수 있다면 갑의 견해는 강화된다.

오답 분석 ㄴ. 을은 복합적 요소가 발병에 영향을 미친다고 보았다. 따라서 만성 염증성 탈수초성 다발신경병증이 특정 유전자의 존재 여부에 따라 발병 여부가 결정된다는 연구 결과는 단일한 요소가 발병에 영향을 끼친 것이므로 을의 견해를 약화한다.
ㄷ. 병은 정신적 스트레스에만 집중했지 외부 병원체 감염은 논하지 않았다. 따라서 이 사례는 병의 견해를 강화하지도 약화하지도 않는다.

03 다음 글에 대한 분석으로 적절한 것을 <보기>에서 모두 고른 것은?

> 1차 대전 중 러시아에는 기존의 제정을 뒤엎고 볼셰비키 혁명 정부가 수립되었다. 이들은 독일과의 전쟁을 끝내기 위해 '브레스트 - 리토프스크 조약'(이하「조약」)을 체결하였다. 다음은 「조약」에 대한 여러 학자들의 견해이다. 「조약」의 모든 사항이 이행되지는 않았다.
> 갑: 「조약」은 볼셰비키 정부의 굴욕적인 결단이다. 혁명 정부가 조약을 통해 포기한 대규모 영토와 경제적 자원은 결국 러시아의 정치적, 경제적 권위를 손상시켰다. 이 조약은 볼셰비키 혁명의 이상과는 배치되며, 볼셰비키들이 전쟁에서 빠져나가 자신들의 권력을 지키기 위한 정치적 계산이다.
> 을: 「조약」은 민족 자결권의 관점에서 비판받아야 한다. 조약은 러시아가 점령했던 우크라이나, 폴란드 등의 영토를 독일 제국에 넘기는 내용을 포함하고 있었다. 즉, 「조약」이 러시아 내 여러 민족들의 자결권을 무시하고, 이들이 독일의 지배에 놓이게 하여 그들의 자유를 박탈한 것이다. 볼셰비키들은 국제적 민족 해방의 이상을 외치면서도, 「조약」을 통해 현실 정치에서 민족 자결권을 희생한 것이다.
> 병: 「조약」은 볼셰비키들에게 서방 자본주의 국가들과 분리되어 독자적인 사회주의 체제를 구축할 수 있는 기회를 제공했다. 볼셰비키들은 단기적으로 「조약」을 통해 독일과의 평화를 얻음으로써 러시아 내부의 혁명 세력을 강화하고, 장기적으로 세계 혁명 확산을 노렸다.

보기
ㄱ. 「조약」 체결 직전 볼셰비키 혁명 정부는 물가 폭등과 전쟁 지속으로 인한 민심 악화로 권력을 상실하기 직전이었다는 연구 결과는 갑의 견해를 강화한다.
ㄴ. 「조약」 체결로 폴란드가 러시아와 독일로부터 벗어나 완전한 민족의 독립을 성취할 수 있었다는 연구 결과는 을의 견해를 강화한다.
ㄷ. 「조약」 체결로 독일과 싸우던 볼셰비키 군이 러시아 내부로 들어와 혁명을 공고히 하고 서방의 개입을 막았다는 연구 결과는 병의 견해를 강화한다.

① ㄱ
② ㄱ, ㄷ
③ ㄴ, ㄷ
④ ㄱ, ㄴ, ㄷ

Chapter 01 논증의 강화와 약화

04 다음 글에 대한 분석으로 적절한 것을 <보기>에서 모두 고른 것은?

> **갑**: 정상 과학 단계에서는 과학자들이 기존 패러다임에 따라 문제를 해결하는 데 집중한다. 그러나 시간이 지남에 따라 기존 패러다임으로 해결되지 않는 '이상 현상'이 축적되며 과학 혁명이 일어난다. 과학의 발전은 한 패러다임이 다른 패러다임으로 대체되며 일어나는 것이며, 이때의 변화는 단절적이다.
> **을**: 과학은 어떤 이론이 반증되고 이를 대체할 새로운 이론을 찾아가며 발전한다. 이론은 반증되지 않는 한 유효하다고 간주되지만, 반증되는 순간 새로운 이론으로 대체되어야 한다. 과학은 이러한 반증을 통해 절대적인 진리로 가까워진다.
> **병**: 연구 프로그램 중 핵심은 고정되어 있고 보조 가설은 조정되면서 과학이 발전한다. 과학자들은 특정 연구 프로그램을 수정해가며 점진적으로 진보해 나간다.

보기
ㄱ. 기존 생물학적 패러다임에 연속하여 생물체에 대한 이해를 강화한 DNA 이중 나선 구조 발견의 사례는 갑의 입장을 강화한다.
ㄴ. 열역학 연구 중 칼로릭 이론이 반증되었을 때, 새로운 이론적 접근이 그것을 대체한 사례는 을의 입장을 강화한다.
ㄷ. 수성의 궤도 이상 문제를 기존의 역학으로는 해결하지 못해 결국 기존의 역학을 통째로 뒤엎는 이론이 등장한 사례는 병의 입장을 약화한다.

① ㄱ
② ㄱ, ㄷ
③ ㄴ, ㄷ
④ ㄱ, ㄴ, ㄷ

정답 설명 ③ ㄴ. 을은 이론은 반증되지 않는 한 유효하다고 간주되지만, 반증되는 순간 새로운 이론으로 대체되어야 하며, 이러한 반증을 통해 절대적인 진리로 가까워진다고 보았다. 따라서 열역학 연구 중 칼로릭 이론이 반증되었을 때, 새로운 이론적 접근이 그것을 대체한 사례는 을의 입장을 강화한다.

ㄷ. 병은 핵심은 고정되어 있고 보조 가설은 조정되면서 과학이 발전한다고 보았다. 따라서 수성의 궤도 이상 문제를 기존의 역학으로는 해결하지 못해 결국 기존의 역학을 통째로 뒤엎는 이론이 등장한 사례는 핵심이 변한 것이므로 병의 입장을 약화한다.

오답 분석 ㄱ. 갑은 과학 발전은 한 패러다임이 다른 패러다임으로 대체되는 사건으로, 이때의 변화는 단절적이라고 보았다. 따라서 기존 생물학적 패러다임에 연속하여 생물체에 대한 이해를 강화한 DNA 이중 나선 구조 발견의 사례는 변화가 단절적이지 않으므로 갑의 입장을 약화한다.

05 갑 ~ 병의 주장을 분석한 내용으로 적절한 것을 <보기>에서 모두 고른 것은?

세계화는 전통적인 국민국가 중심의 사고방식에서 벗어나, 개인, 문화, 경제 등이 국경을 넘나들며 통합적으로 상호작용하는 것을 강조한다. 다음은 이에 대한 여러 학자들의 견해이다.

갑: 세계화는 글로벌 자본주의의 결과로, 새로운 사회적 정체성을 형성하며 기존의 국민국가 중심 정체성을 약화시킨다. 세계화는 경제적 영역뿐 아니라 정치적, 사회적 영역에서 국가의 경계를 초월하는 새로운 계급 형성과 신흥 엘리트 그룹을 만들어낸다. 이는 국가 주권을 세계 사회로 분산시키고 국가 정체성에 대한 충성심을 흩뜨려, 국경을 넘어서는 공동체 의식을 촉진하는 동시에 기존 국민국가의 정체성을 위협한다.

을: 세계화가 국가 주권을 약화시키지는 않으며, 오히려 이를 보완할 수도 있다. 환경과 같은 초국가적 문제가 국가 간 협력을 필수적으로 만들며, 이러한 협력 과정에서 국가 정체성이 더 강해질 수 있다. 따라서 국가와 초국가적 정체성은 상호 보완적이다.

병: 세계화는 국민국가의 정체성을 분산시키기보다 다양한 방식으로 융합시킬 수 있다. 개인들이 글로벌 경제와 문화에 통합됨으로써 초국가적 정체성을 가지게 되더라도 국가 정체성과 배타적이지 않으며, 오히려 중첩적으로 형성될 수 있다. 국적에 따라 서로 다른 문화적, 정치적 소속감을 유지하면서도 글로벌 정체성을 가질 수 있다는 것이다.

보기

ㄱ. 개발도상국에 차관을 제공하는 대신 그 국가를 중국에 경제적으로 예속시키는 중국의 일대일로 정책이 중국인들에게 자국에 대한 충성심을 강화한다면 갑의 입장은 강화된다.
ㄴ. 농산물 상품의 수출에만 절대적으로 의존하는 중남미 국가가 미국 자본에 종속되어 정치적으로 불안정하게 되었다면 을의 견해는 약화된다.
ㄷ. 영국의 유럽연합 탈퇴를 영국의 주권이 약화되고 있다는 영국인들의 우려가 발현된 것으로 해석한다면 병의 견해는 약화된다.

① ㄱ
② ㄱ, ㄷ
③ ㄴ, ㄷ
④ ㄱ, ㄴ, ㄷ

정답 설명 ③ ㄴ. 을은 세계화가 국가 주권을 약화시키지는 않고 보완 가능한 상호 보완적 관계로 보았다. 농산물 상품의 수출에만 절대적으로 의존하는 중남미 국가가 미국 자본에 종속되어 정치적으로 불안정하게 되었다면 이는 상호 보완적이 아닌 종속 관계이므로 을의 견해는 약화된다.
ㄷ. 병은 개인들이 글로벌 경제와 문화에 통합됨으로써 국가 정체성을 다양한 방식으로 융합시킨다고 보았다. 따라서 영국의 유럽연합 탈퇴를 영국의 주권이 약화되고 있다는 영국인들의 우려가 발현된 것, 즉 융합되지 않는다고 해석한다면 병의 견해는 약화된다.

오답 분석 ㄱ. 갑은 세계화가 국가 주권을 세계 사회로 분산시키고 국가 정체성에 대한 충성심을 흩뜨려, 국경을 넘어서는 공동체 의식을 촉진하는 동시에 기존 국민국가의 정체성을 위협한다고 보았다. 그러나 개발도상국에 차관을 제공하는 대신 그 국가를 중국에 경제적으로 예속시키는 중국의 일대일로 정책이 중국인들에게 자국에 대한 충성심을 강화하였으므로 갑의 입장은 약화된다.

Chapter 01 논증의 강화와 약화

06 다음 글의 ㉠을 약화하는 증거로 가장 적절한 것은?   2017년 국가직 5급

> 1966년 석가탑을 해체·보수하는 과정에서 뜻밖에 발견된 다라니경은 한국뿐만 아니라 전 세계의 이목을 끈 엄청난 보물이었다. 이 놀라운 발견 이전에는 770년에 목판 인쇄된 일본의 불경이 세계사에서 최고(最古)의 현존 인쇄본으로 여겨졌으나, 조사 결과 다라니경은 일본의 것보다도 앞서 만들어진 것으로 밝혀졌다. 불국사가 751년에 완공된 것으로 알려져 있으므로 석가탑의 축조 시기는 그와 같거나 그 이전일 것임에 틀림없다. 이 경전의 연대 확정에 도움을 준 것은 그 문서가 측천무후가 최초로 사용한 12개의 특이한 한자를 포함하고 있다는 사실이었다. 측천무후는 690년에 제위에 올라 705년 11월에 죽었으며, 측천무후의 사후에는 그녀가 만든 한자들이 중국에서 사용된 사례가 발견되지 않았다. 그러므로 신라에서도 그녀가 죽은 뒤에는 이 한자들을 사용하지 않았을 것이라는 추정이 가능하다. 이러한 증거를 통해 다라니경이 늦어도 705년경에 인쇄되었다고 판단할 수 있다. 그러나 오히려 ㉠ <u>몇몇 중국의 학자들은 이 특이한 한자의 사용을 이유로 '다라니경이 신라에서 인쇄된 것이 아니라 중국 인쇄물이다.'라고 주장하였다.</u> 그들은 당시 신라와 중국은 독립적인 관계였기 때문에 신라인들이 측천무후 치세 동안 사용된 특이한 한자들을 사용하지는 않았을 것이라고 주장한다. 그러나 이와 같은 견해는 삼국사기에 나타나 있는 명확한 증거를 통해 반박된다. 삼국사기는 신라가 695년에 측천무후의 역법을 도입하는 등 당나라의 새로운 정책을 자발적으로 수용했음을 보여주고 있으며, 따라서 마찬가지로 측천무후에 의해 도입된 특이한 한자들 역시 채용했을 것이라고 추정하는 것이 합리적이다.

① 서역에서 온 다라니경 원전을 처음으로 한역(漢譯)한 사람은 측천무후 시대 중국의 국사(國師)였던 법장임이 밝혀졌다.
② 측천무후 사후에 작성된 신라의 문서들에 측천무후가 발명한 한자가 쓰이지 않았음이 밝혀졌다.
③ 측천무후 즉위 이후 중국의 문서에서 사용할 수 없던 몇몇 글자가 다라니경에서 쓰인 것이 발견되었다.
④ 705년경부터 751년까지 당나라에서 유행한 서체가 다라니경에도 쓰인 것으로 밝혀졌다.

정답 설명 ③ 측천무후 즉위 이후 중국의 문서에 쓸 수 없었던 글자가 다라니경에 쓰였다는 것은 다라니경이 중국의 인쇄물이 아니라 신라에서 인쇄된 것이라는 주장을 뒷받침하는 증거로 사용될 수 있다. 따라서 ㉠을 약화하는 증거로 가장 적절하다.

오답 분석 ① 다라니경의 원전을 처음으로 한역(漢譯)한 사람이 측천무후 시대 중국의 국사(國師)였던 법장이었다는 사실은 ㉠을 약화하기보다는 오히려 강화하는 증거로 사용될 수 있다. 즉 중국의 국사였던 법장이 한역을 하였다는 것은 다라니경이 중국 인쇄물임을 뒷받침하는 증거인 것이다.
② 측천무후 사후에 나온 신라의 문서들에 측천무후가 발명한 한자가 쓰이지 않았다는 것은 다라니경이 신라의 인쇄물인지 아니면 중국의 인쇄물인지의 논쟁과는 다소 거리가 있는 내용이다. 7~8번째 줄의 '측천무후가 만든 한자들이 그녀의 사후에 중국에서 사용된 사례는 발견되지 않았다. 그러므로 신라에서도 그녀가 죽은 뒤에는 이 한자들을 사용하지 않았을 것이라는 추정이 가능하다.'라는 내용을 강화하는 진술로는 적합하지만 ㉠과는 직접적인 관련이 없다. 이 내용은 다라니경의 연대 확정에 도움이 되는 단서일 뿐이다.
④ 다라니경의 서체가 705년경부터 751년까지 중국에서 유행하였던 것이라는 사실은 ㉠을 강화하는 증거로 사용될 수도 있으므로 적절하지 않다.

07 다음 글에 대한 분석으로 적절한 것을 <보기>에서 모두 고른 것은?

> 갑: 인간의 사회 규범과 도덕에 대한 부정은 어떻게 바라보아야 하는가? 개인적 정신의 자유를 확보하기 위해 무욕(無慾)한 자연생활을 영위하는 것을 목표로 삼은 'K'학파를 통해 인간의 도덕에 대해 생각해 볼 수 있다. 'K'학파는 인간의 사회 규범과 도덕에 대해 부정적으로 바라보고 개인의 윤리적 실천을 확장해야 한다고 주장한다. 그 방식은 개인의 윤리적 실천을 확장하기 위한 일종의 '진실 말하기'로 이해될 수 있다. 즉, 사회가 강요하는 가식적인 규범에서 벗어나 개인적이고 실천적 삶의 태도가 인간이 지닐 가장 중요한 도덕적 덕목이라는 것이다.
> 을: K학파의 반사회적 태도는 비현실적이며 실용적 가치가 부족하다. K학파는 공동체를 기반으로 한 사회에서의 협력과 신뢰에 반하는 극단적 개인주의적 요소를 담고 있다. 사회적 존재로서의 인간이 상호 존중과 규범을 통해 발전하는 점이 중요하다.
> 병: K학파의 태도는 오늘날의 개인주의와는 다르며, 오히려 사회를 갱신하기 위한 실질적인 도덕적 비판으로 작용할 수 있다. 이들은 사회에 대한 전복적 비판을 통해 기존의 부패한 도덕과 사회구조를 개혁하려는 실천적인 철학이다.

보기

ㄱ. 현대 사회의 가치와 규범을 거부하고 '있는 그대로의 자신'을 드러내는 사회 풍조의 만연을 윤리적 실천으로 바라보는 견해는 갑의 견해를 강화한다.
ㄴ. 과격한 개인주의적 삶을 추구하여 공동체로부터 버림받은 결과 발전하지 못한 인간의 사례는 을의 견해를 강화한다.
ㄷ. 반사회적 사상이 사회 전반에 만연하여 오히려 세상을 더 나쁜 방향으로 악화시킨 사례는 병의 입장을 약화한다.

① ㄱ
② ㄱ, ㄷ
③ ㄴ, ㄷ
④ ㄱ, ㄴ, ㄷ

Chapter 01 논증의 강화와 약화

08 갑 ~ 병의 주장을 분석한 내용으로 적절한 것을 <보기>에서 모두 고른 것은?

> 갑: 국제적 원조의 목적은 대상국을 자유롭고 정의로운 사회로 전환하도록 돕는 것이다. 부국은 빈국에 '긴급 원조'를 제공할 도덕적 의무가 있다. 그러나 이러한 원조가 빈곤을 완전히 해소하는 데 있어 필수적이지는 않으며, 오히려 상황을 악화할 위험성 또한 배제할 수 없다. 각 국가는 스스로 문제를 해결할 책임과 능력이 있다.
>
> 을: 국제 원조는 도덕적으로 필요하다. 부유한 개인과 국가들은 극빈국의 빈곤을 완화할 수 있는 능력이 충분하므로 이를 실천할 도덕적 의무가 있는 것이다. 개별적 및 국가적 차원에서 가능한 최선을 다해 빈곤을 줄이는 것이 도덕적 책임이다. 개인적 희생을 통해서라도 빈곤 구제에 힘써야 한다.
>
> 병: 국제적 원조는 제한적으로 시행되어야 한다. 즉, 경제 지원국은 빈곤국에 대한 원조를 시행해야 하지만, 타국의 자율성과 국가적 책임을 고려해야 한다. 각 국가는 먼저 자국 내의 문제를 해결하여 기본적인 복지 시스템을 정착시킨 후 각 국가에 원조를 요청해야 한다. 원조 요청이 타국에 지나치게 강제되거나, 자국의 복지 시스템을 약화시키는 방식으로 이루어져서는 안 된다.

보기
ㄱ. 자발적 빈곤 해소가 잘 이루어지고 있는 원조 수혜국이 국제적 원조로 인해 시장이 교란되어 해당국 국민들의 경제적 독립성이 떨어졌다면 갑의 입장은 강화된다.
ㄴ. 막대한 국제 원조를 시행하였음에도 불구하고 수혜국의 사회에 내재된 모순과 불안정에 의해 빈곤이 더욱 심화되었다면 을의 입장은 약화된다.
ㄷ. 빈곤국에서 복지 체제를 구축하는 것은 어불성설이기 때문에 국제 원조를 자국 문제 해결 이후로 미뤄야 한다는 주장은 논리적으로 옳지 않다는 주장은 병의 입장을 약화한다.

① ㄱ
② ㄱ, ㄷ
③ ㄴ, ㄷ
④ ㄱ, ㄴ, ㄷ

정답 설명 ④ ㄱ. 갑은 원조가 빈곤을 완전히 해소하는 데 있어 필수적이지는 않으며, 오히려 상황을 악화할 위험성 또한 배제할 수 없다고 보았다. 따라서 자발적 빈곤 해소가 잘 이루어지고 있는 원조 수혜국이 국제적 원조로 인해 시장이 교란되어 해당국 국민들의 경제적 독립성이 떨어졌다면 갑의 입장은 강화된다.
ㄴ. 을은 부유한 개인과 국가들은 극빈국의 빈곤을 완화할 수 있는 능력이 충분하다고 생각하고 있다. 이에 반해 ㄴ은 막대한 국제 원조를 시행하였음에도 불구하고 빈곤이 더욱 심화되었다고 말하고 있으므로 을의 입장은 약화된다.
ㄷ. 병은 각 국가는 먼저 자국 내의 문제를 해결하여 기본적인 복지 시스템을 정착시킨 후 각 국가에 원조를 요청해야 한다고 하였다. 이에 반해, ㄷ은 빈곤국에서 복지 체계(시스템)를 구축하는 것은 어불성설(사리에 맞지 않음)이라고 주장하고 있으므로 병의 입장은 약화된다.

09 다음 글에 대한 분석으로 적절한 것을 <보기>에서 모두 고른 것은?

> 인과 관계에 대해 어떤 철학자 'A'는 인과성을 인간이 반복성에 입각하여 마음속에서 만들어낸, 실체가 없는 심리적 습관으로 간주하였다. 다음은 이에 대한 여러 학자들의 논의이다.
> 갑: A의 관점은 과학적 지식을 지나치게 회의적으로 본다. 특히 자연법칙에 대한 과학적 설명의 구조를 충분히 반영하지 못한다. 인과성은 인간의 심리적 습관을 초월하는 실존적인 개념이다.
> 을: 세계의 인과적 관계는 단순히 일시적이고 경험적인 반복에 의존하는 것이 아니라 세계의 본질적인 구조와 논리에 의해 설명될 수 있다. 그런데 A의 관점은 세계를 본질적이고 합리적으로 설명하지 못한다. 인과 관계는 단지 일시적으로 관찰된 반복성 이상의 것이다.
> 병: A의 이론은 지나치게 경험적 접근에 치우쳤다. 인과성은 경험적으로 관찰하지 않더라도 형성될 수 있는 개념이다.

보기
ㄱ. 우울증 증세를 완화하는 약을 복용하면 인간의 심리와 무관하게 항우울 효과가 나타난다는 실험 결과는 갑의 견해를 강화한다.
ㄴ. 해가 지면 달이 뜬다는 진술에 대해 3일간의 관찰만으로 인과 관계가 있다고 판단할 수 있다는 견해는 을의 입장을 약화한다.
ㄷ. 어떤 물질 간의 화학 반응을 현실의 실험실에서 시연하지 않고 화학식 계산만으로 그 결과를 정확히 예측해 낼 수 있다면 병의 견해는 강화된다.

① ㄱ
② ㄱ, ㄷ
③ ㄴ, ㄷ
④ ㄱ, ㄴ, ㄷ

정답 설명 ④ ㄱ. 갑은 인과성은 인간의 심리적 습관을 초월하는 실존적인 개념이라고 보았다. 따라서 우울증 증세를 완화하는 약을 복용하면 인간의 심리와 무관하게 항우울 효과가 나타난다는 실험 결과는 갑의 견해를 강화한다.
ㄴ. 을은 세계의 인과적 관계는 단순히 일시적이고 경험적인 반복에 의존하는 것이 아니라 세계의 본질적인 구조와 논리에 의해 설명될 수 있다고 보았다. 따라서 해가 지면 달이 뜬다는 진술에 대해 3일간의 일시적인 관찰만으로 인과 관계가 있다고 판단할 수 있다는 견해는 을의 입장을 약화한다.
ㄷ. 병은 인과성은 경험적으로 관찰하지 않더라도 형성될 수 있는 실체적 개념이라고 보았다. 따라서 어떤 물질 간의 화학 반응은 현실의 실험실에서 시연하지 않고 화학식 계산만으로 그 결과를 정확히 예측해 낼 수 있다면 병의 견해는 강화된다.

실전 학습 문제

01 갑 ~ 병의 주장을 분석한 내용으로 적절한 것을 <보기>에서 모두 고른 것은?

> **갑**: 투표권의 전국민적 확대는 점진적이고 합법적인 방식으로 쟁취해야 한다. 모든 국민이 투표권을 가지게 되면 교육과 노동에서 차별을 없애고, 삶의 질을 높이는 기회가 생겨날 것이다. 이러한 기회의 획득을 위해서는 사회 전반에 대한 설득과 교육을 통해 투표권을 가진 주류 엘리트 계층뿐만 아니라 현재는 투표권이 없는 자들의 생각까지 바꾸어야 한다. 현재는 투표권이 없는 하류층들을 교육하지 않으면 이들에게 투표권이 주어져 봤자 별 의미가 없기 때문이다.
>
> **을**: 사회에서 모든 국민이 투표권을 얻지 못하면 영원히 정치적 발언권에서 배제될 것이므로, 투쟁의 양상은 과격해야 한다. 정치적 평등을 얻기 위해 기물 파손, 단식 투쟁 등과 같은 강력한 저항 수단 역시 정당화될 수 있다. 정치적 평등은 당위성을 넘어 필수적인 사회적 권리이며, 억압적 구조를 파괴할 수 있는 '실천적 행동'이 필요하다.
>
> **병**: 모든 국민이 투표권을 가지지 않는 한 사회는 자유와 정의를 성취할 수 없다. 투표권의 획득을 통해 비로소 인간 본연의 권리인 자유와 평등이 달성되기 때문이다. 투표권이 개인의 삶과 전체 사회의 질을 개선하는 '열쇠'라고 보았으며, 이를 통해 모든 국민이 사회와 정치에서 더 큰 역할을 할 수 있을 것이다. 투표권을 위해 불법적이거나 폭력적인 저항을 사용해서는 안 된다.

보기
ㄱ. 빈민층과 중산층에게 교육과 설득을 시행한 결과, 정치·사회 분야에 관심이 없던 빈민들이 점진적으로 그들의 권리에 대해 목소리를 내고, 이에 따라 이들에게도 투표권이 주어졌다면 갑의 입장은 강화된다.
ㄴ. 만인에게 투표권을 부여하기 위한 단식 투쟁을 통해 얻은 대중의 동정과 지지가 참정권 운동에 큰 힘을 실어주었다면 을의 입장은 강화된다.
ㄷ. 만인에 대한 투표권의 부여 이전에 이미 노예를 비롯한 비자유민을 인정하는 제도가 모두 철폐되어 더 이상 신분제는 존재하지 않았으며 자유는 이미 달성되었다는 주장은 병의 입장을 약화한다.

① ㄱ
② ㄱ, ㄷ
③ ㄴ, ㄷ
④ ㄱ, ㄴ, ㄷ

정답 설명 ④ ㄱ. 갑은 투표권이 없는 하류층들을 교육하지 않으면 이들에게 투표권이 주어져 봤자 별 의미가 없다고 보았다. 따라서 빈민과 중산층에게 교육과 설득을 시행한 결과, 빈민들이 점진적으로 정치·사회 분야에서 목소리를 내면서 이들에게도 투표권이 주어졌다면 갑의 입장은 강화된다.
ㄴ. 을은 정치적 평등을 얻기 위해 기물 파손, 단식 투쟁 등과 같은 강력한 저항 수단 역시 정당화될 수 있다고 보았다. 따라서 만인에게 투표권을 부여하기 위한 단식 투쟁을 통해 얻은 대중의 동정과 지지가 참정권 운동에 큰 힘을 실어주었다면 을의 입장은 강화된다.
ㄷ. 병은 투표권의 획득을 통해 비로소 인간 본연의 권리인 자유와 평등이 달성된다고 보았다. 따라서 만인에 대한 투표권의 부여 이전에도 신분제는 존재하지 않았으며, 노예를 비롯한 비자유민을 인정하는 제도가 모두 철폐되어 자유는 이미 달성되었다는 주장은 병의 입장을 약화한다.

02 다음 글에 대한 분석으로 적절한 것을 <보기>에서 모두 고른 것은?

> 갑: '통증'은 단순한 신경 전달 이상의 것으로, 중추신경계의 특정 관문에 의해 조절된다. 실제로 병이 발생한 위치보다는 중추신경계의 신호 전달에 따라 통증을 느낄 수 있는 것이다.
> 을: '통증'은 손상 부위와 연관된 특정 신경 자극으로 발생한다. 통증이 일어나는 것은 특정 신경이 자극된 부위와 연관되었기 때문이지, 중추신경계의 상호작용에 의한 것은 아니다.
> 병: '차가움'과 '뜨거움'으로 인한 감각의 신경 경로는 다양하고 각각 독립적이다. '차가움'과 '뜨거움'은 단일한 신경 경로를 따라 발생하는 것이 아니며, 뇌의 통합적 처리에 의해 발생한다. 외부 온도 변화로부터 통증이 발생할 수 있다.

보기
ㄱ. 허리 디스크로 인한 신경통 사례에서, 통증이 허리에서 시작해 다리까지 방사되지만 손상 부위와 관계없이 다리에서 통증을 느낀다면 갑의 입장은 강화된다.
ㄴ. 심장 발작으로 인해 심장과 왼쪽 팔의 감각을 동시에 관장하는 신경이 자극되어 왼쪽 팔에 통증이 나타난다면 을의 입장은 약화된다.
ㄷ. 수술을 통해 '뜨거움'을 느끼는 신경을 차단한 환자에게 얼음을 가져다 대었더니 '차가움'을 느꼈다면 병의 입장은 강화된다.

① ㄱ
② ㄱ, ㄷ
③ ㄴ, ㄷ
④ ㄱ, ㄴ, ㄷ

정답 설명 ② ㄱ. 갑은 실제로 병이 발생한 위치보다는 중추신경계의 신호 전달에 따라 통증을 느낄 수 있다고 보았다. 따라서 허리 디스크로 인한 신경통 사례에서, 통증이 허리에서 시작해 다리까지 방사되지만 손상 부위와 관계없이 다리에서 통증을 느낀다면 갑의 입장은 강화된다.

ㄷ. 병은 '차가움'과 '뜨거움'으로 인한 감각의 신경 경로는 각각 독립적이라고 하였다. 즉, 각각 독립적인 감각의 신경 경로를 지닌 '차가움'과 '뜨거움'이기 때문에, 수술을 통해 '뜨거움'을 차단했다고 하더라도 '차가움'에 대한 독립적인 감각 신경 경로는 살아있을 것이다. 그러므로 이 환자에게 얼음을 가져다 대었더니 '차가움'을 느꼈다면 병의 입장은 강화된다.

오답 분석 ㄴ. 을은 통증이 일어나는 것은 특정 신경이 자극된 부위와 연관되었기 때문이지, 중추신경계의 상호작용에 의한 것은 아니라고 보았다. 따라서 심장 발작으로 인해 심장과 왼쪽 팔의 감각을 동시에 관장하는 신경이 자극되어 왼쪽 팔에 통증이 나타난다면 을의 입장은 강화된다.

실전 학습 문제

03 다음 글에 대한 분석으로 적절한 것을 <보기>에서 모두 고른 것은?

> 갑: 사회에서 평등과 민주주의는 사회적 갈등을 해결하는 데 긍정적으로 작용하지 않는다. 다수의 의견이 반영되는 민주주의에는 내재적 불안정성, 즉 사회적 갈등과 분열에 의해 자유를 약화할 잠재성이 있다.
> 을: 민주주의가 자유를 약화시키는 경향이 있다는 시각은 지나치게 비관적이며 민주주의의 장점을 폄하한 입장이다. 민주주의는 자유를 강화할 수 있는 긍정적인 가능성을 지닌다.
> 병: 위 두 입장의 민주주의는 X국에 국한된 설명이다. X국의 민주주의는 일반적이고 보편적인 민주주의 모델로 이해할 수 없다. X국의 정치 체제는 보편적인 모델이 아니라, 18세기 후기에 나타난, X국만의 특이적인 형태임을 인식해야 한다. X국의 민주주의 체제는 타 국가들에게 그대로 적용되기 어렵다.

<보기>
ㄱ. 다수결의 원칙을 채택한 민주주의에서 소수의 발언권이 무시되고 사회적 통합이 저해되었다면 갑의 견해는 강화된다.
ㄴ. 여러 주들이 모인 연방 공화국에서 민주주의를 채택하여 연방 정부의 권력은 강해졌지만 개별 주의 자유 수준이 하락하였다면 을의 입장은 약화된다.
ㄷ. X국의 민주주의 체제를 21세기 초에 탄생한 신흥 독립국에 이식하려는 시도가 실패로 돌아갔다면 병의 입장은 강화된다.

① ㄱ
② ㄱ, ㄷ
③ ㄴ, ㄷ
④ ㄱ, ㄴ, ㄷ

정답 설명 ④ ㄱ. 갑은 민주주의에는 내재적 불안정성, 즉 사회적 갈등과 분열에 의해 자유를 약화할 잠재성이 있다고 보았다. 따라서 다수결의 원칙을 채택한 민주주의에서 소수의 발언권이 무시되고 사회적 통합이 저해되었다면 갑의 견해는 강화된다.
ㄴ. 을은 민주주의는 자유를 강화할 수 있는 긍정적인 가능성을 지닌다고 보았다. 따라서 여러 주들이 모인 연방 공화국에서 민주주의를 채택하여 연방 정부의 권력은 강해졌지만 개별 주의 자유 수준이 하락하였다면 을의 입장은 약화된다.
ㄷ. 병은 X국의 민주주의 체제는 타 국가들에게 그대로 적용되기 어렵다고 보았다. 따라서 X국의 민주주의 체제를 21세기 초에 탄생한 신흥 독립국에 이식하려는 시도가 실패로 돌아갔다면 병의 입장은 강화된다.

04 다음 글에 대한 분석으로 적절한 것을 <보기>에서 모두 고른 것은?

> 소련* 서기장 스탈린(1922-1953년 집권)의 급진적인 경제 정책에 대해 다양한 평가가 존재한다. 다음은 이에 대한 여러 학자들의 견해이다.
> 갑: 스탈린의 집단 농업화와 급속한 산업화를 통해 소련이 1930년대 동안 경제적 독립을 확보했으며, 이것이 1941년부터 1945년까지 있었던 나치 독일의 침략에 맞서 국방을 강화하는 데 기여했다. 또한, 스탈린의 계획 경제 정책이 러시아의 농업 경제를 탈피하고 산업 강국으로 자리매김하는 데 필수적이었다. 즉, 경제적 자립을 위해서는 급진적 정책이 불가피했다.
> 을: 스탈린의 경제 정책이 소련 경제의 비효율성을 심화시켰다. 스탈린의 집단 농업화와 산업화가 경제적 비효율성과 생산성 저하를 초래했으며, 특히 강제적인 농업 집단화로 인해 농민 계층의 대규모 희생을 불러왔다. 스탈린 치하에 지어진 사회 기반 시설은 품질이 조악하여 스탈린 사후 새로운 사회 기반 시설을 건설하지 않고서는 체제 유지가 어려웠다.
> 병: 스탈린 시대의 억압적 경제 정책들은 체제의 약화를 초래했다. 스탈린의 정책이 단순히 경제적 목표 달성에 집중된 것이 아니라, 국민을 통제하기 위한 수단으로 활용된 것이다. 특히, 집단 농업화 과정에서 수백만 명의 농민이 기아에 시달리고 강제 이주로 희생당했다. 이러한 정책은 소련의 체제를 흔드는 도화선이 되었다.
>
> *소련: '소비에트 사회주의 공화국 연방'의 줄임말로, 러시아 소비에트 사회주의 공화국, 우크라이나 소비에트 사회주의 공화국 등이 합쳐져 구성됨

보기
ㄱ. 집단 농업화 이후 소련의 농업 생산성이 급격히 하락하여 미국으로부터의 식량 수입에 의존하게 되었다면 갑의 입장은 약화된다.
ㄴ. 스탈린 시대에 지어진 발전소가 소련 붕괴 때까지 소련 전력 공급의 큰 부분을 담당하였다면 을의 입장은 강화된다.
ㄷ. 스탈린의 무모한 집단 농업화 과정에서 수백만의 아사자를 낳은 우크라이나가 나치 독일의 침공 당시 반소련 행보를 보이며 나치에 협력했다면 병의 입장은 강화된다.

① ㄱ
② ㄱ, ㄷ
③ ㄴ, ㄷ
④ ㄱ, ㄴ, ㄷ

정답 설명 ② ㄱ. 갑은 스탈린의 집단 농업화와 급속한 산업화를 통해 소련이 1930년대 동안 경제적 독립을 확보했다고 보았다. 따라서 집단 농업화 이후 소련의 농업 생산성이 급격히 하락하여 미국으로부터의 식량 수입에 의존하게 되었다면 갑의 입장은 약화된다.
ㄷ. 병은 억압적 경제 정책이 소련의 체제를 흔드는 도화선이 되었다고 보았다. 스탈린의 무모한 집단 농업화 과정에서 수백만의 아사자를 낳은 우크라이나가 나치 독일의 침공 당시 반소련 행보를 보이며 나치에 협력했다면 병의 입장은 강화된다.

오답 분석 ㄴ. 을은 스탈린 치하에 지어진 사회 기반 시설은 품질이 조악하여 스탈린 사후 새로운 사회 기반 시설을 건설하지 않고서는 체제 유지가 어려웠다고 보았다. 따라서 스탈린 시대에 지어진 발전소가 소련 붕괴 때까지 소련 전력 공급의 큰 부분을 담당하였다면 을의 입장은 약화된다.

실전 학습 문제

05 다음 글에 대한 분석으로 적절한 것을 <보기>에서 모두 고른 것은?

> 갑: 법은 특정한 역사적, 지리적, 사회적 맥락에 따라 다르다. 보편적인 법칙이나 원칙은 존재하지 않으며, 사회·문화적 맥락에 맞춰 법이 형성되어야 한다.
> 을: 법은 단순한 규범 이상의 의미를 가져야 한다. 법은 사회의 도덕적 가치와 집단의식을 반영해야 하며, 이는 사회 통합과 평화, 발전을 이루는 데 필수적이다. 따라서 법은 단순히 규제의 수단이 아니라, 사회의 도덕적 기반을 나타내는 지표이다.
> 병: 보편적인 도덕 원칙을 따르는 보편적인 법이 필요하다. 각 사회가 다르게 정의하는 법이 결국 보편적 도덕 원칙과 충돌할 수 있다. 모든 인간이 공통적으로 따를 수 있는 도덕적 법칙이 필요하며, 이러한 법칙은 인간의 이성에 근거해야 한다.

보기

ㄱ. 일본의 전통적인 법체계에 집단의 조화와 공동체의 이익을 중시하는 일본의 문화가 반영되었다면 갑의 견해는 약화된다.
ㄴ. 인도의 신분제를 규정한 법이 도덕과 합치되어 사회의 안정성을 유지하는 데 기여하였다면 을의 견해는 강화된다.
ㄷ. 이성에 근거하여 보편적인 법을 규정하려는 시도가 되려 이성을 도구화하여 약소국들에게 불리한 독소조항을 포함하게 되었다면 병의 견해는 강화된다.

① ㄱ
② ㄴ
③ ㄴ, ㄷ
④ ㄱ, ㄴ, ㄷ

정답 설명 ② ㄴ. 을은 법은 단순한 규범 이상의 의미를 가져야 한다고 보았다. 법은 사회의 도덕적 가치와 집단의식을 반영해야 하며, 이는 사회 통합과 평화, 발전을 이루는 데 필수적이라고 보았다. 따라서 인도의 신분제를 규정한 법이 도덕과 합치되어 사회의 안정성을 유지하는 데 기여하였다면 이는 사회 통합과 평화에 해당하는 것이기 때문에 을의 견해는 강화된다.

오답 분석 ㄱ. 갑은 보편적인 법칙이나 원칙은 존재하지 않으며, 각 사회의 문화적 맥락에 맞춰 법이 형성되어야 한다고 보았다. 따라서 일본의 법체계에 일본의 문화가 반영되었다면 이는 법에 사회·문화적 맥락이 반영된 경우에 해당하기 때문에 갑의 견해는 강화된다.
ㄷ. 병은 모든 인간이 공통적으로 따를 수 있는 도덕적 법칙이 필요하며, 이러한 법칙은 인간의 이성에 근거해야 한다고 보았다. 이성에 근거하여 보편적인 법을 규정하려는 시도가 되려 이성을 도구화하여 약소국들에게 불리한 독소조항을 포함하게 되었다면 이는 도덕적으로 불합리한 결과를 도출하게 된 것이므로 병의 견해는 강화되지 않는다.

06 다음 글에 대한 분석으로 적절한 것을 <보기>에서 모두 고른 것은?

> 나치의 유대인 학살 책임자에 대한 불법적이고 사적인 제재는 어떻게 바라보아야 하는가? 다음은 이에 대한 여러 학자들의 논의이다.
> 갑: 유대인 학살 책임자에 대한 제재는 그 방법에 무관하게 옳다. 비극에 대한 책임이 있는 자들이 처벌받지 않으면 다음 세대가 역사적 책임에서 벗어나며, 이로 인해 인간성의 회복이 이루어지기 어렵다.
> 을: 과거사 진실 규명과 책임자 처벌은 분명 윤리적 사명을 갖고 있지만, 이러한 사명이 종종 감정적 호소에 기댄 방식으로 전달되는 점을 경계해야 한다. 감정적 접근의 역사적 엄밀성은 결여되어 있다. 따라서 과거사 규명은 도덕적 호소와 역사적 증언 사이에서 균형을 유지해야 한다.
> 병: 유대인 학살 책임자들을 지속적으로 추적하는 활동이 정말로 사회적 정의에 기여했는가? 유대인 학살의 책임자를 추적하는 과정은 감정적 반응을 자극하는 데에 치중되었다. 책임자 추적 과정이 개인적이고 불법적인 사적 응징으로 이루어졌다면 비록 그 응징의 대상이 학살의 책임자라 할지라도 정당화될 수 없다. 독이 묻은 손으로 딴 과일은 먹을 수 없다.

보기
ㄱ. 영토 확장의 야욕으로 전쟁을 일으킨 전제 군주국의 군주가 처벌받지 않아 종전 이후 80여 년이 지난 시점까지 그 국가의 국민들이 침략 야욕을 드러내는 사례는 갑의 견해를 강화한다.
ㄴ. 언론과 대중에게 큰 질타를 받은 사적 제재 대상자가 알고보니 학계의 검토 결과 실제로는 이름만 비슷한 전혀 별개의 인물이었다면 을의 견해는 약화된다.
ㄷ. 유대인 학살 책임자들에 대한 관련 단체들의 지속적인 추적으로 새로운 증언과 객관적 자료가 발견되어 정부 차원에서 새롭게 과거의 진상 규명이 이루어진 사례는 병의 견해를 약화한다.

① ㄱ
② ㄱ, ㄷ
③ ㄴ, ㄷ
④ ㄱ, ㄴ, ㄷ

정답 설명 ② ㄱ. 갑은 비극에 대한 책임이 있는 자들이 처벌받지 않으면 다음 세대가 역사적 책임에서 벗어나며, 이로 인해 인간성의 회복이 이루어지기 어렵다고 보았다. 따라서 영토 확장의 야욕으로 전쟁을 일으킨 전제 군주국의 군주가 처벌받지 않아 종전 이후 80여 년이 지난 시점까지 그 국가의 국민들이 침략 야욕을 드러내는 사례는 갑의 견해를 강화한다.
ㄷ. 병은 학살 책임자 추적 활동이 사회적 정의에 기여했는지 의문을 표하며, 학살 책임자를 추적하는 과정이 감정적 반응을 자극하는 데에 치중되었다고 보았다. 그러나 사적인 제재 과정에서 추가적인 증언과 객관적 자료가 발견되어 정부 차원의 과거 진상 규명이 이루어진 사례는 실질적인 역사적 진실 발견으로 사회적 정의에 기여한 경우이므로 이 사례는 병의 견해를 약화한다.

오답 분석 ㄴ. 을은 감정적 접근의 역사적 엄밀성은 결여되어 있으며, 과거사 규명은 도덕적 호소와 역사적 증언 사이에서 균형을 유지해야 한다고 보았다. 따라서 언론과 대중에게 큰 질타를 받은 사적 제재 대상자가 학계의 검토 결과 실제로는 이름만 비슷한 전혀 별개의 인물이었다면 감정적 접근으로 잘못된 대상을 제재한 것이므로 을의 견해는 강화된다.

실전 학습 문제

07 다음 글에 대한 분석으로 적절한 것을 <보기>에서 모두 고른 것은?

> 갑: 기업은 거래비용을 줄이기 위해 그 규모를 확장한다. 거래비용이란, 시장에서 거래를 성사시키기 위해 드는 시간, 비용, 노력 등을 의미하는데, 이를 최소화하기 위해 기업은 필요한 외부 시장 비용을 대신해 내부적으로 생산과 거래를 조직한다. 시장경제의 자원 배분은 비효율적이기 때문이다.
> 을: 기업이 시장을 벗어나 스스로 효율성을 높일 수 있다는 주장은 터무니없다. 기업 내부에서 자원 배분이 이루어지면, 정보의 분산이 어려워진다. 시장은 가격을 통해 수많은 분산된 정보를 효율적으로 반영하고 자원을 배분하지만, 기업 내부에서는 의사결정이 중앙집중화되기 때문에 이러한 정보의 분산적 효율성을 잃을 수 있다.
> 병: 기업은 단순히 거래비용을 줄이는 기능만을 수행하는 것이 아니라, 사회적 역할을 가지고 있다. 가령 전기·철도 등 공공재의 경우, 시장에서 자원의 효율적 배분이 어려워진다. 이때 기업은 공공재를 제공하는 사회적 기능을 수행하며, 사회적 이익을 증진한다.

<보기>
ㄱ. 어떤 항공기 제작사가 항공기 부품을 시장을 통해 조달하는 방식을 벗어나 하청업체를 모두 인수하여 내부에서 이를 자체적으로 제작하자 거래비용이 급감하였다면 갑의 견해는 강화된다.
ㄴ. 지식재산권 거래에서는 시장을 벗어난 기업 내부에서 분산된 정보가 의사 결정의 효율을 불러온다면 을의 견해는 약화된다.
ㄷ. 각 지방정부들이 관리하던 철도를 단일 기업에 매각하여 민영화한 이후 거래비용이 줄었지만 수익성이 낮은 노선이 폐선되어 사회적 이익이 줄었다면 병의 견해는 약화된다.

① ㄱ
② ㄱ, ㄷ
③ ㄴ, ㄷ
④ ㄱ, ㄴ, ㄷ

정답 설명 ④ ㄱ. 갑은 기업은 거래비용을 줄이기 위해 규모를 확장한다고 보았다. 따라서 어떤 항공기 제작사가 항공기 부품을 외부 시장을 통해 조달하는 방식을 벗어나 하청업체를 모두 인수하여 내부에서 이를 자체적으로 제작하여 거래비용이 급감하였다면 갑의 견해는 강화된다.
ㄴ. 을은 기업이 시장을 벗어나 효율성을 높일 수 없으며, 시장에 남아 있는 기업이 분산된 정보를 효율적으로 반영할 수 있다고 보았다. 따라서 시장을 벗어난 기업 내부에서 일어나는 정보의 분산이 의사 결정의 효율을 초래했다면 을의 견해는 약화된다.
ㄷ. 병은 공공재를 제공하는 기업은 사회적 이익을 증진한다고 보았다. 따라서 각 지방정부들이 관리하던 철도를 단일 기업에 매각하여 민영화한 이후 거래비용이 줄었지만 수익성이 낮은 노선이 폐선되어 사회적 이익이 줄었다면 병의 견해는 약화된다.

08 다음 글에 대한 분석으로 적절한 것을 <보기>에서 모두 고른 것은?

> 갑: 초월성은 인간이 절대적으로 파악할 수 없는 영역이다. 이러한 초월적 영역은 단순히 경험이나 과학적 탐구로는 도달할 수 없는 신비로 남아 있다. 이러한 관점에서 인간은 자신의 존재와 삶을 초월적 영역과의 관계 속에서 이해하고, 이를 통해 실존적 자유와 선택의지를 확인하게 된다. 인간은 초월적 영역과의 만남을 통해 자기 실존을 더 깊이 이해할 수 있다.
> 을: 갑의 초월성 개념은 인간 실존의 정치적 성격을 간과한다. 인간의 실존은 개인적 삶뿐 아니라 정치적, 사회적 관계에서 실현된다. 초월성에 지나치게 초점을 맞추면, 개인이 사회적 책임을 지는 데 필요한 구체적이고 현실적인 실존적 의미가 희석될 수 있다. 초월성보다는 인간이 사회적 관계 속에서 실존을 경험하고 의미를 만들어가는 과정이 더 중요하다.
> 병: 초월성 개념은 공적 영역에서 논의하기 어렵다. 초월성은 논리적으로 실증적이지 않으며, 논리적인 사회적 합의와 소통을 통해 선택을 내리는 과정이 더 현실적이다. 즉, 비이성적인 초월성이 아니라 논리적인 민주적 토론과 합의를 통해야 인간의 삶을 개선할 수 있다.

<보기>
ㄱ. 진정한 실체를 밝힐 수 없는 '죽음'에 대한 진지한 사고를 통해 자기 존재의 의미를 찾으려는 노력은 갑의 입장을 강화한다.
ㄴ. '선거'라는 사회적 활동을 통해 시민들은 공동체의 일원으로서 실존적 의미를 경험한다면 을의 입장은 강화된다.
ㄷ. '안락사'에 관련된 논의에서는 사람들의 직관적 감정과 신념이 중요한 역할을 하며, 논리적 접근으로는 합의가 불가능하다면 병의 입장은 약화된다.

① ㄱ
② ㄱ, ㄷ
③ ㄴ, ㄷ
④ ㄱ, ㄴ, ㄷ

정답 설명 ④ ㄱ. 갑은 인간은 초월적 영역과의 만남을 통해 자기 실존을 더 깊이 이해할 수 있다고 보았다. 따라서 '죽음'에 대한 진지한 사고를 통해 자기 존재의 의미를 찾으려는 노력은 갑의 입장을 강화한다.
ㄴ. 을은 초월성보다는 인간이 사회적 관계 속에서 실존을 경험하고 의미를 만들어가는 과정이 더 중요하다고 보았다. 따라서 선거라는 사회적 활동을 통해 시민들은 공동체의 일원으로서 실존적 의미를 경험한다면 을의 입장은 강화된다.
ㄷ. 병은 비이성적인 초월성이 아니라 논리적인 민주적 토론과 합의를 통해야 인간의 삶을 개선할 수 있다고 보았다. 따라서 안락사에 관련된 논의에서는 사람들의 직관적 감정과 신념이 중요한 역할을 하며, 논리적 접근으로는 합의가 불가능하다면 병의 입장은 약화된다.

실전 학습 문제

09 갑 ~ 병의 주장을 분석한 내용으로 적절한 것을 <보기>에서 모두 고른 것은?

> 갑: 핵무기를 보유한 체결국의 핵무기 축소와, 신규 핵무기 보유국의 등장을 막는 것을 골자로 하는 핵확산금지조약(NPT)은 큰 효과를 발휘하였다. 특히 핵무기를 보유한 국가들이 비확산 원칙을 준수하고, 핵 군비 축소에 진지하게 임하고 있다. 이들은 여타의 국가들보다 국제적으로 이미 강력한 위치에 있고 그 영향력도 크므로, 이들의 협력 없이는 핵 군축과 평화가 달성될 수 없다.
> 을: NPT에 가입한 핵무기 보유국들이 NPT 가입 비핵 국가들에게 핵무기 개발을 억제하는 데 실패하고 있다. 핵무기 보유국들은 조약을 유지하는 데 필요한 국제적 신뢰를 구축하지 못했으며, NPT에 가입한 비핵 국가들이 핵무기를 추구하는 이유는 안보에 대한 불안감 때문이다. 따라서, 기존 NPT를 뛰어넘어 상호 신뢰를 유지할 수 있는 새로운 접근 방식이 필요하다.
> 병: 핵무기를 보유한 강대국들은 자신의 패권을 빼앗길까 두려워, NPT를 통해 불공정하게 비핵 국가들에게 압박을 가하고 있다. 국제 사회가 진정한 비핵화를 이루기 위해서는 강대국들이 군비 축소에 대한 책임을 다해야 한다. NPT를 기초로 삼아, 핵무기 폐기와 평화로운 대화의 장을 열어야 한다.

보기
ㄱ. 비확산 조약이 없었다면 중국의 위협을 받는 대만과 같은 국가들이 핵무기를 자유롭게 개발하여 결국 세계가 우발적인 핵전쟁의 위협에 더 크게 노출되었으리라는 연구 결과는 갑의 입장을 강화한다.
ㄴ. NPT에 가입하지 않아 서로 핵무기를 개발하며 불안감을 증폭시키는 인도와 파키스탄의 상황은 을의 입장을 약화한다.
ㄷ. NPT에 가입된 핵보유국들이 핵 개발 의혹이 있는 국가에 주권을 침해하는 정도의 정치 및 경제적 압박을 가하는 사례는 병의 입장을 강화한다.

① ㄱ
② ㄱ, ㄷ
③ ㄴ, ㄷ
④ ㄱ, ㄴ, ㄷ

정답 설명 ② ㄱ. 갑은 핵무기를 보유한 체결국의 핵무기 축소와, 신규 핵무기 보유국의 등장을 막는 것을 골자로 하는 핵확산금지조약(NPT)은 큰 효과를 발휘하였다고 보았다. 따라서 비확산 조약이 없었다면 중국의 위협을 받는 대만과 같은 국가들이 핵무기를 자유롭게 개발하여 결국 세계가 우발적인 핵전쟁의 위협에 더 크게 노출되었으리라는 연구 결과는 갑의 입장을 강화한다.

ㄷ. 병은 핵무기를 보유한 강대국들은 자신의 패권을 빼앗길까 두려워, NPT를 통해 불공정하게 비핵 국가들에게 압박을 가하고 있다고 보았다. 따라서 NPT에 가입된 핵보유국들이 핵 개발 의혹이 있는 국가에 주권을 침해하는 정도의 정치 및 경제적 압박을 가하는 사례는 병의 입장을 강화한다.

오답 분석 ㄴ. 을은 NPT 비가입국에 대해서는 논하지 않았다. 따라서 이 사례는 을의 입장을 강화하지도 약화하지도 못한다.

10 다음 글에 대한 분석으로 적절한 것을 <보기>에서 모두 고른 것은?

> 갑: 의학의 목적은 환자의 선을 지향하는 데 있다. 의사는 덕성과 윤리적 성찰을 통해 환자에게 최선의 결과를 제공해야 한다. 의사의 덕성이 치료 과정의 중심이 되어야 하며, 윤리적 딜레마에서 의사는 언제나 환자의 치료만을 우선시해야 한다.
> 을: 의료 행위의 근간이 되는 윤리적 원칙은 특정 상황에 따라 달라질 수 있으며, 고정된 도덕적 원칙이 아닌 실용적 접근을 통해 해결될 수 있다. 의학적 윤리의 핵심은 환자와 의사의 상호작용에서 상황과 맥락을 고려한 실질적 판단을 통해 이루어진다. 윤리는 일관된 덕보다는 상황에 따라 유연하게 적용되어야 한다. 이로부터 상황에 따라 다른 윤리와 다른 의료 행위가 행해지는 것에 정당성이 부여된다.
> 병: 의사와 환자의 관계를 윤리적 책임감의 맥락에서 이해해야 한다. 타인(환자)을 책임지는 것은 윤리적 본질이며, 의사는 환자의 고통을 줄이기 위해 무조건적으로 헌신해야 한다. 윤리적 책임은 절대적이다. 의사-환자 관계는 단순한 계약적 관계를 넘어서는 도덕적 헌신의 장이다.

<보기>
ㄱ. 다른 사람의 생명을 의도적으로 빼앗은 흉악범에 한해 의사가 치료를 거부할 수 있다면 갑의 견해를 약화한다.
ㄴ. 응급 상황에서 위독한 환자에 대해서는 처치를 포기하고 살릴 수 있는 환자에 집중하는 트리아지 체계는 을의 입장을 강화한다.
ㄷ. 의사와 환자의 관계에 대해 고용인과 피고용인의 계약 관계를 초월하는 해석을 해서는 안 된다면 병의 견해는 약화된다.

① ㄱ
② ㄱ, ㄷ
③ ㄴ, ㄷ
④ ㄱ, ㄴ, ㄷ

정답 설명 ④ ㄱ. 갑은 윤리적 딜레마에서 의사는 언제나 환자의 치료만을 우선시해야 한다고 보았다. 따라서 다른 사람의 생명을 의도적으로 빼앗은 흉악범에 한해 의사가 치료를 거부할 수 있다는 견해는 갑의 견해를 약화한다.
ㄴ. 을은 상황에 따라 다른 윤리와 다른 의료 행위가 행해지는 것에 정당성이 부여된다고 보았다. 따라서 응급 상황에서 위독한 환자에 대해서는 처치를 포기하고 살릴 수 있는 환자에 집중하는 트리아지 체계는 을의 입장을 강화한다.
ㄷ. 병은 의사-환자 관계는 단순한 계약적 관계를 넘어서는 도덕적 헌신의 장이라고 보았다. 따라서 의사와 환자의 관계에 대해 고용인과 피고용인의 계약 관계를 초월하는 해석을 해서는 안 된다면 병의 견해는 약화된다.

Memo

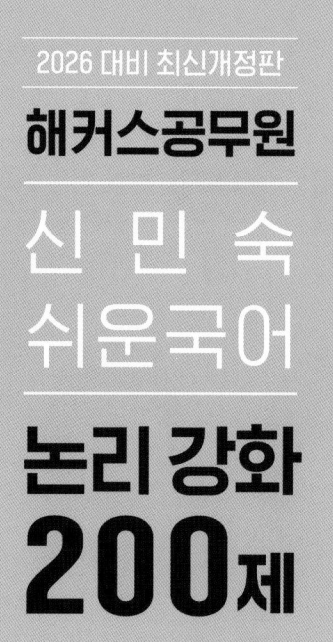

2026 대비 최신개정판
해커스공무원
신민숙 쉬운국어
논리 강화 200제

개정 2판 2쇄 발행 2025년 11월 28일
개정 2판 1쇄 발행 2025년 9월 5일

지은이	신민숙
펴낸곳	해커스패스
펴낸이	해커스공무원 출판팀
주소	서울특별시 강남구 강남대로 428 해커스공무원
고객센터	1588-4055
교재 관련 문의	gosi@hackerspass.com
	해커스공무원 사이트(gosi.Hackers.com) 교재 Q&A 게시판
	카카오톡 채널 [해커스공무원 노량진캠퍼스]
학원 강의 및 동영상강의	gosi.Hackers.com
ISBN	979-11-7404-389-4 (13710)
Serial Number	02-02-01

저작권자 ⓒ 2025, 신민숙
이 책의 모든 내용, 이미지, 디자인, 편집 형태는 저작권법에 의해 보호받고 있습니다.
서면에 의한 저자와 출판사의 허락 없이 내용의 일부 혹은 전부를 인용, 발췌하거나 복제, 배포할 수 없습니다.
이 책의 내용 중 일부는 국립국어원이 제공하는 '표준국어대사전'을 참고하였습니다.

공무원 교육 1위,
해커스공무원 gosi.Hackers.com
해커스공무원

- 해커스공무원 국어 7년 연속 1위 신민숙 선생님의 본 교재 인강(교재 내 할인쿠폰 수록)
- 해커스 스타강사의 공무원 국어 무료 특강
- 정확한 성적 분석으로 약점 극복이 가능한 **합격예측 온라인 모의고사**(교재 내 응시권 및 해설강의 수강권 수록)
- 필수어휘와 사자성어를 편리하게 학습할 수 있는 **해커스 매일국어 어플**

[공무원 교육 1위 해커스공무원] 한경비즈니스 2024 한국품질만족도 교육(온·오프라인 공무원학원) 1위
[해커스공무원 국어 7년 연속 1위] 해커스공무원 국어 온라인 단과 강좌 매출액 기준(2018.01.01.~2024.12.31.)